MODERN FINANCE SERIES
现 代 金 融 译 丛
—— 理论类 ——

MODERN FINANCE SERIES
现代金融译丛
—— 理论类 ——

低通胀国家的货币政策

Monetary Policy In Low-Inflation Economies

大卫·E. 阿提格（David E. Altig）
埃德·诺塞尔（Ed Nosal）　著

丁志杰　张红地　等译

中国金融出版社

责任编辑：王雪珂
责任校对：李俊英
责任印制：陈晓川

北京版权合同登记图字 01 – 2011 – 7080
《低通胀国家的货币政策》一书中文简体字版专有出版权属中国金融出版社所有，不得翻印。

图书在版编目（CIP）数据

低通胀国家的货币政策（Ditongzhang Guojia de Huobi Zhengce）/大卫·E. 阿提格（David E. Altig），埃德·诺塞尔（Ed Nosal）著；丁志杰，张红地等译. —北京：中国金融出版社，2016.3
ISBN 978 – 7 – 5049 – 8249 – 0

Ⅰ.①低… Ⅱ.①大…②埃…③丁…④张… Ⅲ.①货币政策—研究—世界 Ⅳ.①F821.0

中国版本图书馆 CIP 数据核字（2015）第 288938 号

出版
发行　中国金融出版社
社址　北京市丰台区益泽路 2 号
市场开发部　(010)63266347，63805472，63439533（传真）
网上书店　http://www.chinafph.com
　　　　　　(010)63286832，63365686（传真）
读者服务部　(010)66070833，62568380
邮编　100071
经销　新华书店
印刷　北京市松源印刷有限公司
尺寸　169 毫米×239 毫米
印张　20.25
字数　320 千
版次　2016 年 3 月第 1 版
印次　2016 年 3 月第 1 次印刷
定价　66.00 元
ISBN 978 – 7 – 5049 – 8249 – 0/F. 7809
如出现印装错误本社负责调换　联系电话　(010)63263947

翻译人员

丁志杰　张红地　韩　晶　马满芬

曾文传　张珊珊　蒙绪恒　李昭祎

袁　钉　钟祝赞　殷　实

低通胀国家的货币政策

本书是对一次低通胀国家货币政策会议记录的收集文稿，该会议由克里兰夫联邦储备银行赞助。文稿对低通胀国家的货币政策作出了理论和实证方面的双重贡献，总体可分为两大主题。首先讨论的主题是低通胀，其中几个章节重新审视通货膨胀的成本及其后果，能从多种不同的理论角度解释相关问题是这些章节的一个优越特性。为了刺激货币需求，有几个章节援引新凯恩斯框架下的标准失真，其中一个采用世代交叠结构，还有一个采用深层货币视角。第二部分探讨低通胀国家运行和转型中的各项问题。总的来说，他们考察的是在低通胀预期中实施货币政策的不足，通胀成本的门限效应，以及通货膨胀、金融市场和金融中介之间的相互作用。

David E. Altig，亚特兰大联邦储备银行高级副总裁兼研究主任，在本书开始编制时是克里夫兰联邦储备银行副总裁兼研究副主任。他监管亚特兰大联邦储备系统的博客，名为"宏观博客"。他发表的研究致力于税收政策、商业周期问题和货币政策分析。Altig 博士曾在多所大学任教，包括芝加哥大学、凯斯西储大学、克里夫兰州立大学、约翰卡罗尔大学和印第安纳大学，他也曾在明尼苏达大学和中山大学岭南学院赞助的 EMBA 项目中教授课程。Altig 博士系于布朗大学获得经济学博士学位。

Ed Nosal，芝加哥联邦储备银行金融市场集团副总裁兼高级金融经济学家，在本书开始编制时是克里夫兰联邦储备银行研究部高级研究顾问。他的研究致力于货币银行学。Nosal 博士曾在多所大学任教，包括芝加哥大学、滑铁卢大学、英属哥伦比亚大学、新南威尔士大学和新加坡国立大学。Nosal 博士系于加拿大皇后大学获得经济学博士学位。

致　谢

　　本书收集的是 2003 年 11 月由克里夫兰联邦储备银行的中央银行机构赞助的会议投稿。这是众多辛勤、坚定、富有耐心人士努力工作的结果。我们尤其向投稿人致以深切的感谢，他们经历了漫长的等待才得以看到作品的发表。我们也向协助安排会议的人员致以感谢。特别要提到的是：Kathy Popovich，Mary Mackay，还有 Connie Jones，她为我们提供孜孜不倦的行政协助。我们感谢 Deborah Ring 编辑论文，感谢 Albrecht 设计公司的 Bonnye Albrecht 和 Ryan Hagler 精美的排版，感谢我们在剑桥大学出版社的律师 Scott Parris，以及监督终版预处理的 Monica Crabtree – Reusser。

　　需要声明的是：本文不代表克里夫兰联邦储备银行、联邦储备委员会和任何联邦储备系统成员的观点。

前　言

我们的生活和希望都植根在一个低通胀的年代。目前全球通用的法定货币标准大致始于"二战"结束后不久，在名义上是始于金本位的布雷顿森林体系时期。根据 Alan Meltzer（2005）提出的约定时间理论，我们可以把战后历史粗略地分成三个时间段：1952—1964 年后协议时期，1965—1984 年大通胀时期和 1984 年以后大稳健时期。每个时间段用 GDP 平减指数表示的年通胀率：第一段为 1.8%，第二段为 5.8%，第三段则为 5.8%。①

回顾过去可以发现，1985—1991 年算是转型阶段，这个时期的年通胀率降到 2.2%。可能更重要的是，相对于大通胀时期，通胀波动性大幅下降，降至比后协议时期还要低的水平。②

众所周知，这种通胀形势不是美国独有的。Will Melick 和 Gabriele（2006）总结了 2005 年由国际清算银行赞助的央行经济学家秋季会议研究报告，他们提出在大稳健时期工业国家的平均通胀率下降大约 10 个百分点，发展中国家则下降大约 20 个到 30 个百分点。对发展中国家通货紧缩的考察也是本书中 Paul Wachtel 和 Iikka Korhonen 论文的主题。

尽管大通胀前后时期的通胀率是相似的，但是要想彻查相对低而稳定通胀的问题，有理由相信现在是比以前更有优势的。第一，有人说"直到失去才能意识到曾经拥有"，所以大通胀的经历让我们充分清楚地认识到，不能理所当然地认为物价是稳定的。第二，加速通胀的出现以及克服更加强调了这一点：尽管货币当局控制以外的因素起着不可否认的作用，但是

---

①　我们在比较中运用滚动加权 GDP 平减指数，而不是消费价格指数，因为 GDP 平减指数在理论上不随时间的变化而变化（不像消费者价格指数），并且适用于整个战后时期（不像滚动加权个人消费支出指数）。

②　年通胀的标准差是：1952—1964 年为 0.86，1965—1984 年为 2.3，1985—2007 年为 0.75（1992—2007 年为 0.58）。

物价水平的长期增速终究是一项政策选择。第三，我们在理论和实证方法上都向前推进，也经历了波澜壮阔的（尽管不开心的）现实实践，这两者的结合提供了一个良好机会，让我们可以重探长期存在的通胀损失及其影响。

本书包括对这个问题的理论和实证两方面的投稿，按照以下的分类区分。前四章理论性的文章大体（不是全部）关注于最优通胀率的问题。从根本上来说，货币经济学是对摩擦下经济的研究，我们建议读者在摩擦的环境中考量这些理论文章，这种摩擦环境刺激货币经济运行，而且当不同种类的摩擦被引入时，福利的含义也会显现。实际上，我们按照理论发展的顺序安排这些论文，从 Freeman，Henriksen，Kydland 和 Devereux 的传统现金预付和货币效用函数体制（附带优于交易和定价技术的有趣选择），到 Azariadis 和 Lam 的世代交叠框架（其中不可保险的风险是至关重要的），再到 Rocheteau 和 Wright 发展的现代搜索理论范例。显然，最优政策的结论是非常依赖于模型的，我们继续致力于探索哪些摩擦才是真正重要的，并且努力达成一致。

实证的四章是更加折中的，探讨一些与低通胀或是向低通胀过渡的经济体的货币政策。为了研究这个议题，我们围绕三个主题编排论文：在低通胀预期中实施货币政策的不足，通胀成本的门限效应以及通胀、金融市场和金融中介之间的相互作用。

理论章节

货币政策的福利经济学始于弗里德曼规则，即货币供给应该紧缩到时间优先选择的增长率上。这其中的深意是直截了当的：创造法定货币的社会成本在本质上为零，个人只有在持有货币的私人机会成本也为零的时候才会持有最优实际货币余额。在抽象的世界中只有一个参考利率，这要求名义利率处于较低底线（零）上。如果偏好率是正的，表明实际利率是正的，那么弗里德曼规则的核心含义就是最优通胀率是负的。

尽管上述的深意非常引人注目，但是弗里德曼规则看似与现实有所冲突。政策制定者回避弗里德曼规则式的政策，甚至在通胀率处于一个正的且非常低的水平时，他们也会十分在意。对这个现象最常规的解释始于所谓的新凯恩斯框架，它正在迅速替代弗里德曼规则，大多数主要央行（至少研究部门）将此作为结构框架。对这个模型最完整的诠释是在 Michael Woodford（2003）极具影响力的文章《利息和价格》里。Woodford 和其他学者的研究让大家都了解到，这个框架中黏性价格因素表明追求一种致力于逼近绝对价格稳定的政策。

　　这里的深意也是直截了当的：在商品价格刚性的前提下，价格总体水平偏离于零，这造成潜在的特定相对价格发生不充分变化。其他的偏差比如弗里德曼规则所强调的，或是中间产品市场不完全竞争的假设造成的无谓损失，从这些我们可以总结出达到零通胀率是最优选择的结论。①

　　这依旧留下一个疑问，为什么大多数央行倾向于把通胀率限制在远大于零的水平上。② 在标准新凯恩斯框架下可以提供一个解释。在该模型变型下的很多政策是通过操纵短期利率（一种可以确切表明当今很多央行货币政策的典型方式）来实行的，名义利率不能低于零，这给货币政策操作设定一个潜在的限制。通胀率越低，一个经济体更可能周期性地偏离这个限制而向上增长。

　　我们并不清楚这个问题到底有多重要。比如，Ben Bernanke，Vincent Reinhart 和 Brian Sack（2004）指出，定向资产购买可以改变央行资产负债表的规模和构成，即使在短期利率为零时它依然有效，尤其当央行发布旨在塑造未来短期利率预期的言论时，这项举措更为有效。大体来讲，实行一项刺激性货币政策仅仅需要印出大量货币并让公众确信这会持续下去，这恰恰是 2001 年日本银行推出所谓的量化宽松政策时所遵循的路径。尽管这么做是有争议的，但是 2006 年 Bernanke，Reinhart，Sack 和 Mark Spiegel 发表的评论都证实这种方法行之有效，至少从影响长期利率角度来说是这样的。

　　上述的讨论给本书中关于福利结果的文章提供了参考框架，另外还有一些显著的观点应该予以深化。第一，因为货币政策的制定是基于决策者相信相关环境并非阿罗德布鲁描述的无摩擦经济体，所以对货币政策的讨论是势在必行的。第二，最佳政策的本质潜在地依赖于经济环境相较于阿

---

　　① 另一个明显的摩擦源自于刚性名义工资。Christiano，Eichenbaum 和 Evans（2005）认为这种摩擦对于生成新凯恩斯模型中经验性地貌似正确的动态分析有着重要作用（比起其他的）。Erceg，Henderson 和 Levin（2000）指出当引入名义工资刚性时，这些模型的福利意义发生改变。

　　② 详见 Altig（2003）的图表。

罗德布鲁的基准到底偏离了多少。对于弗里德曼规则的偏离是否为最优，这要取决于偏离本身的性质。

从这种视角来考察本书的论文最为适当。理论部分的前三篇援引标准形式的货币（或非货币）失真。Freeman，Henriksen，Kydland（FHK）和 Devereux 通过交易成本技术引入货币因素，他们用模型中的内生要素对货币环境方面的研究作出贡献。FHK 增加了内生现金/信贷决策，并对这个环境进行丰富和拓展，但是没有偏离 Robert Lucas 和 Nancy Stokey（1987）开拓的货币需求模型。也是在这个领域，Devereux 引入了高昂的弹性价格技术，拓展了新凯恩斯模型。

FHK 和 Devereux 是在基于交易的货币需求领域进行研究，而 Azariadis 和 Lam 则运用世代交叠结构研究货币需求。在更为标准的凯恩斯框架下有一个广为流传的论题，就是泰勒规则的操作程序，而 Azariadis 和 Lam 所运用的方法，正是对于这个程序下货币均衡稳定性的考察。

这三篇论文的理论结构代表传统货币需求理论的变型，研究的结果表明他们的政策建议都是相似的。在 FHK 的论文中，消费者更倾向于使用内部货币，原因在于它可以生息，但是这样做会产生交易成本，所以在均衡状况下使用的则是外部货币（现金）。回顾过去的研究，Cooley 和 Hansen（1991）的论文是一个典型的例子，从中我们可以得知，在一些迪胀税作为失真来源的模型中，对于弗里德曼规则的偏离有点限制了福利效果。正如 John Coleman 在他的评论中指出的，考虑到这样的结果，如果 FHK 模型实际产生大量的通胀福利成本，那么这样的情形是非常令人惊讶的：家庭可以只用现金，那么赋予他们用不同资产进行交易的权利所带来的福利问题不会比那些约束条件更多的模型要严重。

Coleman 和 Tony Yates 发现 FHK 中的量化结果表明 400% 通胀率水平下的福利成本和 10% 水平下的几乎一致。这自然是交易技术的内生性驱动的，它使消费者为信贷技术支付固定成本，从而避免通胀税。这个非常卓著的政策建议实际上和通胀的交叉制度成本中某些其他证据是相符的，这个问题我们在下面对 Boyd – Champ 和 Wachtel – Korhonen 文章的讨论中会再次涉及。

正如 FHK 模型生成的规范结果和其前人用无价格摩擦模型生成的相近，Devereux 的黏性价格模型生成的规范结果与新凯恩斯框架卜生成的也是近似的。Devereux 以小型开放经济体的优势为出发点讨论两个问题：其一，给定价格摩擦类型的情况下，最优政策的本质是什么？其二，黏性价格下最优交易率制度是什么？

第一个问题，在存在价格弹性的条件下，当需求冲击的变动增强时，企业会选择更大的价格弹性。由于在新凯恩斯模型下，企业在选择时具有一种战略互补性，原因在于对于一个未改变其价格的公司来说，其需求越波动，其他公司价格的变动就会越多。这就很容易看出，增加一个内生价格弹性是如何促成多重均衡的。价格弹性技术的这种特性强化了标准的外生价格黏性模型，最后可以得出最佳政策。采用价格弹性的成本是高昂的，因此最优的货币政策是，尽量减少价格弹性。一旦价格缺乏弹性，最好尽量减少相对价格的波动性，这是因为有些价格可以调整，但其他的却不能。因此，在 Devereux 模型中，价格稳定是最优的，正如在标准的黏性价格模型中一样。

第二个问题，Devereux 发现，在固定汇率的情况下，公司会选择固定价格政策，因此将避免发生采用弹性的成本。因而解决之计是针对固定价格和支持固定价格选择政策体系。

正如 FHK 和 Devereux，Azariadis 和 Lam 发现在相似条件下过去的结果所隐藏的秘密。当 FHK 从价格弹性的新古典主义出发，而 Devereux 从新凯恩斯主义出发时，Azariadis 和 Lam 在 Sargent 和 Wallace（1981）的基础上调整了世代交叠结构。事实上，Azariadis 和 Lam 的起点是 Sargent 和 Wallace 的不确定性结果，被著称为“不愉快的货币主义算法。”众所周知，这种经济结构同时具有高利率和低利率的平衡，前者为有效，而后者则效率很低。正是低通胀环境与低名义利率相一致，因此结果是有效的。

Azariadis 和 Lam 的分析中有饶有新意的部分运用了具有泰勒规则特征的货币政策，以此对世代交叠模型进行收尾工作。标准的新凯恩斯主义模型中有一个常见的结果，那就是政策制定者应该对相关系数大 1[①] 的滞后通胀进行回应，在这里又有所添加，即这个规则也是将经济扭转成高效的低利率均衡。

到底多少才算 Azariadis 和 Lam 模型中低通货膨胀环境的低点？重申一

[①]　详见 Carlstrom and Fuerst（2001）。

遍，答案是不确定的。对零名义利率边界和风险分担方面的研究是从弗里德曼规则中汲取的答案。（Azariadis 和 Lam 认为，通胀税是使资金从高收入家庭转移至低收入家庭的唯一可用的税收机制。）但是，这并没有证明真实世界中央行都在将通胀率严格地限制在正水平上的结论。Azariadis 和 Lam 通过引入财政和货币当局之间的战略性交易进行深入研究，它表明即使是仁慈和独立的中央银行也可能会选择过高的通胀率，前提是它被迫应对不仁慈（基本上意味着不耐烦的）的财政政策。

我们讨论的三篇论文代表一些模型中常见主题的变化，它们有用也有趣。这些模型带有不同类型的摩擦，分别是 FHK 的固定信贷成本，Devereux 的黏性价格，Azariadis 和 Lam 的代际贸易壁垒。Guillaume Rocheteau 和 Randy Wright 研究的精髓是，最优政策的讨论应该在这样一种环境中开始，该环境中的主要摩擦使货币成为人们在均衡情况下愿意以正量持有的唯一资产。在新的"深度货币"① 的传统上，Rocheteau 和 Wright 假设具有匿名和缺乏双重需求特点的贸易存在着周期性，这说明在周期中需要某种资产来促进贸易。

在这样的环境中有这样的怀疑是合理的：在决定实施什么样的货币政策时，贸易技术的本质将会赫然凸显。这正是 Rocheteau 和 Wright 的研究所在，他们关注于贸易摩擦和三种可供选择的定价机制：议价（标准搜索平衡），竞争性价格既定和价格过账或定向搜索，以及 Rocheteau 和 Wright 的竞争性搜索均衡。其基本模式有搜索外部性，也就是说，匹配的概率是总体搜索强度的增函数。这个属性产生了贸易内生的频率。

在福利问题上，定价结构很重要。如果通过谈判或竞争性的价格既定确定价格，那么社会福利会偏离弗里德曼规则而有所增加。其中的基本原理在文献中也有所涉及：虽然通货膨胀总是使产出偏离最优值，但是通胀率可能提高交易的频率，从而增加社会福利。过往研究中不太为人知的结果显示，如果价格是由竞争性搜索机制决定的，那么弗里德曼规则就是最优的。

有了这些理论上的观察作为基础，Rocheteau 和 Wright 进行了定量演习，以衡量当政策偏离其最佳稳态设置时的通货膨胀成本。在竞争性搜索

---

① 这方面的开创性著作包括：Kiyotaki 和 Wright（1989，1993），Trejos 和 Wright（1995），Shi（1997），Lagos 和 Wright（2005）。

均衡中，通胀率从 0 到 10% 的社会福利成本并不是非常大。他们其实非常接近 Robert Lucas（2000）知名的算法，它源自于对量化货币需求曲线下面积的近似计算。

当经济体具有议价或是竞争性价格既定的特点时，也就是说，当对弗里德曼规则的偏离是最优的时候，（高）通胀的成本会高出很多，这对于议价来说尤其如是。在竞争性价格既定的环境下成本会更低一些，但还是要比卢卡斯基准高。很显然，货币政策对于弗里德曼规则的偏离足够大，以至于通货膨胀造成的额外偏离也并不明显。

Jim Bullard 的评论中有一个观点值得注意。在所有的情况下，Rocheteau 和 Wright 把模型校准为标准化的货币需求曲线。社会福利成本虽然和简化模型有相似之处，但是它与生成简化模型的基底结构在本质上有着高关联性。这是一个过去的课题，但是它恰恰解释了为什么检测生成货币非中性的摩擦是如此重要，以及为什么前四篇论文中的研究推进了讨论的进程。

实证章节

本书中的理论论文和实证论文的区别是有点人为的。除了 Azariadis 和 Lam 的文章，其他标注了"理论"的论文都有定量分析。但是，前述章节的论文共有一个关于通胀福利效应的理论命题的专题核心。我们归纳进实证部分的论文代表了一些研究的合集，这些研究专注于低通胀经济体运行和过渡的诸多问题。

这并不意味着我们称为"实证"的论文之间没有共同的线索。我们想强调的是三大主题：在低通胀预期中实施货币政策的不足，通胀成本的门限效应以及通货膨胀、金融市场和金融中介之间的相互作用。

低通胀环境中实施货币政策

Bordo - Lane - Redish 和 von Hagen - Hofmann 的论文都是考察当通胀趋势低时政策制定者面临的并发性问题。正如在 Azariadis - Lam 的论文中讨论的那样，零名义利率约束的风险是在标准新凯恩斯框架模型下最优货币政策讨论中一个常见的问题。尽管世代交叠框架的各个方面与标准模型非常迥异，这个主题延续到 Azariadis 和 Lam 的分析中。

但是仅仅理论上的缺陷足够推动央行政策执行者的行动吗？特别地，是那些在理论中出现的问题激发现代大多数央行首脑想要使平均通胀率偏离于零的强烈偏好吗？答案是否定的。纷繁的分析和强烈的恐惧引爆了经济。以日本为例，其在 20 世纪 90 年代遇到的大部分麻烦是由旨在应对低利率采取的货币政策限制而引起的，这本身部分归因于政府认为日本银行不会忍受通胀率高于零太多。①

Enter Bordo，Lane，和 Redish 警告说，仅仅关注于日本这样的例子会掩盖通货紧缩并不一定是坏事的事实。他们主要参考是从 1880 年到 1914 年，当时许多国家正在经历温和通缩，同时也具备强劲的生产率增长和经济扩张。从本质上讲，这个时期的证据使我们确认了生产力驱动的通货紧缩并不是一件坏事。Enter Bordo，Lane 和 Redish 主要的成果收录于克里夫兰联邦储备银行 2001 年的年度报告中：

关键的是实际利率：在繁荣时期，资本的生产力上升，对消费和投资的需求居高。在不景气的时期，事实正好相反。因此，实际利率在繁荣时趋于上升和在萧条时趋于下降。在某种程度上，零名义利率代表通货紧缩的真正危险，这是在经济不景气时期最可能发生的问题。

通缩或是通缩预期不会必然意味着零名义利率，在此我们假设实际利率总是为正（处丁正常状态）。

因此，将关注的中心放在零名义利率上其实是意味着关注偶发性的缺陷。另一方面，Jurgen von Hagen 和 BorisHofmann 提出一个关于低通胀环境更持久和普遍的问题：当经济适应了稳定的低通胀环境后，通胀指标的质量发生下降的可能性。

Von Hagen 和 Hofmann 阐明"古德哈特定律"的一种推论。"古德哈特定律"最广为人知的理念就是，当政策奏效时，政策工具就会丧失其原有的信息价值。如果中央银行成功地调整货币恒温器来控制通胀温度，那么政策上的变动似乎对价格没有影响，即使它是影响实际通胀成果的唯一因素。Von Hagen - Hofmann 的推论是，当政策中的短期杂音削减时，价格水平的短期波动将会愈发被施加在价格水平上的短暂非货币因素所主导。虽然货币供应量的增长趋势仍然是通胀趋势的唯一决定因素，但是暂时性杂

---

① 详见 McCallum（2001）。

音的变动越大，就越会加大在高频数据中考察货币和通张之间关系的难度。

Von Hagen 和 Hofmann 利用新凯恩斯框架下货币增长的改变和短期利率之间的等价性，有效地把自己的论点融入当时的条件下。尽管像产出缺口这样近乎完整的指标在理论上代替了泰勒规则的货币指标，然而 von Hagen – Hofmann 的推论同样适用于后者[①]。

但有两类指标之间存在着重要区别：鉴于在新凯恩斯主义最简单的模型中，货币增长和产出缺口是高频条件下等价的指标，而这种等价在低频中并不成立：从长远来看，产出缺口为零。Von Hagen 和 Hofmann 认为，在没有为通胀找到一个可靠的高频率指标前，中央银行应该将其注意力转移到通胀长期趋势的可靠指标上。

有个好消息是，数据表明，货币与通货膨胀之间的长期关系是持久的。Von Hagen 和 Hofmann 阐明这种关系的简单版本，图 1 是从 1960 年到 1990 年的数据。作为一个练习，你可以扩展他们的研究，考察 1990 年后的 M2 增长和通胀水平，你会发现即使是正向关系已经有所减弱，但它仍然存在。

通胀成本的门限效应

Freeman，Henriksen 和 Kydland 的论文有一个有趣的结果，他们发现了重要的"门限效应"。如上所述，他们的实验表明，通胀率为 10% 的福利成本不显著区别于通胀率为 400% 的成本。换句话说，一旦经济达到低水平的双位数，此时通胀所带来的伤害很大几率依然发生。

在 FHK 中，通货膨胀及其成本之间的相互影响派生自银行系统的某些性能，尤其是获得信贷的技术。尽管在 FHK 中的信贷机制是明确且相对简单的，但是它产生的门限效应是一组更广义的实证观察的结果，这些观察在通胀和金融市场现象之间建立了更广泛的联系。John Boyd 和 Bruce Champ 重温了这方面的证据，摘自 Boyd，Ross Levine 和 Bruce Smith（2001）较早的研究：

在通货膨胀和金融活动之间的实证关系中似乎存在某种阈值的证据。

---

① 在众多新凯恩斯模型下成功的量化公式中，Frank Smets 和 Raf Wouters（2002）的著作最为突出，这些短暂的影响是构成冲击的，基本上是指模型中产出缺口之外的定价公式的残差。

在温和的通货膨胀率下，通货膨胀和金融发展之间有较强的负相关 。对于通胀高于一某个临界水平的国家来说，银行的发展关系的估测截距是远远低于那些通胀低于临界值的。此外，在通胀超过此临界值的国家中，通货膨胀和金融活动之间的相关性基本上消失掉了。(237)

在 Boyd, Levine 和 Smith 估计的阈值是一个令人惊讶的值，低至15%。在其论文的评论中，Peter Rousseau 认为，临界值可能更低，约在7% ~14% 的范围内。

这些门限效应，可能使 Paul Wachtel 和 Iikka Korhonen 的研究更为凸显，他们研究的是转型国家的通货紧缩：

稳定方案通常生效得非常快。自最初爆发之后，通货膨胀的步伐就会减慢。一个稳定方案在一年左右的时间（稳定方案成功的中位数是 13 个月）使通胀率低于 60%，通胀率从 60% 下降为 30% 的中位数时间约为 4 个月。然而，在降低通胀方面取得进一步进展需要更多的时间。通胀率从30% 下降为 15% 的中位数时间约为 8 个月，从 15% ~7.5% 约为一年。最初关于反通货膨胀的经验几乎都是迅速的。稳定方案总是在两年左右或更短的时间内将通胀率拉低至 60% 以下。进一步的进度有时会遭到延迟。

通常情况下，对门限效应的讨论是关于当某个通胀率的临界值被打破时的低的增量福利损失。正如我们前面所讨论的，FHK 认为这似乎是正在发生的，这是因为高通胀促使代理人仅支付固定成本，从而规避已然形成的福利损失。对于不知悉结构模型的计量经济学家来说，这看起来酷似采用一种制度结构（以更加活跃的信贷市场的形式）来将通胀的边际成本维持在低值。但是论证是对称的。如果存在一个范围，当超出该范围时，更高的通胀带来的边际成本是低的，可以确定的是更低的通胀带来的边际成本可能恰好也处于那个范围之上的一个较低点上。一旦达到某些临界值，必要的制度安排和交易行为就会发生根本变化，在这个意义上，体制会发生改变。靠近这些"引爆点"的进展必定大部分都是更痛苦而漫长的。我们可以毫不惊讶地发现，降低通胀的早期进展快速趋近一个点，但在达到这一点时却"延误"了。

通货膨胀，金融市场和金融中介之间的相互作用

Boyd 和 Champ 的论文是关于通货膨胀与金融中介的形式和功能是如何

相互作用的，在他们看来，金融中介是增长引擎的重要组成部分。故事情节很简单：通货膨胀降低了金融市场的活力和深度。金融中介机构，尤其指银行，可以不完全适应通货膨胀呈现的阻碍。因此，实际资本的收益就会减少（与 Goodfriend 对 Azariadis 和 Lam 的评论意见相左）。更有甚者是，当通胀率相对较低时，不好的事物开始生效（每一个上述的门限效应）。

Boyd 和 Champ 的评论表明这些其实都是强有力的不良影响。令人鼓舞的是，Werner Hermann 指出金融市场竞争压力的力量进行了拨乱反正。Wachtel 和 Korhonen，Hermann 的评论说到：

Wachtel 和 Korhonen 没有提到的一个问题是，在转型国家，通货膨胀政策变得不那么吸引人的另一个原因可能与货币替代日益增大的威胁有关。对于独立联邦国家来说，在转型的第一个阶段，通过增加货币供给来为政府支出融资是很具有吸引力的，因为此时没有通胀预期，没有既定的征税机制，税收的划分还不明确，因此税收征管是极其昂贵的。当然，货币供给过剩会导致通货膨胀。人们很快就适应了情况并开始仔细监测本国货币的汇率。

不久，美元不仅成为一个稳定的价值储备和一个不言自明的账户单位，而且也是大型交易唯一普遍接受的支付手段。比如二手车的出售，即使是在居民之间的交易，也是只能通过美元。随着越来越多的人试图用美元替代本国货币，通货膨胀政策变得不那么有吸引力。[加入强调]

对竞争压力的关注是贯穿整本书的一个主题。如果不严肃地重视促成交易和中介基金的技术赖以形成的制度环境，那么对于通胀及其效果的研究就无法推进（包括 Rocheteau 和 Wright 强调的这些活动发生的市场环境）。这很可能是在真正了解通货膨胀经济后果领域上的下一个前沿问题。

参考文献

Altig, D. 2003. Comment on Taking Intermediation Seriously. *Journal of Money, Credit and Banking* 35：1367 – 77.

Bernanke, B., V Reinhart, and B. Sack. 2004. Monetary Policy Alternatives at the Zero Bound：An Empirical Assessment. FEDS Working Paper

No. 2004 – 48, Washington, D. C.

Boyd, J. , R. Levine, and B. Smith. 2001. The Impact of Inflation on Financial Market Performance, *Journal of Monetary Economics* 47: 221 – 48.

Carlstrom, C. , and T. Fuerst. 2001. Timing and Real Indeterminacy in Monetary Models. *Journal of Monetary Economics* 47: 285 – 98.

Christiano, L. , M. Eichenbaum , and C. Evans. 2005. Nominal Rigidities and the Dynamic Effects of Monetary Policy. *Journal of Political Economy* 113: 1 – 45.

Cooley, T. , and G. Hansen. 1991. The Welfare Costs of Moderate Inflation. *Journal of Money, Credit, and Banking* 23: 483 – 503.

Erceg, C. , D. Henderson, and A. Levin. 2000. Optimal Monetary Policy with Staggered Wage and Price Contracts. *Journal of Monetary Economics* 46 (2): 281 – 313.

Federal Reserve Bank of Cleveland. 2001. Deflation. *Annual Report.*

Kiyotaki, N. , and R. Wright. 1989. On Money as a Medium of Exchange. *Journal of Political Economy* 97: 927 – 54.

Kiyotaki, N. , and R. Wright. 1993. A Search – Theoretic Approach to Monetary Economics. *American Economic Review* 83: 63 – 77.

Lagos, R. , and R. Wright. 2005. A Unified Framework for Monetary Theory and Policy Analysis. *Journal of Political Economy* 113: 463 – 84.

Lucas, R. , and N. Stokey. 1987. Money and Interest in a Cash – in – Advance – Economy. *Econometrica* 55: 491 – 514.

Lucas, R. , 2000. Inflation and Welfare. *Econometrica* 68: 247 – 74.

McCallum. B. 2001. Japanese Monetary Policy. Report to the Shadow Open Market Committee, April 30, http: //wpweb2. tepper. cmu. edu/faculty/mccallum/JapanMonPol2. pdf.

Melick. W. , and G. Galati. 2006. The Evolving Inflation Process: An Overview, Working Paper No. 196, Bank of International Settlements.

Meltzer, A, H. 2005. Origins of the Great Inflation. *Federal Reserve Bank of St. Louis Review* 87: 145 – 75.

Sargent, T. , and N. Wallace. 1981. Some Unpleasant Monetarist Arithmetic. *Federal Reserve Bank o. f Mirtneapolis Quarterly Review* 5: 1 – 17.

Shi, S. 1997. A Divisible Search Model of Fiat Money; *Econometrica* 65: 75 – 102.

Smets, F. , and R. Wouters. 2002. An Estimated Stochastic Dynamic General Equilibrium Model of the Euro Area, Working Paper No. 171, European Central Bank.

Speigel, M. , 2006. Did Quantitative Easing by the Bank of Japan "Work"? *Federal Reserve Bank of San Francisco Economic Letter* 2006 – 18.

Trejos, A. , and R. Wright. 1995. Search, Bargaining, Money, and Prices. *Journal of Political Econonmy* 103: L18 – 41.

Woodford, M. 2003, Interest and Prices: *Foundations of a Theory of Monetary Policy*, New Jersey: Princeton University Press.

目　录

第1章 内部货币存在下的通货膨胀福利成本

Scott Freeman，Espen. R. Henriksen，Finn E. Kydland

本文考察的问题是，在估算的通胀福利成本中，内生的货币乘数起到何种作用。应用的模型是 Freeman 和 Kydland（2000）所用模型的变式，他们则秉承了 Freeman 和 Huffman（1991）对内部货币和外部货币的研究。与那些认为货币—产出关系是源自黏性价格或固定货币持有的模型不同，这里假设价格和产出是完全弹性的。消费品是通过货币或是银行存款进行购买的，到底选择哪种方式要受到两种交易成本的影响：一种是获取货币余额的成本，这对于决定货币需求和内生货币流通速度是必要的；另一种是与使用存款相关的固定成本，这个成本有助于将货币余额划分为货币或是生息存款。这两种成本和要素在均衡中（比如商业周期）会随着时间而变化，家庭对此做出的决定在总体上决定货币的流通速度和货币乘数。

该模型与美国的数据在以下方面是一致的：（1）M1 与实际产出正相关；（2）货币乘数、存款—货币比率与产出正相关；（3）尽管条件(1) 和条件（2）是成立的，但是价格水平与产出负相关；（4）M1 与同期价格的相关性大大弱于 M1 与实际产出的相关性；（5）在不同的货币政策体制下，实际变量之间的相关性基本保持不变；（6）实际货币余额比货币需求公式预测的值要更平稳。

模型的一个关键特征是家庭会根据规格连续购买各种类型的商品，前提假设是这些类型都符合里昂惕夫效用函数。有人可能会提出非耐用品和耐用品（一般都是大型的）之间的差别应该纳入考虑的范围，但是我们在这里不作考虑。相反地，相较于 Freeman 和 Kydland（2000）的研究，我们考察的是一个更富有弹性的效用函数，它在达到均衡时含有家庭希望更多地消费大型商品的意味。

根据数据中的长期关系校正模型——包括为两种交易成本参数选值，从而使模型与实证的平均存款货币比率和作为中间量的资本分数一致——估测的通胀福利成本可谓是相当小的。一个有趣的发现是，该福利成本以稳态通胀率函数呈现时，低通胀率（远低于 10%）对应的部分是非常陡峭的，但较高通胀率的部分相当平坦。此外我们还发现，社会福利成本对交易成本参数是敏感的。

从 Bailey（1956）和 Friedman（1969）开始，学者们相继对通胀成本问题进行探索。在最近的文献中，通过将通胀率从 10% 降低到 0，估测值得以优化，其中消费等价物的范围是从 0.38% 升至 1%，前一个数值是 Cooley 和 Hansen（1989）用预付现金模型得出，后一个则是 Lucas（2000）用购物时间分析代表性代理人模型而得出。[1]

1. 模型经济

1.1　家庭的问题

以 c_t^* 表示物品种类的连续串，按规格排序，以 j 表示其规格，且 j 的范围是 [0，1]。代表性家庭的选择符合里昂惕夫即时效用函数（Leontief - type instantaneous utility），

$$\min \left[\frac{c_t(j)}{(1-\omega)j^{-\omega}} \right]$$

$c_t(j)$ 用参数表示的参数分布函数为

（1）$c_t(j) = (1-\omega)j^{-\omega}c_t^*$

代表性家庭在总消费（c_t^*）和休闲（d_t）上有时间可分性偏好

（2）$\max E \sum_{t=0}^{\infty} \beta^t u(c_t^*, d_t)$

---

① 其他文献可参考 Bullard 和 Russell（2000），Dotsey 和 Ireland（1996），Gomme（1993），Imrohoroglu 和 Prescott（1991），Jones 和 Manuelli（1995）以及 Lacker 和 Schreft（1996）。

即时效用可以表示为

$$(3)\ u(c_t{}^*, d_t) = \frac{1}{1-v}\left[(c_t{}^*)^\zeta (d_t)^{1-\zeta}\right]^{1-v}$$

三种储蓄工具可以供家庭选择：无中介资本（a_t），名义银行存款（h_t）和现金（m_t）。银行存款（h_t）和现金（m_t）可以用于购买商品，但是存款会产生额外的固定成本，用 γ 来表示。由于固定成本的存在，当购买规模（j）趋向 0 且将交易成本从收益中扣除时，收益的存款利率趋向于负无穷。因此，存在某一个 j^*，当低于此值时现金将被作为支付工具，而大于此值时存款则更受青睐。

家庭的商品预算约束可以表示为

$$(4)\ c_t{}^* + a_t + \frac{h_t}{p_t} + \frac{m_t}{p_t} + \gamma(1 - j_t{}^*) = w_t l_t + r_t a_{t-1} + \tilde{r}_t \frac{h_{t-1}}{p_{t-1}} + \frac{m_{t-1}}{p_t} + \frac{x_t}{p_t}$$

p_t 是名义价格水平，w_t 是工资水平，r_t 是资本的实际收益利率，$\tilde{r}_t$ 是存款的实际收益率，x_t 是政府转移支付总额。

家庭可用的时间标准化为 1，时间用于：休闲（d_t），劳动（l_t）以及每段时间中用于补充货币余额的次数乘以每次补充需要花费时间的乘积。时间约束可以表示为：

$$(5)\ 1 = d_t + l_t + n_t \varphi$$

1.2 生产

产出由常数规模收益生产函数和两项生产要素组成，生产要素分别是资本（k_t）和劳动（l_t）。

$$y_t = z_t f(k_t, l_t)$$

技术水平 z_t 的变动规律可以表示为：

$$z_t = p z_{t-1} + \varepsilon_t, z_t \sim N(\mu, \sigma^2), \mu > 0$$

折旧率用 δ 来表示，所以资本存量的变动规律可以表示为：

$$k_{t+1} = (1 - \delta) k_t + i_t$$

i_t 是总投资。

1.3 政府

政府控制内在无价值法定货币的供给，货币存量的变动规律是：

$$M_t = \xi M_{t-1}$$

印制货币的净收益被整体转移给家庭：

$$x_t = (\xi - 1) M_{t-1}$$

1.4 金融中介

银行接受存款，以现金形式持有法定准备金（θ），并将收益投资于资本中。自由准入确保零利润，所以存款收益率 $\tilde{r}_t$ 是资本实际收益（r_{t+1}）和持有货币收益（p_t / p_{t+1}）的线性组合。

$$\tilde{r}_{t+1} = (1 - \theta) r_{t+1} + \theta - \frac{p_t}{p_{t+1}}$$

根据定义，法定货币总存量（基础货币）等于现金和准备金之和：

$$M_t = m_t + \theta h_t$$

然而货币总存量（M1）是名义存款和现金的总和，那么公式就可以重写为基础货币和货币乘数的形式：

$$\mathrm{M1}_t = m_t + h_t = M_t \left[1 + \frac{h_t (1 - \theta)}{m_t + \theta h_t} \right]$$

对于代表性家庭来说，每一段时间持有的实际存款（h_t / p_t）是：

$$(6)\ n_t \frac{h_t}{p_t} = \int_{j*}^1 c_t(j) dj = \int_{j*}^1 (1 - \omega) j^{-\omega} c_t^* \, dj = [j^{1-\omega} c_t^*]_{j*}^1 = (1 - (j^*)^{1-\omega}) c_t^*$$

持有的实际法定货币余额（m_t / p_t）是：

$$(7)\ n_t \frac{m_t}{p_t} = \int_0^{j^*} c_t(j) dj = \int_0^{j^*} (1 - \omega) j^{-\omega} c_t^* \, dj = [j^{1-\omega} c_t^*]_0^{j*} = (j^*)^{1-\omega}) c_t^*$$

2. 校正

在稳态中，投资是产出的四分之一，年度资本产出比率是 2.5，校正后的折旧率是 0.025。校正在生产函数中的参数 α，使得国民收入中的劳动部分为 0.64。在技术进步中的自相关系数 ρ 是 0.95，标准差是 0.0076。

设家庭分配给市场活动的平均时间为 0.30（除去睡觉和个人护理的时间），这就限制效用参数 ξ 的值。风险厌恶参数 v 等于 2，法定准备金率 θ

是 0.10。

2.1   效用函数

设 $c_t^* = 1$，公式（1）可以简化为

$$c_t(j) = (1 - \omega)j^{-\omega}$$

在图 1 中，对 ω 取三个值来绘制 $c_t(j)$。图中可见，$\omega > -1$ 时，商品消费量是一个商品规格的凹函数。但当 $\omega < -1$ 时，商品消费量是一个商品规格的凸函数。

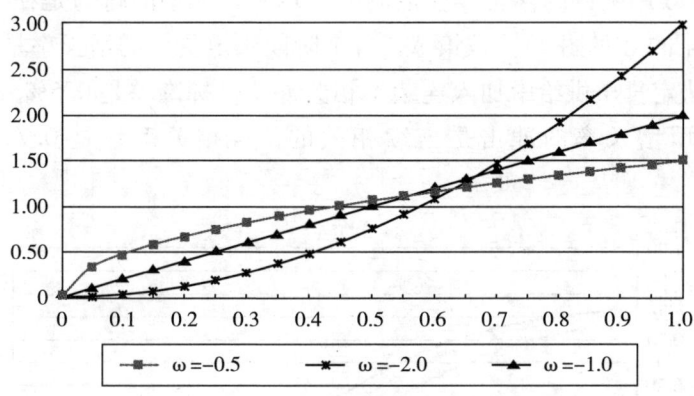

图 1 $c(j)$ $(0 \leqslant j \leqslant 1 \quad c^* = 1)$

结合公式（6）和公式（7）可以得到购买的分界点，大于这个点时存款比现金更受青睐。

$$(8)\, j^* = \left(1 + \frac{h_t}{m_t}\right)^{\frac{1}{\omega - 1}}$$

j^* 的导数是负的，大致可以认为，$c_t(j)$ 的凸性越大，j^* 则越大，或者反过来说，$c_t(j)$ 的凹性越大，j^* 则越小。

把公式（6）、公式（7）和公式（8）结合在一起：

$$\int_{j^*}^{1} c_t(j)\,dj = \left(1 + \frac{m_t}{h_t}\right)^{-1} c_t^*$$

和

$$\int_0^{j^*} c_t(j)\, dj = \left(1 + \frac{h_t}{m_t}\right)^{-1} c_t^*$$

也就是说，存款比现金更受青睐的购买分界点是 ω 的函数，但是总消费 c_t^* 中存款比现金更受青睐的部分（反之亦然）仅仅取决于存款—现金比率。

2.2 经济周期属性

为了得到一个合理的 ω 值，我们先回顾一下 Freeman 和 Kydland（2000）对效用函数的修正。在他们的文章中，模型的行为是在三种政策制度下产生的（见图 2）：政策 A，每个阶段法定货币的增长率是 3%；政策 B，在法定货币供给中加入连续不相关冲击，标准差是 0.5%；政策 C，对基础货币增长率的冲击是连续相关的，自相关系数是 0.7，标准差是 0.2。

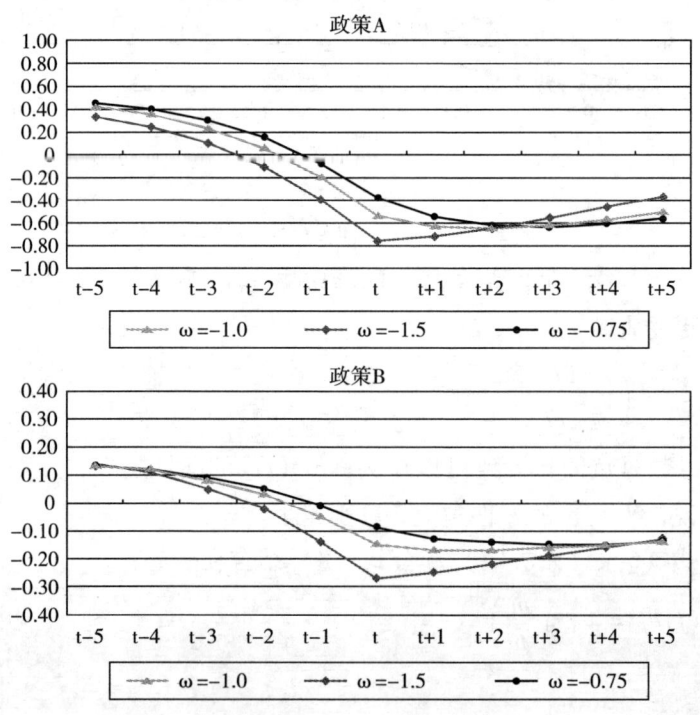

图 2　产品和价格水平的相关性

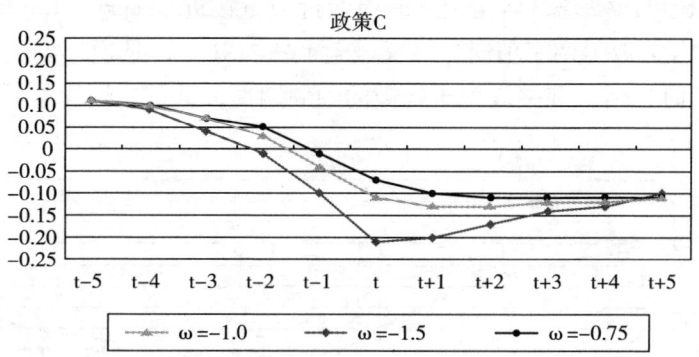

图 2（续图）

在这三种政策下，我们考察在 ω = ［−0.75，−1.0，−1.5］时的经济周期属性。表 1 表明与产出的同期相关，这个可与 Gavin 和 Kydland（1999）的实际数据作比较。

表 1 与产出的同期相关

		M1	P	R_{nom}	C	I	L
政策 A	ω = −0.75	1	−0.38	−0.73	0.96	0.99	0.99
	ω = −1.00	1	−0.54	−0.29	0.96	0.99	0.99
	ω = −1.50	1	−0.76	0.12	0.96	0.99	0.99
政策 B	ω = −0.75	0.89	−0.09	−0.73	0.96	0.99	0.99
	ω = −1.00	0.85	−0.15	−0.29	0.96	0.99	0.99
	ω = −1.50	0.78	−0.27	0.12	0.96	0.99	0.99
政策 C	ω = −0.75	0.82	−0.07	−0.36	0.96	0.99	0.99
	ω = −1.00	0.78	−0.11	−0.09	0.96	0.99	0.99
	ω = −1.50	0.72	−0.21	0.02	0.96	0.99	0.99

可以发现，实际变量 C、I 和 L 几乎不会被货币政策的变化或效用函数的曲率所影响。我们也可以发现 M1 和实际产出有很强的相关性。在政策 A 下，此时 M_1 与实际产出完全相关，相关性是 1。在另外两个政策下，M1 与实际产出的相关性稍低一些，不过相关性依然很强。

一个有趣的模式，那就是价格水平的逆周期性模型。我们可以看到，对于所有的政策来说，当 ω = −1.5 时价格的逆周期性要比其他两种情况更强，这与 Gavin 和 Kydland（1999）的统计结果一致。

我们还可以发现，名义利率的周期行为更接近于 ω = - 1.5 时（图3）的数据。当 ω 取另两个值时，名义收益利率（R_{nom}）是逆周期的，但是当 ω = - 1.5 时，名义利率表现出轻微的顺周期性，这是与统计结果一致的。

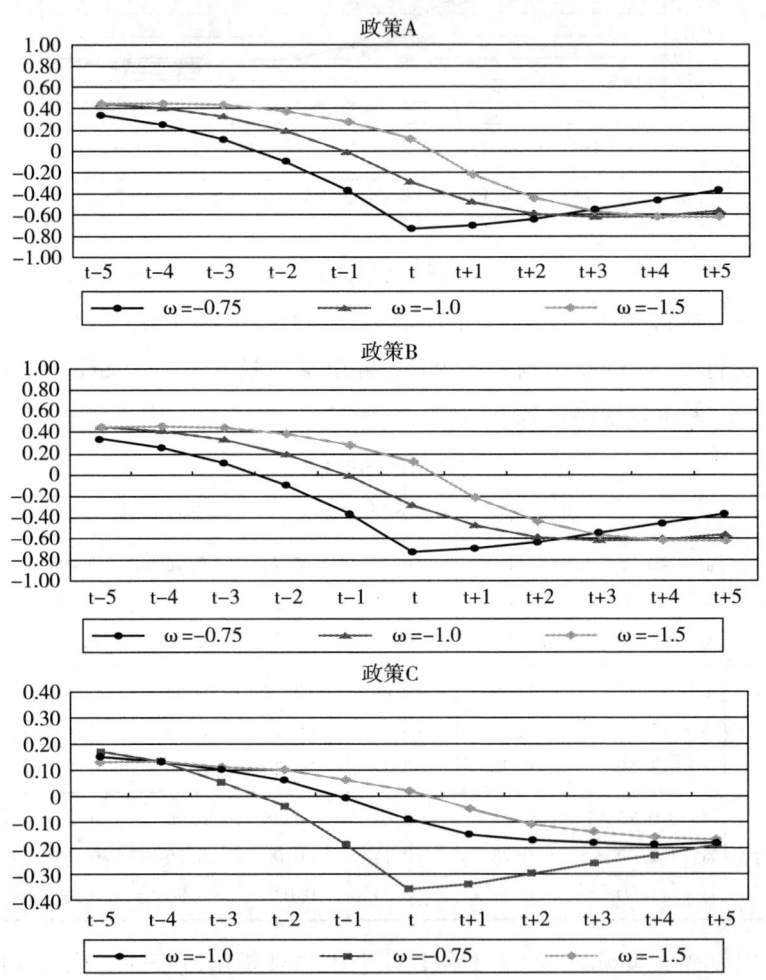

图3 产出与名义利率 R 的相关性

目前对于 ω 的最优基准取值是 - 1.5，因为这个值使周期统计数据与观测的结果最接近。

3. 量化结果

我们首先描述在不同通胀情况下经济的稳态属性。校正年通胀率为
0.03，现金—存款比率是 9，M1 中非准备金的部分与资本存量的比率是
0.05。γ 和 φ 校正后的值为 0.00529 和 0.00060，这说明在这个通胀率下，
固定成本 γ 是 GDP 的 0.36%，φ 相当于每季度大约 55 分钟。

3.1 稳态

图 4 和图 5（图 4 是图 5 的子集）描绘了基准福利成本函数 λ：

$$u[\lambda c(\pi), d(\pi)] = u[c(\tilde{\pi}), d(\tilde{\pi})]$$

$\tilde{\pi}$ 等于过去 15 年的平均通胀率，大约为 3%。

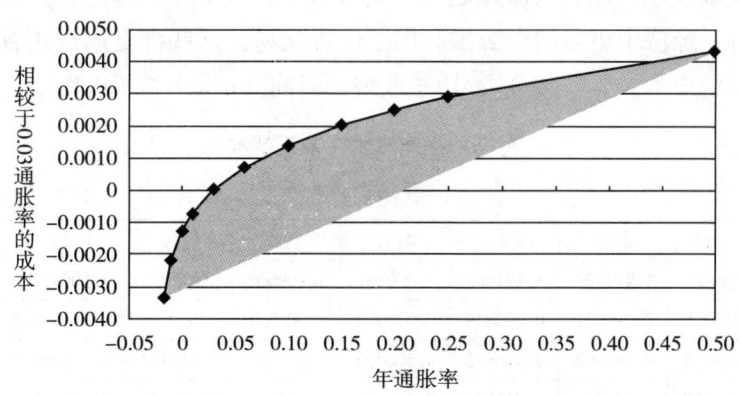

图 4　相较于年通胀率是 0.03 时通胀的福利成本

我们从图 4 和图 5 中可以发现，当稳态通胀率接近 50% 时，与通胀率
为 3% 时相比，福利成本要比消费的 0.4% 稍微小一些。随着稳态通胀率逐
渐增加，相应的福利逐渐趋平。当通胀率为 400% 时，消费补偿的通胀成
本仍然小于 0.8%。

图中最显著的特征是将通胀率降到 3% 以下后的预期福利所得。从图
中可以看出，将通胀率降低到其较低界限 - 0.01644% 时，福利改进的数值

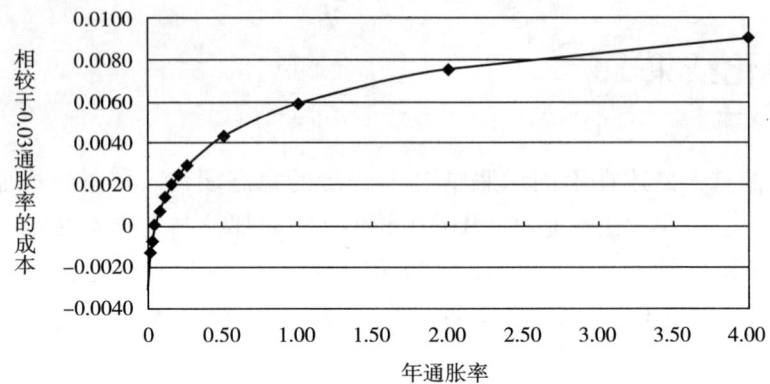

图 5   相较于年通胀率是 0.03 时通胀的福利成本

和将通胀从 3% 升至 50% 后[①]福利成本的变动数值几乎相同。

在表 2 中注明这些结果下的变量。随着通胀率增加，个人越来越不愿意持有非生息资产（比如现金）。j^* 的分界点（小于这个值则货币比存款更受青睐）逐渐变小，随着通胀率趋近于无穷最终收敛于零。因此，存款—现金比率上升，经济中更多的资源被利用于促进交易，这些都是通过用存款购买商品的固定成本 $\lambda(1-j^*)$ 和用于取现的时间（$n^*\varphi$）实现的。

表 2   稳态的福利成本，校正基准

年通胀率

	− 0.0164	0.00	0.01	0.03	0.06	0.10	0.25	0.50
n	1.320681	1.192505	1.171063	1.209201	1.309609	1.446476	1.600991	2.311321
l	0.299345	0.299722	0.299879	0.300000	0.300038	0.300018	0.299965	0.299597
a	9.713202	9.566608	9.516885	9.500000	9.521467	9.557323	9.593700	9.700938
h	0.000000	2.331871	3.358631	4.736842	5.927637	6.810877	7.441156	8.736977
m	1.000000	0.572012	0.486511	0.398107	0.333613	0.288561	0.256264	0.182611
h/m	0.000000	3.040992	5.057136	9.000000	14.555766	21.356580	29.080149	69.175101
j^*	1.000000	0.572012	0.486511	0.398107	0.333613	0.288561	0.256264	0.182611
p	3.327290	4.948311	6.309454	8.526316	11.118960	13.827927	16.529927	27.529942

---

① 在这个模型中，存在一个独一无二的通胀率的较低界限，该界限并不比负的资本回报的实际收益率高多少。在这个较低界限上，没有人想持有存款，货币总存量与基础货币一致（$M_1 = M$）。

续表

	– 0.0164	0.00	0.01	0.03	0.06	0.10	0.25	0.50
c	0.746847	0.746759	0.746644	0.746420	0.746132	0.745815	0.745490	0.744131
d	0.699650	0.699370	0.699229	0.699079	0.698965	0.698880	0.698816	0.698643
u	– 1.398807	– 1.399235	– 1.399496	– 1.399835	– 1.400167	– 1.400477	– 1.400765	– 1.401841
k	9.978158	9.990729	9.995970	10.000000	10.001267	10.000614	9.998846	9.986565
l	0.299345	0.299722	0.299879	0.300000	0.300038	0.300018	0.299965	0.299597
γ	0.997816	0.999073	0.999597	1.000000	1.000127	1.000061	0.999885	0.998656
$\lambda_{0.03}$	– 0.0022	– 0.0013	– 0.0007	0.0000	0.0007	0.0014	0.0020	0.0043
$\lambda_{0.00}$	– 0.0009	0.0000	0.0006	0.0013	0.0020	0.0027	0.0033	0.0057

低通胀的稳态展现了高通胀制度下的反映图：持有存款优于持有现金的替换值变小，j^* 的临界值变大，存款—现金比率变小。自此以后，个人流动性管理的福利成本变小。

3.2 敏感性/替换性 校正

上一部分的展示表明量化结果对于模型经济的校正不敏感，但是量化结果强烈依赖数据绘制的方法和交易参数 γ 和 φ 的校正。

存款—现金比率和 M1 中非准备金部分都是难以测算的。在我们的实证模型中，不考虑对国外持有现金比率的估算，存款—现金比率从起初的 12 变为后来的 7。在对 M1 中非准备金部分除以资本存量的比值进行估算时，我们得到最小的值是 0.03，最大的值是 0.20。

表 3 呈现的是，随着变动存款—现金比率和 M1 中非准备金部分除以资本存量的比值变动时，γ 和 φ 如何变动。最后一列显示的是将通胀率从 0.03% 降低到 0 后的福利所得。最后一行中 φ 和 γ 的值分别对应的是每季度 19.7 小时和产出的 1.58%。

从表 3 的最后一行和图 6 中可以看出，稳态福利所得在这种替换性校正下增长约 5 个因素。将通胀率从 3% 降到较低的边界值，福利所得约为 1.5%，然而将通胀率从 3% 提升到 50% 的福利成本是 2%。

表3 φ 和 γ 的替换性校正

	$\dfrac{h}{m}$	$\dfrac{M1-\theta h}{k}$	φ	γ	$\gamma_{0.03}$
基准	9	0.05	0.0007614	0.005948	0.0013
替换1	7	0.05	0.0009014	0.006993	0.0017
替换2	9	0.20	0.01236	0.02379	0.0052
替换3	7	0.20	0.01466	0.02798	0.0067

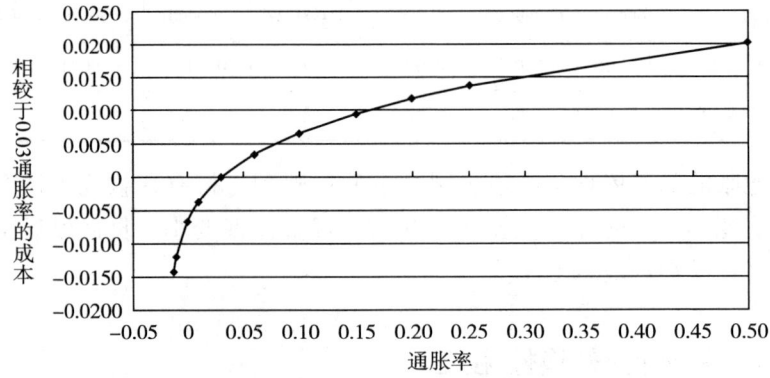

图6 福利成本 替换性校正

3.3 变型

将消费限制在稳态模型让我们忽略了某些关于回答问题的关键因素。因此，我们进行一系列政策实验，将通胀率从较为温和的水平（0.03%，0.06%，0.10%和0.25%）降低到0。在实验的过程中，我们将经济校正到基准情况。

表4和图7展示了实验的结果。降低通胀的福利所得要比稳态情况小，而且变动的范围从初始通胀率为3%时的0.07%到初始通胀率为25%时的0.35%。

相比于稳态情况，福利所得仅仅源于减少用于促进交易的资源。另外，我们得出货币政策预期变动的影响。如果货币增长率（ξ）降低，预期通胀率降低，实际货币余额的需求增加，均衡中的价格水平也会降低。这就是弗里德曼波浪效应。

表 4　　　　　　　　　　　　　　稳态之间的变型

	0.03→0.00	0.06→0.00	0.10→0.00	0.15→0.00	0.25→0.00
h/m 原始值	9.0000	14.5558	21.3566	29.0801	42.6042
h/m 新稳态值	3.0419	3.0419	3.0419	3.0419	3.0419
j^* 原始值	3.3981	0.3336	0.2886	0.2563	0.2209
j^* 新稳态值	0.5720	0.5720	0.5720	0.5720	0.5720
c 原始值	0.7464	0.7461	0.7458	0.7455	0.7450
c 新稳态值	0.7468	0.7468	0.7468	0.7468	0.7468
c 变更（净）	0.0005	0.0008	0.0013	0.0017	0.0024
d initial st. st.	0.6991	0.6990	0.6989	0.6988	0.6987
d 新稳态值	0.6994	0.6994	0.6994	0.6994	0.6994
d 变更（净）	0.0004	0.0006	0.0007	0.0008	0.0009
k initial st. st.	10.0000	10.0013	10.0006	9.9988	9.9969
k 新稳态值	9.9906	9.9906	9.9906	9.9906	9.9906
k 变更（净）	-0.0009	-0.0011	-0.0010	-0.0008	-0.0006
产出 initial st. st.	1.0000	1.0001	1.0001	0.9999	0.9997
output 新稳态值	0.9991	0.9991	0.9991	0.9991	0.9991
output 变更（净）	-0.0009	-0.0011	-0.0010	-0.0008	-0.0006
福利所得	0.0007	0.0014	0.0022	0.0029	0.0035

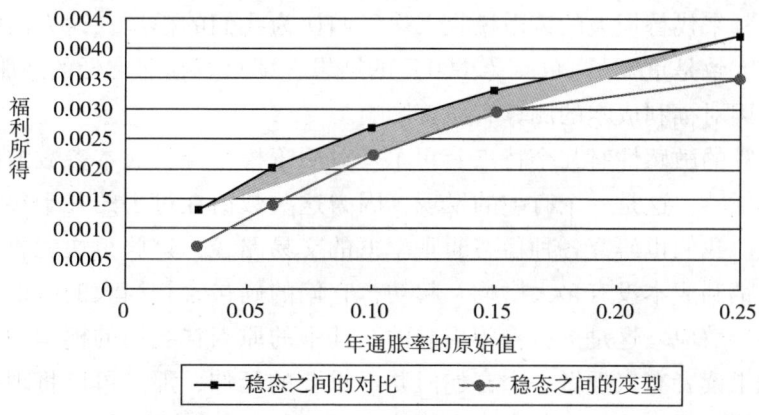

图 7　福利对比

4. 结语

与现有关于通胀福利成本的文献相比，本文的模型包含若干创新点。首先，人们是用内部货币和外部货币购买商品。用哪个来进行购买取决于经济决策，在这些决策中流动资产的相对收益起到重要作用。模型涉及两种交易成本，其一涉及购买商品时使用存款（支票），其二是当一段时期中流动余额需要补充时产生的。在均衡情况下，人们用现金进行小额购买，用存款进行大额购买。交易成本参数校正为平均现金—存款比率和经济体中总的中介资本部分。在我们的量化测算中，不同通胀率的情况下，在何种程度这些成本会生效是具有重要意义的。再者，由于银行将个人存款投资于资本，那么另一个有趣的特点是稳态通胀对于总资本存量的影响，在我们的模型中这个影响要与托宾效应相反。

我们的福利成本测算结果要比 Cooley 和 Hansen（1989）的报告结果小。一个有趣的发现是福利成本曲线的凹性较大，说明随着低通胀率（尤其是5%或更低）的稳态通胀增加，福利成本曲线先是陡升，继而趋于相当平坦的形状。

我们没有考虑财政情况，比如用劳动或是资本收益的比例税而不是用税收总额来代替损失的铸币税收入，我们认为我们的模型在这方面鲜有更新。这大致是重复了 Lucas（2000）的结果，即只有在非常低的通胀率时，财政原因对福利成本的测算有显著影响。

测算的敏感性有几个特点。它尤其对用于校正交易成本参数的两个数值非常敏感，这是一个有趣的发现，因为这些数值在过去的几十年中发生了变化。我们也研究各种稳态通胀率下的交易路径，这些很快就收敛了并且对于福利成本没有多大影响。起初，它们的确包含相当大的所谓的弗里德曼波浪效应，这是央行希望规避的，其中的原因在我们的模型中并未提及。如果读者有兴趣做一个有趣但并不重要的延伸，那么可以将现有的模型和价格平滑规律结合起来，来评估这对福利成本测算的影响。

致谢

Henriksen 博士向 SEB 集团和 William Larimer Mellon 基金提供的资金支持致以诚挚感谢。

参考文献

Bailey，M. 1956. The Welfare Cost of Inflationary Finance. *Journal of Political Economy* 64：93 – 110.

Bullard，J.，and S. Russell. 2000，How Costly Is Sustained Low Inflation for the U. S. Economy? Unpublished working paper.

Coleman，J. 1996. Money ana Output：A Test of Reverse Causation. *American Economic Review* 86（1）：90 – 111.

Cooley，T. F.，and G. D. Hansen. 1989. The Inflation Tax in a Real Business Cycle Model. *American Economic Review* 79（4）：733 – 48.

Cooley，T. F.，and G. D. Hansen. 1991. The Welfare Costs of Moderate Inflations. *Journal of Money，Credit，and Banking* 23（3）：483 – 503.

Dotsey，M.，and P. Ireland. 1996. On the Welfare Costs of Inflation in General Equilibrium. *Journal of Monetary Economics* 37（1）：29 – 47.

Freeman，S.，and G. W. Huffman. 1991. Inside Money，Output，and Causality. *International Economic Review* 32（3）：645 – 67.

Freeman，S.，and F. E. Kydland. 2000. Monetary Aggregates and Output. *American Economic Review* 90（5）：1125 – 35.

Friedman，M. 1969. *The Optimum Quantity of Money and Other Essays.* Chicago：Aldine.

Gavin，W. T.，and F. E. Kydland. 1999. Endogenous Money Supply and the Business Cycle. *Review of Economic Dynamics* 2：347 – 69.

Gomme，P. 1993. Money and Growth Revisited：Measuring the Costs of In-

flation in an Endogenous Growth Model. *Journal of Monetary Economics* 32 (1):
51 – 77.

Imrohoroglu, A., and E. C. Prescott. 1991. Seigniorage as a Tax: A Quantitative Evaluation. *Journal of Money, Credit, and Banking* 23 (3): 462 – 75.

Jones, L., and R. Manuelli. 1995. Growth and the Effects of Inflation. *Journal of Economic Dynamics and Control* 19: 1405 – 28.

Lacker, J., and S. Schreft. 1996. Money and Credit as a Means of Payment. *Journal of Monetary Economics* 38: 3 – 23.

Lucas, R. E. 2000. Inflation and Welfare. *Econometrica* 68 (2): 247 – 74.

评　论

Wilbur John Coleman Ⅱ

　　最早从 Bailey（1956）和 Friedman（1969）开始，测算通胀的福利成本问题就被广为讨论。在某些方面来说，解答这个问题的进展反映了解释经济问题的技术方面的进步。Bailey 和 Friedman 的研究秉承的精神是，将货币视为选择物，这就允许他们在它的需求曲线下对福利问题进行分析。其后，随着技术工具的进步以及对货币的使用投以更多的关注，Cooley、Hansen（1989）和 Lucas（2000）对完全动态优化家庭和企业的经济中的预付现金模型进行变形，用此来研究通胀的福利成本问题。大概就在同一时期，更多的研究都致力于丰富货币是如何被使用的模型，从而更好地区分现金、准备金、支票存款和贷款。从时间顺序上来看，发表文章的作者有 King 和 Plosser（1984），Lucas 和 Stokey（1987），Coleman（1996）以及 Freeman 和 Kydland（2000）。现在这篇 Freeman、Henriksen 和 Kydland 的论文应用和拓展了前人的研究，从而在多重支付手段的模型中研究通胀的福利成本。

　　让我先回顾并考察一下 Freeman、Henriksen 和 Kydland 是否为估算通胀的福利成本提出一个切实可行的分析框架并且得出新的观点看法。一种阐明一些先前通胀的福利成本文献的方法是，尽管在现金预付模型中人们被强迫持有现金，但是通胀的福利成本的估算值是很小的。含有多重支付手段的模型允许家庭（或是企业，这要取决于模型中对于货币的设定）避免持有现金而持有因交易目的不同的其他生息资产。很难想象在这个模型中估算出的福利成本要比没有这些替换手段的模型中估算出的结果要大。在 Freeman、Henriksen 和 Kydland 看来，家庭只可以选择用现金进行交易，这就把这个模型转变成预付现金经济。① 当然，不同的模型对模型参数进行校正，所以福利的估算值不同也是有可能的。但是，总的来说，Freeman、Henriksen 和 Kydland 没有发现较大的福利成本，我认为这归因于多重支付手段模型的这个特点。

Lucas（2000）发现通过降低通胀导致的福利所得中一个关键的部分，是把通胀率从稍高于负的实际利率的较低边界值降到更低时造成的结果。Freeman、Henriksen 和 Kydland 复述了这个结果，并且说明它对 Lucas 的模型并不敏感。这是一个很重要的问题，因为现代经济运行的目标就是将通胀率维持在低水平上（1% 到 3%）。如果 Freeman、Henriksen 和 Kydland 是正确的，那么将通胀从低水平降低到较低边界要比从高水平降低到低水平所得的福利所得更多。在我看来，这是一项重要的贡献。

一个有趣的问题是，为什么中央银行好像比起负的低通胀率更倾向于低通胀率。当然，一种解释就是他们把短期利率视为实施货币政策的重要工具，而且维持正的较小的名义利率让他们有能力在需要的时候降低利率。或许 20 世纪 90 年代的日本提供了一个很好的教训，当名义利率接近于零的时候，扩张性的货币政策是很难实施的。维持一个货币政策的选择值可能是对于 Lucas、Freeman、Henriksen 和 Kydland 研究结果的一种抵消——降低通胀率得到的福利所得来源于在非常低的水平上降低通胀率。

考察通胀的福利成本不能仅仅停留在平均通胀率上。名义利率的波动造成金融资产价值的波动，尽管在美国这样的发达国家，也需要投入大量的资源来管理资产价值的波动。这种成本还包括用于再融资抵押的时间，金融机构用于投机未来利率的时间，或是所谓的观测联邦基金利率所花费的时间。如果短期名义利率永远被设定为 1%，那么所有利率将会为 1%，消除名义利率不确定性可以节约大量的资源。这些可以作为以后对于通胀的福利成本问题研究的有趣课题。

Freeman、Henriksen 和 Kydland 的模型还有很多潜力可以挖掘。这个模型看起来非常适合考察对准备金付息的福利结果，管理货币资产的技术（比如 ATMs）变化的含义，或是如何最好地适应冲击（比如对现金—存款比率的冲击）。Freeman、Henriksen 和 Kydland 发展了一个易于处理的模

---

① 他们会设 $j^* = 1$。

型，这对于研究各种各样的货币经济问题提供了一个有效的方法。

参考文献

Bailey，M. 1956. The Welfare Cost of Inflationary Finance. *Journal of Political Economy* 64：93 – 110.

Friedman，M. 1969. *The Optimum Quantity of Money and Other Essays.* Chicago：Aldine.

Coleman，W. J. 1996. Money and Output：A Tpst of Reverse Causation. *American Economic Review* 86（1）：90 – 111.

Cooley，T. F.，and G. D. Hansen. 1989. The Inflation Tax in a Real Business Cycle Model. *American Economic Review* 79（4）：733 – 48.

Freeman，S.，and F. E. Kydland. 2000. Monutary Aggregates and Output. *American Economic Review* 90（5）：1125 – 35.

King，R. G.，and C. I. Plosser. 1984. Money，Credit，and Prices in a Real Business Cycle Model. *American Economic Review* 74（3）：363 – 80.

Lucas，R. E. 2000. Inflation and Welfare. *Econometrica* 68（2）：247 = 74.

Lucas，R. E.，and Nancy L. Stokey. 1987. Money and Interest in a Cash – in – Advance Economy. *Econometrica* 55（3）：491 – 513.

评 论

Tony Yates

1. 引言

Freeman 和 Kydland （2000） 想要说明的是：对 Friedman 和 Schwartz （1963） 的观点进行现代视角的分析可以得出，由于货币的经济周期部分与产出的经济周期部分是正相关的，我们可以证明货币冲击造成了经济周期。但是如果假设消费者可以从两种支付手段（现金和存款）中选择，那么我们可以得到产出和货币（和存款的总和）都随着正的产出冲击而增加。当生产率提高，消费者想购买更大型的商品，那么使用存款就比使用现金更经济（因为大额购买降低了使用存款的单位成本），银行则通过创造更多的存款来应对这种需求。无摩擦和无货币冲击的模型可以证明所谓的货币冲击导致产出波动。

Freeman、Henriksen 和 Kydland 的论文就是利用这种模型来研究通胀的福利成本。在这个模型中，随着通胀率的上升，消费者将更多的资产组合转换成生息资产的形式，以此避免通胀税，但是他们必须为在交易中因使用生息存款而支付额外的固定成本。作者发现通胀的成本是很小的。举个例子，在他们的基线校正中，将通胀率从 10% 降低到 3% 的所得大约是（稳态消费的）0.13% 。之所以说这个值很小是因为，在 400% 的通胀率下的福利成本和 Lucas （2000） 测算 10% 的通胀率下的几乎一致——略微小于消费的 0.8% 。如果用于交易的存款固定成本上升 5 个点，那么通胀的福利成本就大约乘以相同的数。作者观察到，通胀的边际成本随着通胀率的上升而下降。

2. 评论

2.1　低通胀成本

导致通胀成本低的一个因素是消费者可以在现金和存款中任意选择进行支付。相比于只能进行现金支付或是存款支付的模型，这个模型降低了通胀的福利成本。导致相反情况的一个因素是对于消费者来说，商品之间不能替代。如果可以的话，随着通胀率的上升，他们会趋向于消费更大的商品并且用存款进行支付来避免通胀带来的经济损失。所以在某种程度上来说，在模型限定的范围内，他们是否真的认为通胀的福利成本是低的要取决于他们有多重视这些模型选择。我们需要独立的证据来巩固关于通胀成本的论述。

2.2　隔离存款—现金选择的影响

在我看来，这个模型没有实算摩擦或是信息摩擦是没有考虑它产生的通胀成本的原因。更有趣的是将这个模型的通胀成本与没有黏性价格的其他模型进行比较。弹性价格是 Freeman、Henriksen 和 Kydland 与那些认为货币与产出的正相关是黏性价格的充足证据的经济学家必要争论话题，但是争论还在继续。认为价格存在黏性的经济学家被迫寻找价格未频繁波动的微观证据，并证明带有摩擦的这些模型比没有摩擦的更符合数据的结果。我认为他们已经找到了这样的微观证据并且有摩擦的模型的确更符合数据，尽管在严格的微观模型中嵌入这些是非常难以完成的任务。认为还有其他因素导致价格变动缓慢的观点似乎是压倒性的。我们知道这种类型的模型比其他的模型给出更高的通胀成本。

相比于弹性价格模型，这篇论文的主要贡献是隔离了存款—现金选择对通胀福利的影响。我认为找到一个将这个模型嵌套在一个没有选择的模型中的方式将会有额外收获。比如，如果假设用存款进行所有交易的固定成本为无穷，那么没有人会使用存款。如果假设用现金购买大型物品的固定成本为无穷，且用存款购买小型物品的固定成本为无穷，那么将会得到一个类似于现金—贷款商品模型。

2.3　人们更倾向于用现金购买大型商品吗？

怎样才能最好地形容消费者面临的约束呢？Freeman – Henriksen – Kydland 做到了吗？在只用现金或是只用贷款（更可能的是存款）购买商品的模型中？或是采取一个中庸路线（你可以用贷款购买现金商品，不过是以溢价形式，你也可以用现金购买信贷商品，也是以溢价形式）？

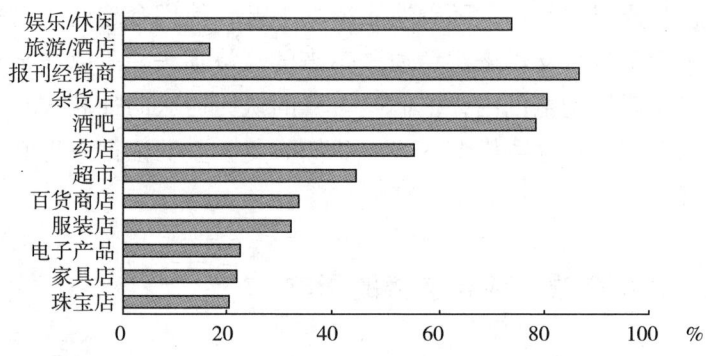

图1　不同零售业消费的现金强度，英国，2001

在英国，我们可以得到以下信息：在不同商品上消费的现金强度和在不同种类零售点里消费的现金强度。这些信息支撑了 Freeman、Henriksen 和 Kydland 以及其前人模型中的基本猜想：比起小型商品，大型商品更有可能用存款支付。因此我们可以看一个例子，家具和珠宝店的 20% 销售额是用现金支付的，然而酒吧的这个比例则为 80%。

English（1999）证实以上的信息，证据是源自 1995 年对现金和交易账户使用的调查报告。支付的平均数额是：家庭支票为 76 美元，信用卡为 59 美元，借记卡为 20 美元，现金则为 11 美元。

我的猜想是，对于很多小型或是非法的交易来说，尽管有银行账户，但是也不会使用存款进行交易的。而对于很多大型交易，用现金进行支付的花费是很大的。对于其他种类的交易，使用哪种方式来支付是没有区别

的。所以要根据商品的不同来选择相应的支付方式。这些没有出现在 Free-
man、Henriksen 和 Kydland 的模型中，他们的模型与现实之间存在差距，
很难说这到底是一种可以接受的抽象还是一种令人不安的问题，这取决于
作者想让我们在多深的程度上相信他们的说法。对他们解释的一个反驳
是：如果用存款购买小型商品是不经济的，那么在通胀成本技术长期居于
稳定的情况下，没有人会选择这么做。而且零售商会觉得当他们可以卖大
型商品的时候，卖小型商品就显得无利可图。在均衡情况下，不同的商品
消耗不同的支付技术成本：这背后的道理和 Freeman、Henriksen 和 Kydland
所运用的是相似的。但是在我看来至少还是存在更好的解释。

2.4 Mulligan 和 Sala－i－Martin 的"外延边际"

另一个观察源自于 Mulligan 和 Sala－i－Martin（2000）的论文。1989
年对消费者融资情况的调查显示，59% 的家庭没有生息资产，甚至 19% 的
家庭连支票账户都没有。那又能怎么样？Mulligan 和 Sala－i－Martin
（2000）的观点是还存在一个非常大的固定成本：参与到银行系统的成本。
这是指鉴别不同银行或是其他的一些成本。Freeman、Henriksen 和 Kydland
认为所有家庭在存款和现金的边界上选择支付方式。在 Mulligan 和
Sala－i－Martin 的模型中，一些家庭是这样做的：其他的方式是不能用来
替代的，原因在于他们没有足够的资产来支付替代所产生的成本。这样做
的结果就是夸大低利率时的通胀成本。

2.5 不考虑企业持有货币的估算值到底有多好？

有一个问题就是：Freeman、Henriksen 和 Kydland 的模型中没有考虑到
企业不得不用货币或是其他的方式购买商品的事实。那么这还是一个好的
估算吗？我们有不同经济部门持有不同种类货币的数据。例如，在英国，
我们认为大约 90% 的 M0 掌握在家庭的手里，企业则持有更多的 M4，包括
票据和硬币，生息或非生息存款。在同一时期，家庭仅持有 6570 亿英镑，
总额则为 9420 亿英镑。

Freeman、Henriksen 和 Kydland 或是其他大多数人的模型抽离了企业持

有货币的事实，那这样的模型到底有多大意义？在总均衡模型中，消费者和生产者之间的隔离会使通胀的效果产生不同。当我们仅设定家庭手中持有货币时，通胀会降低实际收入但会提高休闲的价值。如果我们在生产函数中考虑企业持有货币（甚至货币完全归那些家庭所有），通胀会促使企业用其他非货币要素来替换货币，这些要素包括资本和劳动力，这可能会提高实际工资，可能造成的结果是降低休闲的价值。这种额外的通胀扭曲效应可能会提高福利成本。

2.6　下降的边际通胀成本

Freeman、Henriksen 和 Kydland 发现通胀的边际成本呈下降趋势，其他人的研究中也得出相同的结论。我们如何利用这个发现呢？这是说明了通胀成本或是模型的一些价值吗？我所认为的是，在某一些时刻，通胀的边际成本又开始上升了。Ferguson 引用一位法兰克福居民在 1923 年对其生活的生动描述，这说明了边际通胀成本并没有趋平：

人们遇到的情况已经不能用混乱来形容了，这更像是一种日常的暴乱……最细微的、最私人的事件往往有同一个原因：狂躁地花钱……我曾经把金钱视作无聊的、单调的东西……但是现在我突然从一个不同而诡异的视角来看待它——一个手持巨型鞭子的恶魔，鞭答着所有的一切。（2001，154）

英国（1999）发布的报告中有一则轶事，在 1920 年与 1923 年底恶性通胀之间的几年中，德国的 "D" 银行雇员数量翻了一番。一部分原因可能是预期外通胀的 "福利"，但是其他的解释可能反映出边际通胀成本的上升。他也发现在中等或是高度通胀的国家中，通胀是与金融部门的规模相关的，但是在低通胀国家则不存在这种情况。这可以作为边际通胀成本上升的证据或是其他因素对金融部门的影响，而金融部门的规模决定了低通胀国家的通胀效应。

关键问题是，在某一时刻，边际通胀成本再次上升。这会使消费者用新的货币进行协调，或是迫使他们从事易货贸易，在这个过程中会产生巨大的经济成本。在 Mulligan 和 Sala–i–Martin（2000）的模型中，有一些相似但是动态性稍弱的情况发生。在某一点上，一旦通胀率足够高，贫穷的消费者就不得不去为考察银行系统而支付固定成本，而且此时边际通胀成本升高，然后再次回落。

2.7 通胀的边际成本再次下降：通胀和存款——交易技术的投资收益

在 Freeman、Henriksen 和 Kydland 的模型中，使用现金和存款交易的固定成本在稳态通胀率下是不变的。想象一下这样的世界：使用存款的固定成本取决于投入到存款——交易技术的资源，而投入的资源取决于收益，通胀率越大则收益率越大。我得到的消息是，拉丁美洲国家登记了在支票结算方面不成比例的专利，那些国家的投资用于降低存款支付的成本。如果这个评论击中要点，那么这说明我们不能把这些算法作为稳态的福利，或是我们至少应该把它们提高到一个较高的边界上。在某一时点上，消耗资源（明显花费是很高的）可以让消费者节约持有现金的成本。

2.8 Freeman、Henriksen 和 Kydland 以及 Wallace 的陈述

下面对于 Freeman、Henriksen 和 Kydland 的评论既不是出于我自己的也不是某一个作者的。

Wallance（1998）对货币理论设定一个陈述：货币理论不应该包含一个贴有"货币"标签的未定义物品。不满足这个陈述的理论包括"假设实际平衡是效用或是生产函数的模型，以及假设预付现金约束的模型"。不满足这个陈述的理论"不能回答哪些东西组成货币。"Hahn（1965）解释了其中的原因：[①]

作为货币理论的充分基础，需要精确表述出交易方式，这些交易是对有附随成本的个人开放的……并且……必须详细说明各种商品的期货市场出现的条件。因为如果存在各种商品和服务的期货市场，就像德布鲁模型中的一样，那么就不会存在支付和收取不一致的问题。

那些假设提前需要现金（或是需要现金和存款）的模型不包括这种需

---

① 我很感激 Gertian Vlieghe 指出 Hahn 最开始提出这种观点。

要对现金造成的不便。Hahn 认为"我们被告知债权是存在的……为什么不能用这些债权进行交易?"就 Freeman、Henriksen 和 Kydland 的情况来说,这句话就可以变成"为什么不能用无中介资本的索偿权进行交易?"Hahn 和 Wallace 都探讨了这个问题,我很想知道 Freeman、Henriksen 和 Kydland 是否会对此作出解答?

一种反驳的观点是:我们不是在问货币是由什么组成的问题,我们问的是当某些特定的物品被选作货币的时候,政策的福利成本是什么?但是尽管 Wallace 承认"要用一个模型(回答眼前的问题)来击败另一个模型(回答眼前的问题)",他也认为"一些满足陈述的模型并没有隐含弗里德曼规则。"①

Lagos 和 Wright(2003)的模型遵循了弗里德曼规则。但是他们也指出,偏离弗里德曼规则的福利成本较小的结论并不是非常健全。当通胀率从 10% 下降到 0 时,Lagos 和 Wright 对成本的估算为消费的 2.3%。相比之下,Freeman、Henriksen 和 Kydland 测算的是,当通胀率从 50% 下降到 0 时,得到 0.4% 的所得形式。这些模型还有一个特点,那就是在某一时点上,边际通胀成本上升。其原因在于如果通胀率非常高的时候,货币不会被选作交易的中介,而易货均衡则会取而代之。

致谢

我从与 Luca Benati、Matthew Hancock,Roman Sustek 和 Gertjan Vlieghe 的讨论中受益匪浅。

参考文献

English. W. 1999. Inflation and Financial Sector Size. *Journal of Monetary*

---

① 像这样的情绪可以在 Plosser(1984)对 Lucas(1984)的评论中看到。比如,Plosser 认为"在外生约束促生金融机构的模型中,无法完美模拟金融和货币机构在面对经济环境的变化时是如何作出改变的"。(52)

Economics 44：379 −400.

Ferguson，N. 2001. *The Cash Nexu3'*：*Money Power in the Modern World*，
1700 −2000. New York：Basic Books.

Freeman，S_and F. Kydland. 2000. Monetary Aggregates and Output. *American
Economic Review* 90 （5）：1125 −35.

Friedman，M. ，and A. Schwartz. 1963. *A Monetary History of the United
States*，1867 −1960. Princeton. NJ：Princeton University Press.

Hahn. F. H. 1965. On Some Problems of Proving the Existence of an Equilib-
rium in a Monetary Economy. In *The Theory of Interest Rates*，ed. F. H. Hahn and
F. P. R. Brechling. London：Macmillan.

Lagos，R. ，and R. Wright. 2003. A Unified Framework for Monetary Theo-
ry and Poticy Analysis. Unpublished manuscript，Princeton University.

Lucas，R. 1984. Money in a Theory of Finance. *Carnegic − Rochester Confer-
ence Series on Public Policy* 21：9 −45.

第2章 内生价格灵活性的开放经济模型

Michael B. Devereux

1. 引言

近年来，有关将名义刚性纳入动态一般均衡模型的理论研究已发展到了一个日益复杂的程度（比如，Woodford 2003）。以价格稳定作为最优货币政策的情况下，无论在封闭经济还是开放经济中，这些模型都是很有影响力的（比如，Benigno 和 Benigno 2003）。但是，这些模型中的大多数都假定公司调整价格所遵循的规则是外生的。近来，一些作者（比如，Dotsey，King 和 Wolman 1999）对状态依赖定价模型进行了一系列研究。在这些模型中，假定当公司承受一个价格改变的固定成本时，它有权利选择何时调整其价格，公司会不断地权衡价格调整的收益与价格改变的成本。

本文从固定价格模型和状态依赖定价模型中发展了一个中间框架。在这个模型中，公司可以事先选择是否拥有灵活的价格。通过承受一个固定成本，公司可以灵活地进行投资。如果公司承受这个固定成本，那么，当面临需求或边际成本冲击时，它可以事后调整价格。如果公司选择不承受这个固定成本，它必须事先确定其价格。通过假定为了获得价格的灵活性，公司面临不同的固定成本，我们可以把这个框架整合到一个小型开放经济下的一般均衡模型中，探讨均衡价格灵活性的决定因素。特别地，我们重点研究价格灵活性和汇率政策的关系。

当存在名义刚性时，灵活的汇率能提高经济应对冲击的能力，这是一个关于灵活汇率的经典论点（Friedman 1953）。当允许汇率进行这个调整时，一个灵活的汇率政策会减少现实经济中调整的需要。但是这个标准的论点把名义价格刚性的程度作为给定的。在我们的内生价格灵活性的框架下，我们发现汇率制度的选择可能是价格灵活性的一个关键决定因素，以至于在汇率稳定和产出波动之间的标准的权衡可能会逆转。

在这个模型中，对于一个公司来说，当对其产品的名义需求的波动越大时，事后价格灵活性给它带来的激励就越高。随着冲击的来源不同，固定汇率可能会增加或减少名义总需求的波动。如果冲击来源于本国经济，表现为货币周转速度的变动，那么固定汇率会减少名义需求的波动（抵消周转速度的冲击）和价格波动。但是，如果汇率波动主要来源于全球需求冲击，那么固定汇率会增加名义需求的波动和价格波动。任一公司面临的名义需求波动也取决于其价格灵活性的程度。本文介绍了一个公司间定价决策的战略互动。如果大多数公司调整价格，那么对任一公司的需求的波动就会越大，它调整自己的价格的动力就会越大。因此，在灵活性的选择中，有一个关键的策略互补性，这可能会使得在一个价格灵活性的程度下产生多种均衡。

内生价格灵活性的存在如何影响最优货币政策？我的研究表明，模型中的最优汇率政策会最小化价格灵活性的程度。因此，在 Woodford（2013）和其他人的传统黏性价格模型中，价格稳定是货币政策的一个目标。在这个框架下，因为公司要承受灵活性带来的固定成本，最优的货币政策就是最小化这些成本。同时，最优的货币政策要最小化国内生产总值（GDP）的波动。

正如之前讨论的，本文与对状态依赖定价和价格变化的菜单成本（Ball 和 Romer 1991；Dotsey，King 和 Wolman 1999）的研究有关。这个模型与 Ball 和 Romer（1991）最相关。他们研究表明，在一个国家的环境下给定一个共同的价格变化的菜单成本，当定价者可以事后选择是否调整价格时，存在多种均衡的可能性。现在的研究不同，因为它允许公司特定的菜单成本呈一个分布，假设定价者事先决定是否要拥有价格调整的灵活性，这更符合货币政策制度大的变化（如，固定汇率）可能导致货币经济中合同灵活性的结构变化的观点。最后的部分，我用了一个开放经济的模型。

第二部分阐述了对于一个给定的企业内生价格灵活性的基本技术。第三部分把它结合到一个开放经济模型中。第四部分探讨了价格灵活性和汇率制度之间的联系。第五部分探讨了在内生价格灵活性下的最优汇率政策模型的预测。一些结论如下。

2. 公司和价格灵活性的选择

在状态依赖定价模型中，需求和成本是已知的，企业选择是否要事后调整价格，公司的选择是基于对价格调整的好处与价格变化的成本（例如，菜单成本）的权衡。相比之下，在我们的模型中，公司事前投资于灵活性。那就是，企业根据对现实世界状态的观察，必须事前选择是否需要对价格进行事后调整的这种灵活性，拥有这种灵活性需要承担一个固定的成本。我们可能会认为这是描述货币政策或其他经济结构特征变化的方式，其中，这些变化会影响名义价格和工资设定的制度特点。在这一部分中，我们关注单个公司的决策。

公司 i 有生产函数如下：

(2.1) $Y_i = (H_i - D_i \Phi_i)^\alpha$

Y_i 是公司的产量，H_i 是总就业人数，Φ_i 是一个公司特定的拥有灵活性所需承担的固定成本，公司已知 Φ_i，D_i 是一个指示变量。$D_i = 1$（$D_i = 0$）表示企业选择（不）承担事后价格灵活性所需的成本。假设 $0 < \alpha < 1$，(2.1) 表明存在一个公司特定的生产要素，它与劳动相结合，生产出用于出售的产品。

公司面临的市场需求如下：

(2.2) $X_i = \left(\dfrac{P_i}{P}\right)^{-\lambda} X$

在 P_i 是该公司的价格，P 是（可能是随机的）行业的价格，$\lambda > 1$ 是需求灵活性，X 是一种需求冲击，假设公司面临的一个随机工资 W。从生产技术 (2.1)，该公司的总的经营成本是：

(2.3) $W(Y_i)^{\frac{1}{\alpha}} + W D_i \Phi_i$

公司使用随机贴现因子 Γ 评估预期利润[1]。所以，贴现的预期利润可

---

① 在下一个部分，我们从公司的家庭股东的偏好来确定。

以写为：

$$(2.4) \quad E\Gamma \left\{ P_i \left(\frac{P_i}{P} \right)^{-\lambda} X - W \left[\frac{P_i}{P}^{-\lambda} X \right]^{\frac{1}{\alpha}} - W D_i \Phi_i \right\}$$

企业选择 P_i 来最大化（2.4）。如果 $D_i = 1$，那么企业可以在观察 P、X 和 W 后，选择它自身的价格，设定如下：

$$(2.5) \quad \widetilde{P}_i = \delta \left[W^\alpha (\hat{X})^{1-\alpha} \right]^\omega$$

其中 $\delta = \left(\dfrac{\lambda}{\alpha(\lambda - 1)} \right)^{\alpha\omega}$，$\omega = \dfrac{1}{\alpha + \lambda(1 - \alpha)}$

另外，$\hat{X} = P^\lambda X$。当 $\alpha = 1$ 时，该公司的价格是在工资基础上加上一个不变的利润。但当 $\alpha < 1$ 时，最优的价格将取决于几何平均工资和市场需求。

当 $D_i = 0$ 时，公司必须事先确定价格，最优价格预设为：

$$(2.6) \quad \overline{P}_i = \delta \frac{E \left[\Gamma W (\hat{X})^{\frac{1}{\alpha}} \right]^{\alpha\omega}}{E (\Gamma \hat{X})^{\alpha\omega}}$$

若工资和市场需求是事前已知的，（2.5）和（2.6）会给同样的答案。但一般而言，两个价格会有所不同。

现在，分别把（2.5）和（2.6）代入预期利润函数（2.4），我们可以计算出在 $D_i = 1$ 和 $D_i = 0$ 时企业的预期利润（不包括固定成本）。令 $\Theta = \{ \Gamma, W, \hat{X} \}$，则

$$(2.7) \quad \widetilde{V}(\Theta) = \psi E\Gamma (W^{\alpha(1-\lambda)} \hat{X})^\omega$$

$$(2.8) \quad \widetilde{V}(\Theta) = \psi (E\Gamma W \hat{X}^{\frac{1}{\alpha}})^{(1-\lambda)\alpha\omega} (E\Gamma \hat{X})^{\lambda\omega}$$

其中 $\psi = \delta^{1-\lambda} - \delta^{-\frac{\lambda}{\alpha}}$。当预期利润的贴现值大于预期固定成本的贴现值时，公司将选择 $D_i = 1$。即当 $D_i = 1$ 时，满足如下条件：

$$\widetilde{V}(\Theta) - \overline{V}(\Theta) \geq E\Gamma W \Phi_i$$

因为 Φ_i 是公司事先已知的，$E\Gamma W \Phi_i = \Phi_i E\Gamma W$。因此，我们可以把这个条件重新写成：

$$(2.9) \quad \Delta(\Theta) \equiv \frac{\left[\widetilde{V}(\Theta) - \overline{V}(\Theta) \right]}{E\Gamma W} \geq \Phi_i$$

这里的 $\Delta(\Theta)$ 代表价格灵活性带来的收益。

2.1 方程的近似估计

我们通过对 $\Delta(\Theta)$ 在均值 $E\ln(\Theta)$ 附近取二阶对数的近似来计算价格灵活性带来的收益。在附录里，它被表示为：

$$(2.10) \quad \Delta(\Theta) \approx \frac{\Omega\alpha}{2}\left\{\sigma_\omega^2 + \left[\frac{(1-\alpha)}{\alpha}\right]^2\sigma_x^2 + 2\frac{(1-\alpha)}{\alpha}\sigma_{\omega x}\right\} > 0$$

其中，

$$\Omega = \frac{V[\exp(E\ln\Theta)]}{\exp[E(\ln\Gamma + \ln W)]}\lambda(\lambda-1)\omega^2 > 0, \quad V[\exp(E\ln\Theta)]$$

代表在均值 $E\ln(\Theta)$ 处计算的利润，σ_ω^2，σ_x^2，$\sigma_{\omega x}$ 代表工资，市场需求的方差和它们的协方差。

到第二阶，价格灵活性会激励公司去承担一定成本，这种激励的大小取决于工资的方差、市场需求的方差以及它们的协方差。若 $\alpha = 1$，边际成本与产出是独立的，那么在市场需求的不确定性对这个激励没有影响，灵活性带来的收益仅仅取决于工资的不确定性。直观地说，如果 $\alpha = 1$，那么最优预期利润与市场需求是线性的。此外，如果工资是已知的，则无论是在观察 Θ 之前还是之后设定的价格，都是相同的。这种情况下，价格的灵活性不能带来收益。然而更普遍的是，当价格是可变的时，最优利润关于 W 是凸的；当价格是固定的时，最优利润关于 W 是线性的。因此，当价格是可变的时，工资的波动性会提高预期利润（相对于事先设定价格时的预期利润）。当 $\alpha < 1$ 时，无论价格可变还是固定，最优利润关于市场需求 $\hat{X}$ 是凹的，但是直觉来说，相较于价格可变时，当价格固定时的最优化利润函数关于需求是更凹的。由于 $\alpha < 1$，市场需求的不确定性会增加价格灵活性所带来的好处。

最后，（2.10）不依赖于随机折现因子的性质。到一个二阶近似时，贴现因子以同样的方式影响固定和可变价格下的利润。

2.2 总体的价格灵活性的确定

（2.9）的左边对于所有公司都是相同的。由于价格的灵活性所带来的固定成本不同，每个公司对于价格灵活性的选择不同。不失一般性，我们从一个固定成本的分布中取任一公司 i，其中固定成本是 $\Phi(i)$，$\Phi(0) = 0$，$\Phi'(i) > 0$。换言之，将公司按照它们的价格灵活性引致的固定成本来排列。那么，我们可以把总体的价格灵活性的决定描述为对需要承担（因价格灵活性引致的）固定成本的公司的个数 z 的测量，$0 \leqslant z \leqslant 1$。以下的条件决定了 z：

(2.11) $\Delta(\Theta) = \Phi(z)$，$0 \leqslant z \leqslant 1$

(2.12) $\Delta(\Theta) > \Phi(1)$，$z = 1$

这个条件给出了公司面临的潜在不确定性与经济中总的灵活性之间的联系。

3. 一个小型开放经济的模型

现在，我们设定一个小型开放经济的模型，模型中的变量对于公司关于价格灵活性的选择的冲击都是内生的。在这个经济中，有单位间隔的连续的家庭，他们消费国内生产和国外进口的产品，收入来源于工资和公司所有权。公司根据上个部分的描述进行生产和选择它们的价格灵活性的程度。

3.1　家庭

家庭 i，$i \in 2(0,1)$，偏好如下：

(3.1) $\ln C(i) + \chi \ln \dfrac{M(i)}{P} - \eta H(i)$

此处的 $C(i)$ 是对国内、外产品消费的总和，表示如下：

(3.2) $C(i) = \left(\dfrac{C_h(i)}{\gamma}\right)^{\gamma} \left(\dfrac{C_f(i)}{1-\gamma}\right)^{1-\gamma}$

此处，P 是一个价格指数，$P = (P_h)^{\gamma}(SP_f^*)^{1-\gamma}$，其中 P_f^* 是外国商品的外生的外币价格，S 是汇率，γ 是对本国商品的相对偏好，$M(i)$ 是持有本币的数量。我们假定 χ 是随机变量，表示对货币的消费周转率的冲击。

本国商品的消费是有区别的。对于家庭 i，本国商品的消费和价格指数如下：

$$(3.3)\ C_h(i) = \left[\int_0^1 C_h(i,j)^{1-\frac{1}{\lambda}} dj\right]^{\frac{1}{1-\frac{1}{\lambda}}},\ P_h = \left[\int_0^1 P_h(j)^{1-\lambda} dj\right]^{\frac{1}{1-\lambda}}$$

此处，$\lambda > 1$。

本国家庭 i 面临的预算约束：

$$(3.4)\ PC(i) + M(i) = W(i)H(i) + M_0(i) + T(i) + \Pi$$

此处 $M_0(i)$ 代表持有的初始货币，$T(i)$ 是从货币当局得到的转移支付，Π 是本国公司的利润总和。

家庭在自身的预算约束下，选择货币余额、劳动供给和每种商品的消费量来使效用最大化。我们得到对每种商品的需求 $C_h(i)$，对外国商品的需求，对货币余额的需求和内含的劳动供给如下：

$$(3.5)\ C_h(i,j) = \left[\frac{P_h(j)}{P_h}\right]^{-\lambda} C_h(i),\ C_h(i) = \frac{\gamma PC(i)}{P_h},\ C_f(i) =$$

$$\frac{(1-\gamma)PC(i)}{P_f}$$

$$(3.6)\ M(i) = \chi PC(i),\ W = \eta H^\Psi PC(i)。$$

3.2　国外部门

我们假定国外对本国商品 i 的需求可以表示如下：

$$(3.7)\ D_h^*(i) = \left[\frac{P_h(i)}{P_h}\right]^{-\lambda} \frac{S}{P_h} D^*$$

此处的 D^* 是一个随机的国外需求的扰动项。因此，在总体上，外国对本国商品的需求有一个单位的相对价格弹性。对其进行标准化后，使得国外价格指数为 1。

3.3　公司

给定对本国和国外的需求，公司依照前一个部分描述的技术设定价格。例如，z 个公司在现实状态发生后设定价格 $\tilde{P}_h(j)$，而 $(1-z)$ 个公司事先设定价格 $\overline{P}_h(j)$。（2.11）（或者 2.12）给出的条件决定了灵活价格部门的大小，所有公司的总利润可以表示为：

$$(3.8) \int_0^z \widetilde{P}_h(j) \widetilde{Y}(j) dj + \int_z^1 \overline{P}_h(j) \overline{Y}(j) dj - \int_0^1 WH(i) di \text{。}$$

3.4 均衡

我们关注所有家庭都一样的对称均衡，均衡是按通常意义上的定义。考虑货币市场出清，$M = M_0 + T$，家庭的事前预算约束表述如下：

$$(3.9) PC = z\widetilde{P}_h \widetilde{Y}_h + (1 - z)\overline{P}_h \overline{Y}_h$$

对每一类公司的商品市场意味着：

$$(3.10) \quad \widetilde{Y}_h = \left(\frac{\widetilde{P}_h}{P_h}\right)^{-\lambda} \gamma \left[\frac{PC}{P_h} + \frac{SD^*}{P_h}\right]$$

$$(3.11) \quad \overline{Y}_h = \left(\frac{\overline{P}_h}{P_h}\right)^{-\lambda} \gamma \left[\frac{PC}{P_h} + \frac{SD^*}{P_h}\right]$$

对外国经济存在类似的条件。

我们可以通过加总所有固定价格和可变价格的公司来定义总的实际 GDP。所以，

$$Y = \frac{z\widetilde{P}_h \widetilde{Y} + (1 - z)\overline{P}_h \overline{Y}}{P_h} \text{。}$$

在下文中，我们假定两个冲击 χ 和 D^* 服从对数正态分布，因此 $\ln\chi N(0, \delta_\chi^2)$，$\ln D^* N(0, \delta_{d^*}^2)$。

3.5 对于给定价格灵活性的模型的求解

给定 z 和 z^*，很容易看出均衡的特点。从总的 GDP 和家庭预算约束的定义中，我们得到 $PC = P_h Y$。所以，我们可以把货币市场均衡的条件表示为：

$$(3.12) \quad M = \chi P_h Y$$

把它与商品市场均衡相结合，将（3.10）和（3.11）加总，我们得到汇率和 GDP 的解：

$$(3.13)\ S = \frac{1-\gamma}{\gamma}\frac{M}{D^*\chi}\,, \qquad Y = \frac{M}{P_h\chi}$$

货币扩张会引起汇率贬值，而转换速率的冲击会引起汇率升值，对本国商品的国外需求的增加也会引起汇率升值。就本国商品而言，实际 *GDP* 由实际货币余额的价值决定，而不是周转速率冲击。

对单个公司的需求可以从（3.10）和（3.11）来定义。名义工资由（3.6）给出，然后我们可以用（2.5）和（3.12）来定义可变价格的公司价格如下：

$$(3.14)\ \tilde{P}_h = \delta\left[\eta P_h^{(\lambda-1)(1-\alpha)}\frac{M}{\chi}\right]^{\omega}$$

公司的折现因子由一美元的本国货币的家庭边际效用给出，$\Gamma = (PC)^{-1}$，然后我们可以将固定价格的公司价格表示为：

$$(3.15)\ \overline{P}_h = \delta\frac{E\left[\eta\left(P_h^{\lambda-1}\frac{M}{\chi}\right)^{\frac{1}{\alpha}}\right]^{\alpha\omega}}{E\left[P_h^{\lambda-1}\right]^{\alpha\omega}}$$

本国商品价格指数可以定义为：

$$(3.16)\ P_h = \left[z\tilde{P}_h^{1-\lambda} + (1-z)\overline{P}_h^{1-\lambda}\right]^{\frac{1}{1-\lambda}}$$

3.6 最优价格灵活性的确定

我们运用之前的条件（2.11）（或2.12），结合一般均衡模型中隐含的 Γ、W 和 $\hat{X}$ 来确定均衡价格灵活性。根据模型的均衡，市场需求和工资可以表示为：

$$(3.17)\ \hat{X} = P_h^{\lambda-1}\frac{M}{\chi},\ W = \eta\frac{M}{\chi}$$

结合等式（3.14）~（3.16）和（2.11），就确定了均衡时本国经济的 W、$\hat{X}$、$\tilde{P}_h$、$\overline{P}_h$、P_h 和 z。

当 $z = 0$ 时，模型有一个简单的解析解由（3.13）和（3.15）给出。但当 $0 < z < 1$ 时没有解析解。然而，我们可以用（2.10）中用过的二阶近似表示出一个近似解。为了用（2.10）来确定价格灵活性的收益，我们需要得到 $\ln(W)$ 和 $\ln(\hat{X})$ 的方差。如下：

(3.18) $\ln(W) = \ln(M) - \ln(\chi)$

(3.19) $\ln(\hat{X}) = (\lambda - 1)\ln(P_h) + \ln(M) - \ln(\chi)$

对于给定 z，模型是对数线性的，除了价格指数等式（3.16）外。附录中表明 P_h 在均值 $E\ln P_h$ 附近（我们用小写字母表示对均值的偏离，例如 $p_h = \ln(P_h) - E\ln(P_h)$ ）

(3.20) $p_h = \dfrac{\varphi(z)\omega(m - \hat{\chi})}{1 - (1 - \alpha)\omega(\lambda - 1)\varphi(z)}$

这里的 $\hat{\chi}$ 表示周转速率冲击对其均值的偏离的对数，$\varphi(z)$ 是 z 的增函数，满足 $\varphi(0) = 0$，$\varphi'(z) > 0$，$\varphi''(z) > 0$ 和 $\varphi(1) = 1$。注意，根据 ω 的定义，有 $(1 - \alpha)\omega(\lambda - 1) < 1$。

把（3.20）代入（3.19）和（3.18），然后代入（2.10），我们可以得到条件如下：

(3.21) $\dfrac{\Omega}{2\alpha}\left[\dfrac{1}{1 - (1 - \alpha)(\lambda - 1)\omega\varphi(z)}\right]^2 (\sigma_m^2 + \sigma_{\hat{\chi}}^2 + 2\sigma_{m\hat{\chi}}) = \Phi(z)$,

$0 \le z \le 1$

(3.22) $\dfrac{\Omega}{2\alpha}\left[\dfrac{1}{1 - (1 - \alpha)(\lambda - 1)\omega}\right]^2 (\sigma_m^2 + \sigma_{\hat{\chi}}^2 + 2\sigma_{m\hat{\chi}}) = \Phi(1)$, $z = 1$

图 1A 表明 z 的确定。VV 线表示条件（3.21）的左边，这代表价格灵活性给边际价格制定者带来的收益，如水平轴所示。它随着名义总需求 $m - \hat{\chi}$ 的方差的变大而增大。CC 线表示的是边际价格制定者面临的固定的灵活性成本，CC 线是向上倾斜的，因为假定边际公司有更高的灵活性价格所带来的成本，VV 线也是向上倾斜的（凸的），其他所有公司的决定与对任一公司选择灵活性价格的激励，这两者间的联系可以解释 VV 线的斜率。当更多的公司因为 $\lambda > 1$ 选择拥有灵活的价格时，这使得任一公司的理想的事后价格 $\tilde{P}_h$ 的波动更大。但是，拥有灵活的价格给公司带来的收益，随着公司的理想的事后价格波动的变大而增大。

本文给公司的定价决策介绍了一种策略互补：对冲击进行调整的其他公司越多，任一公司对自身价格进行调整的激励就越大。

尽管图 1A 描述了唯一的均衡的情况，图 1B 刻画了 VV 线与 CC 线相交两次的情况。因此，在价格灵活性的确定中可能存在多重均衡。图中有三个对应的均衡，分别是低水平的 z，$z = 1$ 和中间水平的 z（通常来说不固定）。在低水平的 z 的均衡上，小部分的公司会选择拥有灵活的价格，减弱对其他公司选择拥有灵活价格的激励。但当 $z = 1$ 时，需求的波动很大，使得所有的公司都愿意选择承担一定成本以拥有灵活的价格，因为所有其他公司都会这么做。所以，多重均衡是由定价中策略互补产生的。策略互补和多重均衡的可能性一样，随着 α 的变低和 λ 的变高而增大。

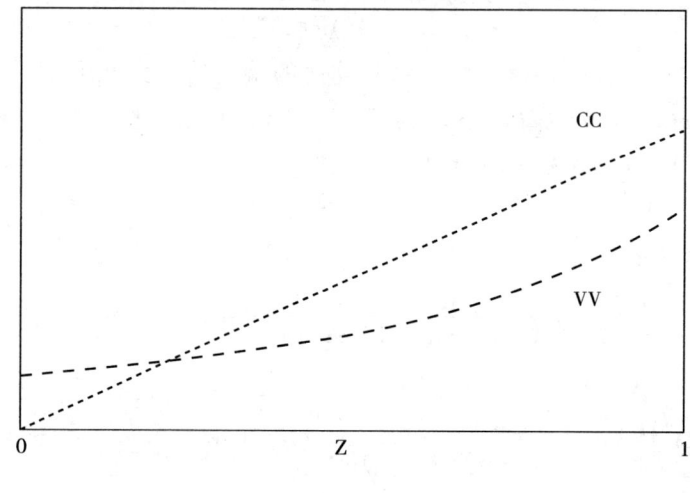

图 1A

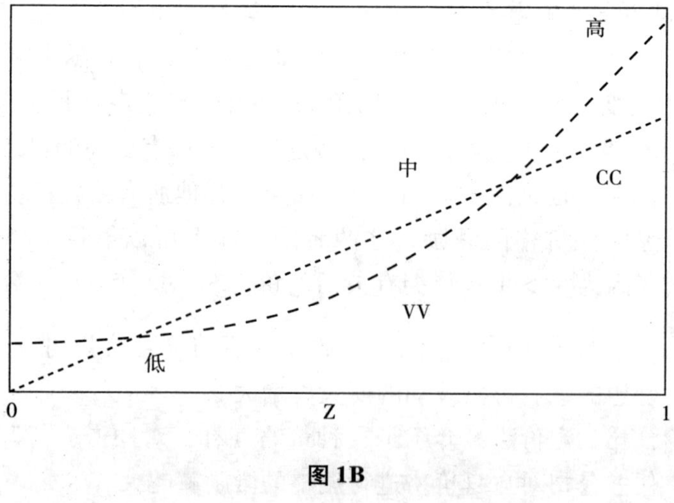

图 1B

4. 价格灵活性和汇率制度

现在，我们关注货币政策对价格灵活性均衡程度的影响。我们首先关注图 1A 表示的均衡唯一的情况。均衡唯一的充分条件是 $\Phi(i)$ 唯一：

$$\Phi(i) = \overline{\Phi}_i \text{ 和 } \frac{\Omega}{2\alpha}\left[\frac{1}{1-(1-\alpha)(\lambda-1)\omega}\right]^2(\sigma_m^2+\sigma_{\hat{\chi}}^2+2\sigma_{m\hat{\chi}}) < \overline{\Phi}$$

这表示在 $z = 1$ 时，VV 线位于 CC 线的下面，因为 VV 线是严格凸的，所以只有唯一的交点。

从（3.21）可以直接看出，货币波动性或周转速率的增加使得 VV 线上移而不影响 CC 线，从而会提高价格灵活性的程度。汇率制度会怎样影响价格灵活性？注意，汇率可以用对数偏差形式表示为：

（4.1）$s = m - \hat{\chi} - d^*$

这里的 d^* 代表国外需求冲击 D^* 对其均值的偏差的对数。

为了定义一个汇率政策，我们关注货币当局直接盯住汇率的一种简单的货币政策规则。这样做的好处是，它允许改变汇率稳定在政策中的重要性。因此，货币当局遵循的规则如下：

（4.2）$m = -\mu s$

这里的 μ 是汇率的干预程度，$\mu = 0$ 对应的是自由浮动的汇率，$\mu \to \infty$ 对应的是固定汇率。

在这个规则下，汇率可以表示为：

$$s = \frac{-(\hat{\chi}+d^*)}{1+\mu}。$$

利用这个和（3.21），我们可以建立命题 1。

命题 1

当 $\sigma_{d^*}^2 > \sigma_x^2(\sigma_{d^*}^2 < \sigma_x^2)$ 时，价格灵活性的程度 z 在固定汇率（浮动汇率）下更高。

证明： 在假定下，z 由下式决定：

$$(4.3) \quad \frac{\Omega}{2\alpha}\left(\frac{1}{(1+\mu)^2}\sigma_\chi^2 + \frac{\mu^2}{(1+\mu)^2}\sigma_{d*}^2\right) = \Psi(z)$$

其中 $\Psi(z) = \overline{\Phi}z(1-(\lambda-1)(1-\alpha)\varphi(z)\omega)^2$。

当且仅当 $\sigma_{d*}^2 > \sigma_\chi^2$，式子左边在 $\mu \to \infty$（固定汇率）时比在 $\mu = 0$（浮动汇率）时更大。那么，只要均衡是唯一的，式子右边一定关于 z 递增。如果 $\sigma_{d*}^2 < \sigma_\chi^2$，上述结论相反。

因此，命题说明，当世界需求冲击的波动超过了国内周转速率冲击的波动时，盯住汇率将增加均衡价格灵活性。

为了更直观地看待结果，注意当 $m - \hat{\chi}$ 的方差增大时，均衡价格灵活性会增大。为了在面临世界需求冲击时保持汇率不变，m 的方差必然会增大。因此，当面临 d^* 的冲击时，盯住汇率会倾向于增大 z。另一方面，如果没有世界需求冲击，盯住汇率会使 $m - \hat{\chi}$ 的方差稳定，会倾向于减少 z。

这些结果与引言的讨论有怎样的关系？模型中的汇率灵活性与产出波动性之间有权衡吗？在这个模型中，产出表示为：

$$Y = \frac{M}{P_h\chi}$$

用线性近似的方法，结合（3.20）给出的本国价格指数的近似表示，我们可以写出：

$$(4.4) \quad y = \frac{(m - \dot{\chi})[1 - \varphi(z)]}{1 - (1-\alpha)\omega(\lambda-1)\varphi(z)}$$

根据这个表达式，我们可以建立命题2。

命题 2

保持价格灵活性的程度不变，如果汇率政策规则增加了产出的波动性，那么它也会增加价格灵活性的程度。

证明： 表达式（4.4）说明，对于给定的 z，当 $m - \hat{\chi}$ 的波动性上升时，产出的波动性也会上升。但是，这与命题1关于价格灵活性增加的条件完全相同。

命题2明确了内生的价格灵活性对汇率波动和产出波动之间的权衡有影响。对于给定的 z，产出波动由名义总需求 $m - \hat{\chi}$ 的波动决定。但是根据命题1，这是完全相同的因素支配着价格灵活性的程度。如果一个汇率政策以高的产出波动为代价来减少汇率的波动，那么它也会增加公司投资于更大的价格灵活性的激励。但是依据（4.4），产出波动性关于 z 递减。因此，内生的价格灵活性作为一种间接补偿力，会减少汇率政策对产出波动性的直接影响。

图 2 提供了这一结果的定量说明。我们关注于经济只面临世界需求冲击的这种情况[①]。我们设定商品类别间的替代弹性为 6，对应于一个 20% 的垄断标记。我们假定 $\Phi(i)$ 是均匀分布。在校准中，我们选择的成本函数，如果所有公司都选择事后的价格灵活性，总成本将是 GDP 的 3%。这与 Zbaracki 等人（2000）以及 Dotsey，King 和 Wolman（1999）对价格变化的成本量化的测量和校准是相符合的。最后，我们设定 $\alpha = 0.75$。

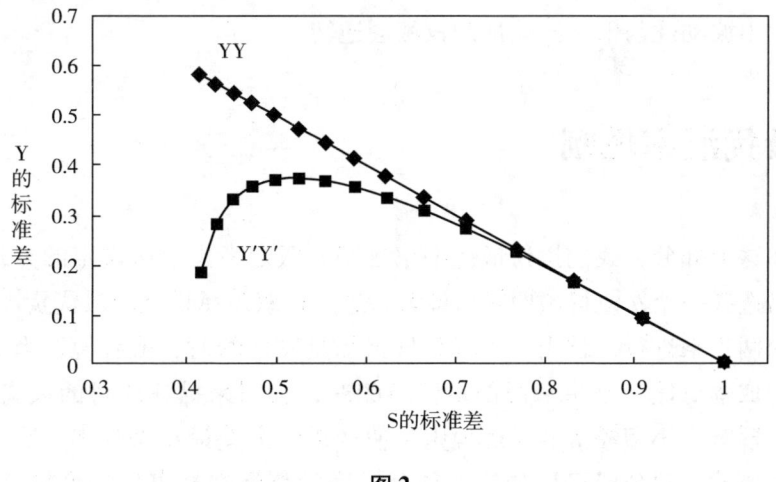

图 2

图 2 说明了在汇率干预系数 μ 取不同值时，汇率的标准差和产出的标准差的关系。首先，在这个例子中，价格灵活性是外生的，$z = 0$，所以所有公司都要事先设定价格[②]。那么，$\mu = 0$（完全浮动的汇率）保证了产出的波动为零。但是在这种情况下，汇率的波动性为 $\delta_s = \delta_{d*}$（见4.1）。增加汇率干预的程度将减小 δ_s，但是也会增加产出波动性 δ_y，这可以从图 2 中 YY 线的轨迹看出。很明显，在这种情况下，δ_s 和 δ_y 之间有负向的关系。

---

① 或者，我们可以认为在这种情况下，货币政策规则通过汇率干预直接（而非间接）抵消周转速率冲击。

② 这通过把（3.21）中的 Φ 设定为一个很高的值来达到。

一个使名义汇率稳定的政策一定同时使 *GDP* 不稳定。

现在，关注例子中的内生的价格灵活性，这里的 z 是由条件（3.21）决定的，由 $Y'Y'$ 的轨迹表示。以 $\mu = 0$ 开始，汇率干预程度的增加将减小 δ_s 而增大 δ_y。因此，在低水平的汇率干预下，汇率波动性和产出波动性之间仍然存在负向关系。但当 μ 上升，增加名义总需求的方差 $\delta_{m-\hat{\chi}}$，越来越多的公司选择投资于事后的价格灵活性，以至于在总体上，z 会增加。因此，由于更高的总需求波动对产出的直接影响被更高的总价格灵活性所抵消，汇率波动性与产出波动性之间的权衡的负向关系会变弱。此外，当 μ 继续上升，这个权衡会改变方向；价格灵活性增加到足够大时，总产出波动性会降低，即使名义总需求的波动增加。因此，在外生价格灵活性面前，产出波动性与汇率波动性的权衡会逆转。

5. 最优汇率规则

在这个部分，我们探讨最优汇率规则。假定考虑价格设定的方式，货币当局选择一个 μ 使得预期效用最大，这是在政策承诺下的最优货币规则。我们分两步来进行：首先，当所有价格都是黏性的时，或者说，当事后灵活性的成本对任一公司来说都是极高的时，我们来描述此时的最优规则。我们发现对于小型经济的最优规则是使产出的方差最小型规则。然后，我们把环境放到公司可以如第二部分描述的那样选择事后的价格灵活性。此外，我们假定货币当局在选择最优汇率规则时考虑价格设定的方式。我们的结果表明，内生的价格灵活性对最优货币规则没有影响。

大部分的文献（如 Obstfeld 和 Rogoff 2002）假定最优货币规则是使除去实际余额效用的预期效用最大化。因此，最佳的政策只侧重于通过黏性价格所产生的失真与偏离，忽视了与弗里德曼规则相偏离的相关隐性扭曲。

如果所有的价格都是黏性的，那么国内价格可以表示为：

$$(5.1)\ P_h = \eta^\alpha \delta^{\frac{1}{\omega}} \left[E \left(\frac{M}{\chi} \right)^{\frac{1}{\alpha}} \right]^\alpha$$

本国的均衡消费和就业可以通过下式给出：

(5.2) $C = \dfrac{M}{\chi P_h^{\gamma}(S)^{1-\gamma}} = \gamma \left[\dfrac{M}{\chi P^h \gamma}\right]^{\gamma} \left[\dfrac{D^*}{(1-\gamma)}\right]^{1-\gamma}$

(5.3) $H = \left[\dfrac{M}{\chi P_h}\right]^{\frac{1}{\alpha}}$

根据（5.3）和（5.1），我们可以得到：

$$\eta EH = \eta \dfrac{E\left(\dfrac{M}{\chi}\right)^{\frac{1}{\alpha}}}{P_h^{\frac{1}{\alpha}}} = \Omega_1 \dfrac{E\left(\dfrac{M}{\chi}\right)^{\frac{1}{\alpha}}}{E\left(\dfrac{M}{\chi}\right)^{\frac{1}{\alpha}}}$$

这是一个常数（Ω_1 是参数的常值函数）。因此，对于货币政策的评估，预期效用只取决于综合消费的对数值。

那么，我们可以写出本国货币当局的预期效用目标函数（忽略常数）：

(5.4) $E\ln C = E\gamma\left(\ln\dfrac{M}{\chi} - \ln P_h\right) + E(1-\gamma)\ln D^*$

用（5.4），我们可以建立命题 3。

命题 3

当所有的价格都事先设定，最优的汇率干预程度是（a）

(5.5) $\mu = \dfrac{\delta_{\chi}^2}{\delta_{d^*}^2}$

和（b）最优汇率干预规则会最小化 GDP 的方差。

证明： 根据（5.4），因为 $E\ln(M)$ 与 μ 相互独立，最优干预规则可以通过最小化下式得到：

$E\ln(E\exp(\ln(M) - \ln(\chi)))$

(5.6) $= E\left[\exp\left(\Omega_2 + \dfrac{\mu}{1+\mu}Ed^* - \dfrac{1}{1+\mu}E\hat{\chi} + \dfrac{1}{2}\left(\dfrac{\mu^2}{(1+\mu)^2}\sigma_{d^*}^2 + \dfrac{1}{(1+\mu)^2}\sigma_{\hat{\chi}}^2\right)\right)\right]$

这里的 Ω_2 是一个常数。

式子两边相等是因为冲击 D^* 和 χ 都是对数正态，有 $Ed^* = E\hat{\chi} = 0$。因此，最优干预规则通过最小化下式得到：

$\dfrac{\mu^2}{(1+\mu)^2}\sigma_{d^*}^2 + \dfrac{1}{(1+\mu)^2}\sigma_{\hat{\chi}}^2$

这个问题的解是：

$$\frac{\sigma^2_{\chi}}{\sigma^2_{d^*}}$$

命题的部分（b）成立是因为当给出假定的货币规则，最小化上式等价于最小化（4.4）中产出的方差。

命题 3 表明，当所有价格都事先设定时，如果只有外部的需求冲击，那么最优汇率政策就是完全地平稳产出，允许汇率随着冲击进行调整，干预系数为零。因此，根据图 1，我们应该选 YY 线上对应于 1 的那点。另一方面，如果冲击仅仅是国内周转速率干扰的结果，那么最优政策是固定汇率，$\mu \to \infty$。

事先设定价格下的最优汇率政策的决定因素，与盯住汇率是否刺激价格灵活性的决定因素是相同的。如果实际的外部冲击倾向于占主导，那么最优政策倾向于更大的汇率灵活性。但是这种情况下，当 z 是内生的时，盯住汇率会产生更大的价格灵活性。另一方面，如果对货币周转速率的冲击占主导，那么汇率应该保持稳定。但是这种情况下，当 z 是内生的时，灵活的汇率将会产生更大的价格灵活性。

当我们允许价格灵活性是内生的时，结果会怎么改变？在这种情况下，模型没有封闭形式的解析解。但是当对冲击过程的分布给出一些假定，我们可以求出模型的数值解。用这个过程，我们发现最优汇率干预规则和命题 3 相比没有变化。也就是说，最优规则的数值解与（5.5）完全相符。显然，当给定模型结构时，这很容易理解。如附录所示，消费和就业的分布，通过价格和 z 的解，仅依赖于名义总需求项 $\frac{M}{\chi}$。因此，规则（5.5），即在假定汇率干预规则形式的条件下，使名义总需求的方差最小化，仍然是内生价格灵活性环境下的最优政策。

因此，我们可以得到如下结论：内生的价格灵活性的存在不会改变小型开放经济中最优货币政策的标准处方。更一般地说，这意味着内生价格灵活性环境下的最优汇率规则会使价格灵活性的程度最小化。因为价格灵活性是有成本的，货币当局设想一种干预规则，使得公司投资于灵活性的资源最小。从另一个角度来看，结果表明，针对黏性价格模型中出现的价格稳定的标准处方，延展到内生价格灵活性的模型。

6. 结论

关于汇率灵活性益处的理论研究几乎总是使用这样一个框架：价格决定与汇率制度选择是相互独立的。但是政策界往往强调，汇率承诺可以帮助影响私营部门的期望，改变工资合同和价格设定的制度结构。在 20 世纪 90 年代，许多拉丁美洲国家追求汇率稳定，希望固定汇率会直接反馈到私营部门的行为。采取货币发行局或完全美元化制度的国家强调成功的先决条件是内部价格的灵活性（比如 Latter 2002）。

本文针对汇率制度选择和名义价格灵活性之间的联系开发了一种理论模型。我们从基本微观经济学角度建立了一个公司投资于价格灵活性的决策，然后把它整合到一个有货币和实际冲击的小型开放经济模型中。

本文是说明性的，而不是现实性的。但是原则上，把第二部分提到的灵活性的选择拓展到更现实的动态一般均衡环境并不难，这种拓展可能会改变黏性价格环境下对货币政策影响的许多预策。

附录

A. 1 近似（2. 10）的获得

首先，我们描述下（2.10）给出的近似是如何得到的，注意：

$$（A.1）\ \Delta(\Theta) = \frac{\Psi}{E\Gamma W}\left[E\Gamma\left(W^{\alpha(1-\lambda)}\hat{X}\right)^{\omega} - \left(E\Gamma W\hat{X}^{\frac{1}{\alpha}}\right)^{(1-\lambda)\alpha\omega}\left(E\Gamma\hat{X}\right)^{\lambda\omega}\right]$$

这可以写成如下形式：

$$（A.2）\ \Delta(\Theta) = \frac{\Psi}{E\exp(\ln\Gamma + \ln W)}\left[E\exp(\ln\Gamma + \omega(\alpha(1-\lambda)\ln(W) + \ln X))\right.$$
$$\left. - \left(E\exp(\ln\Gamma + \ln W + \ln\hat{X})\right)(1-\lambda)\alpha\omega\left(E\exp(\ln\Gamma + \ln\hat{X})\right)^{\lambda\omega}\right]$$

现在，在均值 $E\ln\Theta$ 附近取 $\Delta(\Theta)$ 的二阶对数近似得到：

$$（A.3）\quad \Delta(\Theta) \approx \Delta(\exp(E\ln\Theta))$$
$$+ \Xi E(g + \omega(\alpha(1-\lambda)w + x))$$
$$- \Xi E(((1-\lambda)\alpha + \lambda)\omega g + (1-\lambda)\alpha\omega w + ((1-\lambda)\omega + \lambda\omega)x)$$
$$+ \Delta(\exp(E\ln\Theta))E(g + w)$$
$$+ \frac{1}{2}\Xi E(g^2 + (\omega(\alpha(1-\lambda)))^2 w^2 + \omega^2 x^2 + 2\omega\alpha(1-\lambda)$$
$$gw + 2\omega gx + 2\omega^2\alpha(1-\lambda)wx)$$
$$- \frac{1}{2}\Xi[(1-\lambda)\alpha\omega E(g^2 + w^2 + \alpha^{-2}x^2 + 2gw + 2\alpha^{-1}gx + 2\alpha^{-1}wx)$$
$$+ \lambda\omega E(g^2 + x^2 + 2gx)]$$
$$- \frac{1}{2}\Xi(1 - ((1-\lambda)\alpha + \lambda)\omega)Eg(g + w)$$
$$- \frac{1}{2}\Xi(\omega\alpha(1-\lambda) - (1-\lambda)\alpha\omega)Ew(g + w)$$
$$- \frac{1}{2}\Xi(1 - ((1-\lambda)\alpha + \lambda)\omega)Ex(g + w)$$

这里小写字母代表对均值水平的偏差的对数：$g = \ln\Gamma - E\ln\Gamma$，$w = \ln W - E\ln W$，$x = \ln\hat{X} - E\ln\hat{X}$，和

$$\Xi \equiv \frac{V(\exp(E\ln\Theta))}{\exp(E\ln\Gamma + E\ln W)}。$$

根据（2.9）中 $\Delta(\Theta)$ 的定义，一定有 $\Delta(\exp E\ln\Theta) = 0$，因为固定或可变价格的公司的利润是相等的，以不变的 $E\ln\Theta$ 来计算。因此，（A.3）的等式右边第一项一定等于零。

第二、第三、第四项代表一阶效应，在 $E\ln\Theta$ 附近计算。根据定义第二、第三项都为零，因为 $Eg = Ew = Ex = 0$。第四项表示（A.2）中分母的一阶效应，同理也为零。第五、第六项表示（7.2）中分子的二阶效应，第七、第八、第九项表示（A.2）中分母的二阶效应。根据定义 $\omega = \dfrac{1}{\alpha + \lambda(1-\alpha)}$，最后三项都为零。显然，（A.2）中分母的二阶效应为零，因为它们与可变价格和固定价格下的预期利润相互作用，这样正好完全抵消。

那么，定义 Ew^2 为 σ_w^2，诸如此类，消掉 σ_g^2，σ_{gx} 和 σ_{gw} 项后，（7.3）中的第四、第五项可以化成：

（A. 4）$\dfrac{\Omega\alpha}{2}\Big[\sigma_w^2 + \dfrac{(1-\alpha)^2}{\alpha^2}\sigma_x^2 + 2\dfrac{(1-\alpha)}{\alpha}\sigma_{wx}\Big]$

这就是本文第二部分中的（2.10）。

A. 2 求 P_h 的近似

我们首先在均值 $\mathrm{E}\ln P_h$ 附近求 P_h 的近似。因为 $\overline{P}_h$ 是事先决定的，我们有：

（A. 5）$p_h = \varphi(z)\,\widetilde{p}_h$

其中，

$$\varphi(z) \equiv \frac{z\exp[\,\mathrm{E}\ln\widetilde{P}_h(1-\lambda)\,]}{z\exp[\,\mathrm{E}\ln\widetilde{P}_h(1-\lambda)\,] + (1-z)\exp[\,\mathrm{E}\ln\overline{P}_h(1-\lambda)\,]}$$

这是一个关于 z 递增的函数，满足 $\varphi(0)=0$，$\varphi(1)=1$ 以及 $\varphi''(z)>0$ [1]。这种近似通常允许均值 $\mathrm{E}\ln\widetilde{P}_h$ 和 $\mathrm{E}\ln\overline{P}_h$ 不相同。

根据（3.14），我们可以得到：

（A. 6）$P_h = \omega\alpha\psi h + \omega(\lambda-1)(1-\alpha)p_h + \omega(m-\hat{\chi})$。

A. 3 内生价格灵活性下的最优政策

在内生价格灵活性下，就业的预期效用与货币的分布独立的性质不成立。但是，消费对数的预期效用（5.4）可以用同样的方式表达。因此，货币当局的目标函数可以表示为：

（A. 7）$E\gamma\Big(\ln\dfrac{M}{\chi} - \ln P_h\Big) + E(1-\gamma)(\ln D^*\chi^* - \eta EH)$

货币当局考虑价格、就业和 z 这些条件，选择干预规则 μ 来最大化（A. 7），如下：

（A. 8）$\widetilde{P}_h = \delta\Big[\eta P_h^{(\lambda-1)(1-\alpha)}\dfrac{M}{\chi}\Big]^\omega$

---

[1]　后者成立是因为平均而言，预先设定的价格要高于灵活的价格均值。

$$(A.9)\quad \overline{P}_h = \delta \frac{E\left[\eta\left(P_h^{\lambda-1}\frac{M}{\chi}\right)^{\frac{1}{\alpha}}\right]^{\alpha\omega}}{E[P_h^{\lambda-1}]^{\alpha\omega}}$$

$$(A.10)\quad P_h = [z\widetilde{P}_h^{\,1-\lambda} + (1-z)\overline{P}_h^{\,1-\lambda}]^{\frac{1}{1-\lambda}}$$

$$(A.11)\quad H = \left[z\left(\frac{\widetilde{P}_h}{P_h}\right)^{-\frac{\lambda}{\alpha}} + (1-z)\left(\frac{\overline{P}_h}{P_h}\right)^{-\frac{\lambda}{\alpha}}\right]\left(\frac{M}{\chi P_h}\right)^{\frac{1}{\alpha}} + \int_0^z \Phi(z)\,dz$$

$$(A.12)\quad \Delta(\Theta(z)) = \Phi(z)$$

通过这些式子的检验，我们看到，给定干预规则下，唯一的随机元素以 $\dfrac{M(\varepsilon)}{\chi}$ 的形式加入，其中，它就等于（对数形式，忽略常数）$\dfrac{mu}{1+\mu}d^* + \dfrac{1}{1+\mu}\hat{\chi}$。因此，最优货币规则与当所有价格都事先设定时的规则保持相同。

致谢

感谢 2003 年克利夫兰联邦储备银行中央银行会议的参与者，特别是 Michael Dotsey，为本文提出了非常有帮助的意见。我感谢社会科学和人文学科研究委员会，加拿大皇家银行和加拿大银行的财政援助。

参考文献

Ball, L., and D. Romer. 1991. Sticky Prices as Coordination Failure. *American Economic Review* 81: 539 – 52.

Basu, S., and J. Fernald. 1997. Returns to Scale in U. S. Production: Estimates and Implications. *Journal of Political Economy* 105: 249 – 83.

Baxter, M., and A. Stockman. 1989. Business Cycles and the Exchange Rate Regime: Some International Evidence. *Journal of Monetary Economics* 23: 377 – 400.

Benigno, G., and P. Benigno. 2003. Price Stability in Open Economies. *Review of Economic Studies* 70: 743 – 64.

Chari, V. V., P. J. Kehoe, and E. McGrattan. 2002. Can Sticky – Price Models Generate Volatile and Persistent Real Exchange Rates? *Review of Economic Studies* 69: 533 – 63.

Cooper, R., and A. John. 1988. Coordinating Coordination Failures in Keynesian Models. *Quarterly Journal of Economics* 103: 441 – 63.

Corsetti, G., and P. Pesenti. 2001. Welfare and Macroeconomic Interdependence. *Quarterly Journal of Economics* 116: 421 – 45.

Dotsey, M., R. G. King, and A. Wolman. 1999. State – Dependent Pricing and the Equilibrium Dynamics of Money and Output. *Quarterly Journal of Economics* 114: 656 – 89.

Frankel, J., and A. Rose. 1998. The Endogeneity of the Optimal Currency Area Criteria. *Economic Journal* 108: 1009 – 45.

Friedman, M. 1953. The Case for Flexible Exchange Rates. In *Essays in Positive Economics*, by M. Friedman, 157 – 203. Chicago: University of Chicago Press.

Helpman, E. 1981. An Exploration ín the Theory of Exchange Rate Regimes. *Journal of Political Economy* 89: 865 – 90.

King, R., and A. Wolman. 1999. What Should the Monetary Authority Do When Prices Are Sticky? In *Monetary Policy Rules*, ed. J. Taylor, 349 – 98. Chicago: Chicago University Press.

Kollmann, R. 2000. The Exchange Rate in a Dynamic Optimizing Business Cycle Model: A Quantitative Investigation. *Journal of International Economics* 55: 243 – 62.

Latter, T. 2002. Hong Kong's Currency Board Today: The Unexpected Challenge of Deflation. *Hong Kong Monetary Authority Quarterly Bulletin*, August, 48 – 53.

Mussa, M. 1986. Nominal Exchange Rate Regimes and the Behavior of Real Exchange Rates: Evidence and Implications. *Carnegie – Rochester Conference Series on Public Policy* 25: 117 – 213.

Obstfeld, M., and K. Rogoff. 1995. Exchange Rate Dynamics Redux.

Journal of Political Economy 103: 624 – 60.

Obstfeld, M. , and K. Rogoff. 2002. Global Implications of Self – Oriented National Monetary Rules. *Quarterly Journal of Economics* 117: 503 – 35.

Woodford, M. 2003. *Interest and Prices: Foundations of a Theory of Monetary Policy.* Princeton, NJ: Princeton University Press.

Zbaracki, M. , M. Ritson, D. Levy, S. Dutta, and M. Bergen. 2000. The Managerial and Customer Dimensions of the Cost of Price Adjustment: Direct Evidence from Industrial Markets. Unpublished manuscript.

评 论

David K. Backus

  我很高兴能来这里，但我有一个好消息和一个坏消息要报告。好消息是，我有机会去评论一篇了不起的文章。Michael Devereux 延续一贯作风出色地完成工作，用清晰简练的方式来说明一个重要的问题。坏消息就是，这篇文章中涉及的两个重点，货币经济和汇率都是我平时很少关注的方面。会议上的这篇文章提醒我们，货币经济学不仅包括实际的政策问题，还包括有关彩色纸片价值的深刻哲学问题，为什么人们会拿有价值的东西去交换这些纸，甚至是换取未来支付这些纸的承诺，或者换取可以兑付这些纸的银行负债。Devereux 的模型中有两种这样的纸，包括一种纸换取另一种纸的价格。我已经被搞糊涂了，可能你也一样。

  Devereux 提出的问题就是汇率（两种纸的相对价格）如何影响资源的配置。是固定汇率下配置更好，还是如果我们允许汇率根据经济冲击变动这种情况下的配置更好？这是一个经典的问题，但我们离一个明确的答案还有很长的路。在汇率不相干的情况下写出一个模型是相对简单的。如果我们把数量理论置于无摩擦的实际模型上——这差不多就是早期的预付现金模型所做的，那么实际模型的均衡一般对于它自己是有效的，货币和汇率的加入不会改变这种均衡。这是我的出发点，但是对于这个问题有一种不公平的感觉。如果没有摩擦，从一开始就没有理由需要货币或者汇率。但是有什么摩擦？最常见的一种是刚性或者黏性的名义价格。Devereux 引用了 Friedman 的观点，认为灵活的汇率更好，如果它缓和这种名义刚性的负面影响。另外一种摩擦是不完全的金融市场。在我看来，有关汇率制度的现代研究是从 Helpman 和 Razin（1982）开始的，从对 Helpman 早期工作的赞同开始。这些作者以及 Neumeyer（1998），认为灵活的汇率可能再次缓和摩擦的影响——在这种情况下，通过扩大可获得资产的组合来管理风险。在这两种情况下，汇率灵活性对克服经济中的一种摩擦或刚性有作用。

这些例子说明在有摩擦的经济中，汇率灵活性有潜在的好处，但是Devereux 的文章做了更复杂的事：在他建立的模型中，不考虑摩擦，固定汇率比灵活汇率更好。这些与直觉相悖的结果显然取决于他模型的一些特征。据我所知，有两个主要的摩擦：

• 名义刚性：公司（差异产品的生产厂商）可以事先设定一段时间的价格，或者支付固定的成本获取根据市场调整价格的权利。这与有关菜单成本的大多数模型不一样，因为公司在知道价格变动的价值之前必须支付成本。

• 不完全的金融市场：Devereux 研究的是小型开放经济，所以有一个有效的不完全市场，在这个意义上，代理吸收经济冲击造成的所有风险，而不是把一部分风险传递给外界。

前者得到了很多关注。因为价格灵活性是内生的，它取决于汇率制度和其他事情。在这个模型中，灵活的汇率倾向于使价格灵活性对公司更具价值，因为价格灵活性是有成本的，最优的政策要求少一些汇率灵活性。

概要就是固定汇率体系可以更好地配置资源。这是个简明的结果，不仅仅是因为它的汇率含义。它表明了一个普遍的观点，就是摩擦可能以复杂的方式与政策选择相互作用。

基于此，我们要走向何方？大部分时间，我有理由继续快乐地忽视货币，但我想我应该和观众一样保持安静。对于我，从这些工作中获得一个见解，那就是固定成本的价值可作为对摩擦建模的设计。他们最大的价值在于当灵活性最需要的时候允许其存在，允许根据环境的变化作出调整。Alvarez，Atkeson 和 Kehoe（2002）提供了另一个好的例子，关于这种设计如何被用于解释价格和汇率的行为，我相信在未来我们可以有更多进展。

参考文献

Alvarez, F. , A. Atkeson, and P. J. Kehoe. 2002. Money, Interest Rates, and Exchange Rates with Endogenously Segmented Markets. *Journal of Political*

*Economy*110: 73 - 112.

Helpman, E. , and A. Razin. 1982. A Comparison of Exchange Rate Regimes in the Presence of Imperfect Capital Markets. *International Economic Review* 23: 365 - 88.

Neumeyer, P. A. 1998. Currencies and the Allocation of Risk: The Welfare Effects of a Monetary Union. *American Economic Review* 88: 246 - 59.

评 论

Michael Dotsey

在"内生价格灵活性的开放经济模型"中，Michael Devereux 提出了一个有趣的想法，即公司有能力选择何时设定价格，这个选择通常被货币政策规则的形式所影响。特别地，他分析了变动的汇率灵活性程度是如何与公司调整价格的决定相互影响的。反过来，调整价格公司的比例影响产出和汇率的相对变动率。因此，对汇率波动性和产出波动性之间的权衡受到内生价格灵活性程度的影响。此外，内生价格灵活性意味着当公司能选择它们价格设定的行为时，对产出和汇率波动性的权衡可能以令人惊讶的方式变动。这个结果本身就很有趣，它揭示了内生价格灵活性对最优汇率稳定有重大影响的可能性。不幸的是，本文使用的是简单的开放经济模型，而事实并非如此。最优政策是独立于内生价格灵活性程度之外的，在所有公司都事先确定价格的情况下，最优政策是不变的。然而，在最优政策方面，这可能不是一个一般的结果，这篇文章发展的框架可作为研究更丰富的政策组合和模型的跳板。我的评论将重点说这样一个例子。

在研究一些简单的替代模型之前，我要简要重申一下模型的特点，这对福利结果很重要。对状态依赖定价的经济影响的分析是本文的主要贡献。模型基本是静态的，公司必须在状态发生前作出决定。他们会招致一种固定成本，即拥有根据看到的状态调整价格这种权利所花的成本，但是他们必须在知道状态之前作出决定是否支付这个成本。如果他们不投资于这种价格设定的方式，他们就必须事先设定价格。

支付固定成本来购买价格调整技术的公司，可以在观察到当前的干扰后重现设定价格。这些公司设定价格 $\tilde{P}_h$，根据

$$(1)\quad \tilde{P}_h = \delta^{1/\omega}\eta^\alpha\left[M/(\chi a)\right]$$

这里的 M 代表名义货币余额，δ 是包含了需求价格弹性 λ 和生产弹性 α 的表达，η 管理工作努力的负效应，χ 和 α 分别是对货币需求和技术的随机干扰。我加了一个对模型生产结构的技术干扰，因为它突出了我想要关注的一些最优政策的特点。两个冲击都是对数正态分布的。根据等式（1），对货币需求和技术的冲击的实现直接影响灵活价格制定者设定的价格，任何会影响货币存量水平的干扰也会影响价格。

一个选择事先设定价格的公司，其价格设定为 $\bar{P}_h$，如下：

$$(2)\ \bar{P}_h = \delta \left[\frac{E(\eta p_h^{((\lambda-1)/\alpha)}\ (M/(\chi\alpha))^{1/\alpha})}{E p_h^{\lambda-1}} \right]^{\alpha\omega}$$

这里的 p_h 是本国生产商品的总价格指数，如下：

$$(3)\ p_h = \left[z \tilde{p}_h^{1-\lambda} + (1-z) \bar{p}_h^{1-\lambda} \right]^{1/1-\lambda}$$

在等式（3）中，z 代表内生选择灵活价格的公司的比例。冲击的对数正态性说明它们的波动将影响事先设定的价格。此外，冲击的波动越大，预先设定的价格与灵活的价格存在显著差异的机会就越大，价格制定者的利润也会显著高于预先设定价格的公司。因此，波动性会影响决定改变价格的公司的比例，反过来，这个比例会影响经济的表现。Devereux 展示了一个互相影响，试图不同程度地平稳汇率波动的政策会影响选择灵活价格的公司的比例，相应地，会以非线性的方式影响产出—汇率波动性。考虑价格设定和货币政策间有趣而复杂的相互影响，有些奇怪的是，最优汇率稳定程度不受选择调整价格的公司的比例的影响。

为了明白这个结果，考虑所有公司都事先设定价格的情况。这时等式（3）变成：

$$(4)\ \bar{p}_h = \delta^{1/\omega}\eta^{\alpha} \left\{ E\left[M/(\chi\alpha) \right]^{1/\alpha} \right\}^{\alpha}$$

然后，模型中有一些家庭规范方面的特征，对福利结果有重要贡献。因为模型是静态的，国家间没有借贷。给出效用函数如下：

$$U(C,M/P,H) = \ln(C) + \chi\ln(M/P) - \eta H,$$

这里的 C 是对本国和外国产品的柯布道格拉斯总消费，M 是名义货币余额，P 是总价格水平，H 是工作小时数。柯布道格拉斯总消费表明总价格水平指数由 $P = (p_h)^{\gamma}(S p_f^*)^{1-\gamma}$ 给出，这里的 S 是名义汇率，p_f^* 是外国产品的外生价格，标准化为 1。进口价值等于出口价值的条件，以及需求加总的结构，表明 $(1-\gamma)PC = \gamma SD^*$，这里的 D^* 代表随机的国外需求的冲击，也是对数正态分布的。因为模型中的货币需求是 $M = PC$，汇率由下式决定：

$$(5)\ S = \frac{1-\gamma}{\gamma} \frac{M}{\chi D^*}$$

重要的是，汇率只由需求方的干扰决定，与公司的定价决策无关。因此，我们可以看到，汇率稳定不能抵消这个模型中技术冲击的影响。[①] 在一个不完全市场的跨期模型中，就不会是这种情况，技术冲击会影响名义汇率。

考虑 Devereux 文章中等式（5.2）的对数形式，总消费的对数根据下式表示：

$$\ln(C) = \gamma\ln(M) - \gamma\ln(\chi) - \gamma\ln(p_h) + (1-\gamma)\ln D^* - (1-\gamma)\ln\frac{1-\gamma}{\gamma}$$

从这个等式得到的重要观察结果是，通过冲击的变化率可以影响对数消费的预期价值——预期效用的唯一途径是 p_h，包括对数正态分布的干扰的期望。技术变化率和货币需求冲击正是通过这种方式进入的。

我们现在复制了模型的基本特征，允许我们研究汇率稳定的福利。货币供给由 $(M/\overline{M}) = (S/\overline{S})^{-\mu}$ 控制，以至于当汇率贬值时货币供给会收缩。根据这个政策，

$$S_t = \frac{1-\gamma}{\gamma}\left(\frac{1}{\chi D^*}\right)^{1/(1+\mu)}$$

货币存量表现为 $M = (\chi D^*)^{\mu/(1+\mu)}$

重新安排得到：

$$(6)\ M/\chi = \chi^{-1/(1+\mu)} D^{*\mu/(1+\mu)}$$

在所有价格都事先设定的情况下，EH 是一个常数，忽略常数，

$$(7)\ E\ln C = -\gamma E\ln\overline{p}_h = -\gamma E\ln\{E[M/(\chi\alpha)]^{1/\alpha}\}^\alpha$$
$$= -\alpha\gamma[(1/(1+\mu))^2(\sigma_x^2/2) + (\mu/(1+\mu))^2(\sigma_{D^*}^2/2) + (\sigma_\alpha^2/2)]$$

参数 μ 表示控制汇率稳定的程度，与技术冲击没有相互影响。因此，

---

① 这也是完全资本市场模型的一个特征。在这个模型中，最优的事前风险分担隐含着汇率是由 S = [P_{(s)}/P_{(s)}^*][C_{(s)}/D_{(s)}^*] 决定的，其中 s 表示经济状态，外国价格水平通常为 1。因此，在完全竞争市场的设定下，汇率与名义货币余额是呈比例的。

在汇率稳定政策下，生产性冲击越易变，代表性代理人越糟。在稳定汇率下，货币当局所能做的最好是设定 $\mu = \sigma_x^2/\sigma_{D*}^2$，这就是文章得到的最优政策。此外，对货币需求和商品需求的冲击以加入到福利标准的方式，同样地加入到内生定价决策。因此，通过内生定价衡量福利，但是这不影响货币需求波动和国外需求波动之间的权衡。

制定加入技术冲击的最优政策需要对模型进行计算求解，这超出了我的评论范围。但从直觉上说，包含了技术冲击似乎会给权衡带来一个额外的范围。增加的灵活性应该有助于改善技术波动对消费和劳动努力的影响，因为灵活性的增加意味着更大比例的冲击落在价格上，更少比例作用于真正的活动。当价格变得更灵活时，经济更接近达到应对技术冲击的最优状态。货币当局可能因此发现，以价格灵活性提高的方式来设定 μ 是最优的方式，而不是把 μ 设定为两个需求冲击方差的比值。在这个情况下，内生价格灵活性可能会影响最优政策问题。

在技术冲击面前，实行稳定汇率的货币政策似乎不是最优政策，因为汇率不受技术冲击的影响，它不是一个对抗波动影响的好工具。假设反过来，货币当局试图平稳国内生产商品的价格。这个政策会更好吗？答案是肯定的。用 $(M/\overline{M}) = (p_h/\hat{p}_h)^{-\mu}$ 代替货币供给规则，这里的 $\hat{p}_h$ 是非随机的经济价格水平，等于 $\delta^{1/\omega}\eta^\alpha$。为了看到这个规则如何运作以达到更好的福利结果，首先考虑价格都事先设定的情况。把这个货币供给规则代入等式（4）得到：

$$\overline{p}_h = \delta^{1/\omega}\eta^\alpha \{E[1/(\chi\alpha)]^{1/\alpha}\}^{\alpha/(1+\mu)}$$

和

$$E\overline{p}_h = \frac{1}{2\alpha(1+\mu)}(\sigma_x^2 + \sigma_a^2)$$

这里的常数也已被忽略。为了使消费效用最大化，需要使前面的表达式最小化，设定 $\mu = \infty$ 或者盯住本国生产的商品价格。在部分公司选择事先设定价格的情况下，稳定本国生产的商品价格依然是最优政策，因为公司设定的灵活价格是 $\tilde{p}_h = \delta^{1/\omega}\eta^\alpha[1/(\chi\alpha)]^{1/(1+\mu)}$，与价格水平挂钩意味着 $\tilde{p}_h = \delta^{1/\omega}\eta^\alpha = \hat{p}_h$。在这个规则下，价格调整者和事先设定价格的公司选择同样的价格，这意味着没有公司会优先选择支付调整成本。此外，预期劳动努力在这个设定下是一个常数，就像其在汇率稳定中一样。通过盯住本国公司要求的价格，货币当局摆脱当一些公司调整而一些公司不调整时产生的相对价格干扰。因为 p_h 是常数，各种冲击的波动性没有渠道影响到福利。因此，在这个简单的设定下，价格稳定控制汇率稳定。最优汇率波动性是从等式（5）得来的，直接取决于两种需求干扰的波动性。

当然，还有很多其他的方式去丰富这个模型，许多其他的经济问题可以用这个模型来研究。我的评论的主要目的是探讨一个这样的变型和检查可供选择的货币政策。当然还有其他一些有趣的扩展。例如，把这个框架放在一个动态背景下，允许国家间的借贷。这样做使得汇率成为更有趣的对象，因为它不仅受到需求冲击的影响，反过来，使其成为用来处理这些冲击的福利影响的一个工具。在这些更丰富的背景下，可以研究不同的资产市场结构如何影响定价行为，以及内生价格灵活性如何影响经济行为。

因为他的文章介绍了一种可以被广泛应用于更丰富的环境中的方法，表明定价行为对经济运行的方式有实质上的影响——Devereux 做了很有价值的贡献。我希望我的讨论可以以某些方式加到研究者的构想上，更充分地发掘内生价格灵活性在新的开放经济宏观模型的含义。

致谢

本文所表达的观点是作者本人的，不代表费城联邦储备银行或联邦储备系统的观点。

第3章 动态扭曲经济体中的通货膨胀目标

Costas Azariadis 和 Raphael W. K. Lam

1. 货币政策目标

大多数经合组织成员国的中央银行都会积极干预信贷市场（Bernanke 和 Mishkin 1992），以使短期名义利率和长期通货膨胀率稳定在一个特定水平。泰勒在其 1993 年的著作中提出美国联邦储备局一贯奉行一个简单的规则——中央银行将短期名义利率作为滞后的通货膨胀率和滞后的产出缺口的线性函数。泰勒认为通货膨胀系数大于 1 时[①]，奉行一个积极的政策有助于宏观经济的稳定。

然而，Benhabib，Schmitt‐Grohe 和 Uribe（2001a）也指出如果实行零名义利率，那积极的政策可能会有意想不到的后果。一个积极的政策规则的稳态均衡可能是各地都相同，但在同一时间，多个轨迹可能存在的稳定状态，会最终收敛到一个零名义利率时通货紧缩下的流动性陷阱。这种全球范围的不确定性来源于参数值的变化（例如，泰勒规则的坡度，长期通货膨胀目标，消费支出的周转速度等），适用于一类相当一般的灵活和黏性价格货币模型。

对实行积极政策规则所引起的不确定性的许多研究，引发了人们对于积极规则所能达到稳定性的质疑（Benhabib，Schmitt‐Grohe 和 Uribe

---

[①] 积极的政策规则在早期的论文中都被证明是有效的，这些论文以非最优选择模型（Levin，Wieland 和 William 1999）和价格灵活调整（Leeper 1991）或者名义刚性（Rotemberg 和 Woodford 1997，1999）下的最优模型为背景。

2001b；Bernanke 和 Woodford 1997；Carlstrom 和 Fuerst 2000，2001）。这些研究在利率反映未来通货膨胀的假设下，描绘了积极的政策规则的弊端。当由利率工具引发的通货膨胀包含了通货膨胀预期，泰勒规则可能导致新的均衡，这种均衡与经济参与者预期的改变相适应。为了解决这个问题，中央银行应该关注滞后的利率而不是滞后的通货膨胀率[①]。

选择工具和目标已经成为货币当局应对现实世界扭曲经济体的关键。在这些经济体中，单纯自由放任的零名义利率规则或零通货膨胀——分别由弗里德曼（l969）典型家庭环境理论和 Freeman（1993）生命周期理论所倡导，并不足以导致宏观经济稳定[②]。这篇论文研究影响简单经济体面临三种扭曲状态时货币政策的有效性。

与泰勒规则类似，我们首先用生命周期消费理论检验了经济体中的不确定性，在这些经济体中，货币政策是非中性的，因为它可以在各代人之间进行资源重新分配[③]。拉弗曲线描绘了这种经济体中的铸币税效应，任何小额、固定的财政赤字都可以通过或高或低的通货膨胀弥补。事实上，Sargent 和 Wallace（1981）已经提出过，某些消极的财政政策和货币政策（名义产出不变，财政赤字不变）会产生受两种稳定状态限制的帕累托最优均衡。其中一种稳定状态是高通货膨胀下非有效的均衡，在这种状态下永久性地提高名义利率，产生一种"令人不快的货币主义者的算术"的结果，通货膨胀的上升幅度要远高于利率的上升幅度。而另外一种稳定状态就是完全不同的结果。两种状态之间存在一个连续的动态平衡，单调地收敛到低效的状态。我们提出，不确定性和"令人不快的货币主义者算术"状态可以通过泰勒规则进行处理，设置一个低通货膨胀目标和相对高的名义利率目标，在通货膨胀升高时迅速提升提高名义利率以达到这两者

---

① Benhabib，Schmitt－Grohe，和 Uribe（2003）进行了回溯检查，这样，对过去因素的足够检查能使中央银行中和自我实现中的平滑性。如果名义利率不仅取决于通货膨胀和产出缺口，还取决于迟滞的名义利率，这是更容易实现，迟滞的名义利率没出现在原始的泰勒规则中，但作为平滑变量包含于此。Giannoni 和 Woodford（2002a，2002b）以及 Rotemberg 和 Woodford（1999）所做的理论研究认为政策中包含迟滞的名义利率是合理的。他们的工作表明，如果平滑系数的总和变量超过 1，那么均衡点就是唯一的，否则不确定性和平衡周期依然存在。

② Bewley（1983）考察了在一个具有未投保收入风险及无期限家庭的经济体内，弗里德曼规则的最优性，Paal 和史密斯（2001）和 Edmond（2002 年）以生命周期模型重做了该项检验。

③ 由于经常性和内源性债券约束，Azariadis 和 Kaas（2002）研究在一个有期限的范围内，无期限家庭的养老规划周期。

目标。

我们所考虑的第二种扭曲，就是未投保的特殊收入风险（Uninsurable idiosyncratic），这种扭曲下，善意的中央银行被迫向无私人保险的人提供社会保险。我们所讨论的社会保险与爱德蒙的（2002）所说的一样：通过印刷货币（或财政赤字货币化）等方式一次性支付给老年人，并对年轻一代征收通货膨胀税。货币当局被迫在缺失的市场引起的扭曲和通货膨胀引起的扭曲之间寻求平衡。与具有完整保险市场相比，货币当局会选择一个更高的通货膨胀目标。

当独立的货币当局与一个同样独立的、缺乏耐心的财政部门合作时，会出现类似的通货膨胀偏差。这种非合作运行扭曲了政策选择，正如 Dixit 和 Lambertini（2003）在静态凯恩斯框架下所揭示的：财政部门和货币当局所追求的并不相同，它们具有不同的通货膨胀和产出目标。在本文中，货币当局和财政部门对待两代人之间的消费看法是不一样的。财政部门较为缺乏耐心，其对年长一代的消费不太重视，更加追求强劲的资产回报。而货币当局对待两代人之间消费更加显得更加平等。生命周期消费状况和实际利率的利益冲突导致一个战略互补，每个机构最好的积极回应取决于对方机构的策略。

例如，为了保护养老消费，货币当局面对更高的财政支出会提高名义利率。财政当局也会提高财政支出水平以应对名义利率的提高，其结果就是通货膨胀水平和名义利率都高于两个机构所期望的。具有不同政策目标决策机构缺乏合作，从而导致长期通货膨胀的上升，正如 Dixit 和 Lambertini（2003）在静态凯恩斯框架下所揭示的那样。

本章剩下部分主要包括：第二节阐释了整体的经济环境；第三节描述了外生政策的均衡以及仁慈的中央银行和一个稍微不那么仁慈的财政部各种策略下的支付；第四节制定目标和选择政策工具以解决积极政策下的不确定性和"令人不快的货币主义者算术"；第五节在不完全市场中从社会保险的角度分析了通胀偏差；第六节考察了货币部门和财政部门之间给定承诺下非合作的博弈；第七节做出总结和讨论扩展。

2. 环境

我们研究交换经济，包括无期限的货币当局（MA），无期限的财政部门（FA）和有限居民，居民只生存两期，以 $v = 0, 1 \cdots\cdots$ 来表示，时间从 1 扩展到无穷大。货币当局是仁慈的，它通过操控 $\{R_t^N\}_{t=0}^\infty$ 的结果对私人部门和公共部门进行利率管理，旨在追求居民预期生命周期里的效用最大化，财政部门并非完全善意，他和货币当局有相同的目标，但是相比于货币当局，对老年人的消费赋予更大的折现率。财政部门发行公共债券，以支付给老年人进行的转移支付 $\{\tau_t\}_{t=1}^\infty$，或者购买公共物品 $\{z_t\}_{t=1}^\infty$。基于以下我们将讨论的某些原因，家庭部门的税收问题暂不考虑。

2.1 公共部门

价值以两种形式表现出来：债券和货币。债券在每一个 t 时刻由财政部门发行，由货币当局和家庭部门购买。其实际利率为 $R_t = R_t^N / i_t$，通货膨胀因素 $i_t - P_{t+1} / P_t$，度量价格水平 P_t 的变化程度。货币由货币部门发行，由年轻住户为交易目的而持有。

我们定义 B_t 为 t 时刻发行，t + 1 时刻到期的政府债券的实际存量，D_t 为货币当局对实际债券的需求，g_t 为实际财政赤字。财政部门的预算约束为：

（1）$g_t + R_{t-1} B_{t-1} = B_t$

类似地，货币部门的预算约束为：

（2）$D_t - R_{t-1} D_{t-1} = m_t - m_{t-1} / i_t$

式中 $m_t = M_t / P_t$ 表示货币的实际价值，这两条预算约束线都意味着每个时期 t 的支出都等于收入。

2.2 私人部门

"同期群"由住户组成，根据其年轻时的禀赋由 $\theta \in [\underline{\theta}, \overline{\theta}]$ 表示。年轻

时的禀赋描述了每个家庭住户的生存状态，其从特定的分布函数 $G[\underline{\theta},\overline{\theta}]$ 中选取出，在这个函数中 $G(\underline{\theta}) = 0$ ，$G(\overline{\theta}) = 1$ ，$\int \theta dG = 1$ ，同期群中，住户 θ 的禀赋向量是：

(3a) $\omega_t(\theta) = (\theta, \tau_{t+1})$ 当 t ≥ 1 时

$\qquad = \tau_0 \qquad$ 当 $t = 0$ 时

该禀赋包含了一种特殊的未投保风险 θ 以及财政部门的一次性转移支付。我们认为财政部门无法征收收入税，因为如果征收，收入风险将会通过对年轻人的收入以及对这些收益进行一次性的转移支付而被完美地分担，这对私人激励机制产生不利影响。

任何 θ 下的住户都有相同的生命周期效用函数：

(3b) $u_t(\theta,\beta) = \log\{\min[c_t(\theta), m_t^d(\theta)/\nu]\} + \beta\log x_{t+1}(\theta)$

$\qquad\qquad + \gamma[\log z_t + \beta\log z_{t+1}]$

这一函数取决于年轻人的消费函数 $c_t(\theta)$ ，老年消费函数 $x_{t+1}(\theta)$ ，青年货币需求 $m_t^d(\theta)$ ，公共消费的向量 (z_t, z_{t+1}) ，我们还假设 $\beta \in (0,1)$ ，$\nu \geq 1$ 是货币流转速度，$\gamma > 0$ 是一个控制私人物品消费和公共物品消费之间边际替代率的一个参数。

家庭 θ ，也有一个逐期的消费函数：

(4a) $c_t(\theta) + m_t^d(\theta) + b_t^d(\theta) = \theta$

(4b) $x_{t+1}(\theta) = \tau_{t+1} + m_t^d(\theta)/i_t + R_t b_t^d(\theta)$

式中，b_t^d 意味着债券的需求，这两个预算约束组成了生命周期中的预算约束，

(5) $c_t(\theta) + \dfrac{r_t^N}{R_t^N} m_t^d(\theta) + \dfrac{x_{t+1}(\theta)}{R_t} = y_t(\theta) = \theta + \dfrac{\tau_{t+1}}{R_t}$

式中，$r_t^N = R_t^N - 1$ 是名义利率，$y_t(\theta)$ 就是整个生命周期的收入。

当 $m_t^d(\theta) = \nu c_t(\theta)$ 时，最优消费计划要求 $R_t^N > 1$ 。这种情况之下，式（5）可以写成如下形式：

(5') $\dfrac{c_t(\theta)}{\psi_t} + \dfrac{x_{t+1}(\theta)}{R_t} = y_t(\theta)$

式中

(6) $\dfrac{1}{\psi_t} = 1 + \nu(r_t^N / R_t^N)$

是由中央银行控制的变量。

在预算约束（5′）下，效用函数（3b）最大化产生了如下住户的消费计划：

(7a) $c(\theta) = \dfrac{\psi_t\, y_t(\theta)}{1 + \beta}$

(7b) $x_{t+1}(\theta) = \dfrac{\beta}{1 + \beta} R_t\, y_t(\theta)$

(7c) $m_t^d(\theta) = \nu\, c_{(}\theta)$ 如果 $R_t^N > 1$

       $= +\infty$ 如果 $R_t^N = 1$

(7d) $b_t^d(\theta) = \theta - c_t(\theta) - m_t^d(\theta)$

如果考虑所有的住户，那么我们可以基于向量 (τ_t, ψ_t) 推导出整个经济的需求计划：

(8a) $c_t = \displaystyle\int c_t(\theta)\, dG(\theta) = \dfrac{\psi_t(1 + \tau_{t+1}/R_t)}{1 + \beta}$

(8b) $x_t = \displaystyle\int x_t(\theta)\, dG(\theta) = \left(\dfrac{\beta}{1 + \beta}\right)(R_{t-1} + \tau_t)$

(9a) $m_t^d = \displaystyle\int m_t^d(\theta)\, dG(\theta) = \nu\, c_t(\theta)$ 如果 $R_t^N > 1$

(9b) $= +\infty$ 如果 $R_t^N = 1$

(9c) $b_t^d = \displaystyle\int b_t^d(\theta)\, dG(\theta) = 1 - c_t - m_t^d$

3. 外生政策的均衡

描述对老年人的转移支付、公共物品的购买、名义利率工具的设置等政策，可以用向量 (τ_t, z_t, R_t^N)。对于每个 $t \geqslant 1$ 而言，这些向量满足如下不等式：

(10) $z_t \geqslant 0$，$R_t^N \geqslant 1$，$\tau_t + z_t \leqslant 1$

上述不等式意味着公共物品和名义利率为负的情况下不会出现，也避免了财政部门支出超过整个国民收入的情况。

任何使得商品市场、债券市场、货币市场出清的政策都是可行的，此时可以有如下方程式：

(11a) $c_t + x_t + z_t = 1$

(11b) $D_t + b_t^d = B_t$

(11c) $m_t^d = m_t$

第一个方程式的含义是总收入等于所有消费和公共物品的总支出。第二个等式的含义是货币当局和家庭部门债券的总需求等于财政部门对债券的总供给。第三个等式的含义是实际货币需求等于相应的总供给。

在货币部门和财政部门预算约束下，也就是在方程式（1）、（2）下，只要商品市场出清，那么整个三个市场都会出清。把方程式（8a）、（8b）代入到（11a）中，我们获得迟滞实际收益率 R_t 的一阶差分方程，即

(12) $\beta R_{t-1} + \tau_{t+1} \dfrac{\psi_t}{R_t} = (1+\beta)(1-z_t) - \beta \tau_t - \psi_t$

根据这一方程，均衡产出与财政政策工具（τ_t, z_t）和货币政策工具（ψ_t）的选择密切相关。尤其是在消极的政策下 $\pi_t = (\tau_t, z_t, \psi_t) = (\tau, z, \psi) \equiv \pi$，对所有的 t 都会导致不确定性，这正是 Sargent 和 W. allace（1981）所提出的。为了解决这个问题，我们可以得到

(13a) $R_t = \dfrac{\tau \psi}{A(\pi) - \beta R_{t-1}}$

式中

(13b) $A(\pi) \equiv (1+\beta)(1-z) - \beta \tau - \psi$ 是 $\pi = (\tau, z, \psi)$ 的减函数，

(13c) $\psi \equiv (1 + \dfrac{\nu r^N}{R^N})^{-1}$ 是 R^N 的减函数

从方程（13），我们确定方程的正解：

(14) $f(R) = \beta R^2 - A(\pi) R + \tau \psi = 0$

因此，任何政策 $\pi_t = (\tau, z, \psi)$，只要满足：

(15) $A(\pi) > 2\sqrt{\beta \tau \psi}$

都有两个稳定状态，$0 < R_1^*(\pi) < R_2^*(\pi)$（如图 1 中所示），正是实线和对角线的交点。对于任何 R^N，稳态 R_1^* 的通货膨胀高于稳态 R_2^*。不等式（15）要求财政赤字 $\tau + z$ 是"不太大"和名义收益率 R^N"不太小"，否则，贷款资金的供应将不能满足相应的需求。

在这个环境中货币当局面临的挑战是如何使经济远离高通货膨胀的状

态 $R_1^*(\pi)$，这一状态有三重困难：不确定性、动态效率低下以及 Sargent 和 Wallace 所说的"令人不快的货币主义者的算术"[1]。

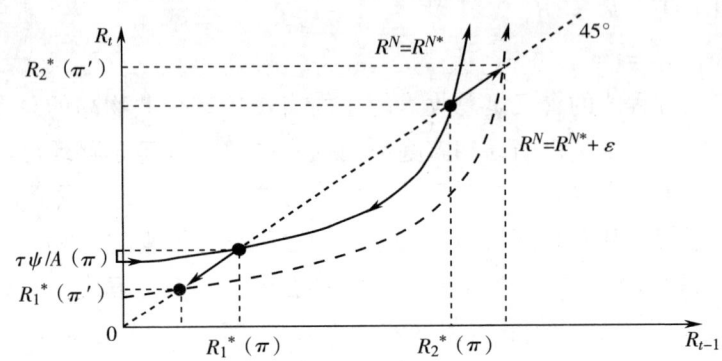

图1　动态均衡与不确定性

　　不确定性是一个严重的问题，因为高通货膨胀状态会吸引任何初始实际利率区间为 (R_1^*, R_2^*) 的均衡路径。动态效率低下产生的原因在于多项式 $f(R)$ 在方程（14）不能有两个大于 1 以上的根，这意味着利率 R^* 必然低于经济增长率。由紧缩货币政策（高 R^N）和宽松财政政策（高 z 或者高 π）引起的通货膨胀导致"令人不快的货币主义者的算术"。例如，名义利率 R^N 永久性的提高，使均衡边界由图 1 的实线变为虚线，使得稳态时的名义利率由 $R_1^*(\pi)$ 变成 $R_1^*(\pi')$，即使此时名义利率提高了，这要求稳态通货膨胀率将比名义收益率提升更多。

　　低通货膨胀稳态均衡 $R_2^*(\pi)$ 就可以免于两大问题，如果政策选择得当，甚至可以免于三个问题。尤其是当财政赤字 (τ,z) 足够低，R^N 足够高，那么 $A(\pi) > (\tau + \psi)$，此时方程（14）也可以写作：

　　（16）$R_1^*(\pi) < 1 < R_2^*(\pi)$

　　对于这些政策，如果忽视由于市场缺失带来的收入风险以及私人物品和公共物品之间资源分配不均等造成的静态效率低下等的情况的话，低通货膨胀均衡状态是动态有效的（即在严格意义下，支持在两个共存的代际之间，对总的私人消费进行令人满意的跨期分配）。

---

　　① 近期关于"令人不快的货币主义者算术"方面的文章有 Espinosa 和 Russell（1993）以及 Bhattacharya，Guzman 和 Smith（1998）。

　　为了使经济摆脱高通货膨胀的状态，货币当局应充分利用这一事实：正如方程（12）所描述的，货币政策工具的选择会显著影响动态经济活动。

4. 控制不确定性

　　货币当局可以操纵利率工具 R_t^N 推动经济走向低通货膨胀稳定状态吗？泰勒（1993）表明，美联储一直奉行，通过如下形式：

　　（17）$R_t^N = T(i_{t-1})$

　　式中函数 $T: \Re_+ \to [1, \infty)$ 在目标通货膨胀率 i^* 附近会出现过度反应，也就是有：

　　（18）$T'(i^*) > 1$

　　我们接下来讨论这些政策工具对动态均衡的影响，在动态有效的稳态点 $R_2^*(\pi) > 1$，我们假设有许多政策可以支持，R_N^* 是名义利率目标，$i^* = R_N^* / R_2^*(\pi)$ 是通货膨胀率目标，这些目标消除高通货膨胀的状态会成为一个可能的状态。

　　把泰勒规则（17）代入到市场出清条件（12）中，产生一个动态系统 (Rt^N, i_t) 也就是：

　　（19a）$i_t = H(R_{t-1}^N, i_{t-1})$

　　（19b）$R_t^N = T(i_{t-1})$

　　式中

　　（20）$H(R,i) \equiv \dfrac{1}{\tau}[(1+\beta)(1-z) - \beta(\tau + \dfrac{R}{i})][(1+\nu)T(i) - \nu] - \dfrac{T(i)}{\tau}$

　　这一个方程组中，有一个唯一的稳态均衡 (R_N^*, i^*)，该稳态附近的动态活动由两个特征值 $T'(i^*)$ 和 $H_R(R_N^*, i^*)$ 所控制，H_R 是函数 H 对 R 的偏导数。很容易发现：

　　（21）$H_R = \dfrac{(1+\nu)R_N^* - \nu}{\tau i^*} < -1$

如果 $R_1^* < 1$，那么高通货膨胀稳态是动态低效的。

另外一个特征值也就是泰勒等式的斜率，如该方程（18）中所说的，对过往通货膨胀产生过度反应，那么稳态均衡状态（R_N^*, i^*）是局部唯一的，否则它就是不确定的。我们得出结论，在简单生命周期的经济体中，泰勒规则克服不确定性，扭转"令人不快的货币主义者算术"，推动经济动态走向有效。

5. 不完整的市场下通货膨胀的偏见

市场不完全环境下，追求确定性的动态有效总产出可能不是最优结果，尤其是在资产市场脆弱而无法提供保险以抵御收入风险时。Edmond（2002）以及 Paal 和 Smith（2001）研究指出，低通货膨胀政策是次优结果。为了便于理解为什么会如此，我们假设忽视公共物品，考虑如下政策 $(\tau_t, R_t^N) = (0,1) > \forall_t$，没有对老年人的补助，此时会产生一个零通货膨胀下的产出，消费者获得的流动性是最大化的。

但是这一政策的瑕疵在于，它没有考虑任何个人为应对未投保的收入风险而自己投保的情况。收入非常低的不幸家庭会生活非常贫困，高收入的幸运家庭收入会非常高。在这种情况下，适当的通货膨胀税可能是有用的。轻微的通货膨胀率会产生铸币税效应，积累一次性转移支付所需资金并提供给所有家庭。其结果就是在没有过度扭曲跨时期的消费决策下，税后收入的敏感性对住户 θ 变小了。在和我们相类似环境假设下，Edmond（2002）研究指出最优的结果是把通货膨胀提高到 0 以上。

为了说明这一点，假设货币不产生服务效用（$\nu = 0$），没有独立的财政部门。政府把所有财政赤字货币化，为了给老年转移支付所需资金提供融资，货币供应以 $\mu \geqslant 1$ 的速度扩张。

（22）$M_t = \mu M_{t-1}$

其含义是政府预算约束是固定的，

$$P_t \tau_t = M_t - M_{t-1} = (1 - 1/\mu) M_t$$

（23）$\tau_t = (1 - \dfrac{1}{\mu}) m_t$

式中 $m_t = M_t / P_t$ 的含义是货币的实际供给。

我们暂且跳过不确定性等相关的讨论，因为其可以运用泰勒法则所克服。我们关注静态的货币均衡，方程式（23）的静态形式是：

$$(23') \quad \tau_t = \left(1 - \frac{1}{\mu}\right) m$$

假设税前的禀赋区间（θ,0），在任何一个同期群 t = 1，2，3…中，住户 θ 的税后区间是（θ,τ）。货币是价值存储的唯一形式，其稳态时期货币的收益率 R = 1/μ，该收益率下，家庭部门收入区间（θ,τ）的储蓄为：

$$(24) \quad s(\theta) = \frac{1}{1+\beta}\left(\beta\theta - \frac{\tau}{R}\right) = \frac{1}{1+\beta}(\beta\theta - \tau\mu)$$

总储蓄等于均衡时的实际货币存量，此时私人部门之间的债券可以相互抵消。因此，可以有：

$$(25) \quad m = \int s(\theta) dG$$

连立（23'）（24）（25），我们可以得到：

$$(26) \quad \tau = \frac{\left(1 - \frac{1}{\mu}\right)\beta}{\beta + \mu}, \quad m = \frac{\beta}{\beta + \mu}$$

对于每个经济参与者 θ，均衡消费为 $[c(\theta), x(\theta)]$，其中

$$(27a) \quad x(\theta) = \frac{\beta}{\mu} c(\theta)$$

$$(27b) \quad c(\theta) = \left(\frac{1}{1+\beta}\right)\left(\frac{\theta + \beta(\mu-1)}{\beta + \mu}\right)$$

上述等式说明，高稳态通货膨胀有利于不幸的家庭。事实上，对于所有的 θ，$c(\theta)$ 是 μ 的增函数，因为低回报促使消费向青年一代倾斜。同样，对于足够小的 θ 和 μ，$x(\theta)$ 也随着 μ 而增长，也就是，对于 $\theta < \beta(2\mu - \mu^2 + \beta) / (\beta + \mu)^2$ 不幸的家庭中，老年一代的消费也能从通货膨胀中获益，原因在于养老金的收入效应大于低收益情况下储蓄的替代效应。

高收入经济参与者是唯一在通货膨胀中受损的，为了协调不同群体对通货膨胀的不同态度，我们假设，中央银行选择 $\mu \geq 1$ 使得期望效用最大化，即：

$$V(\mu) = E_\theta\{\log[c(\theta)] + \beta\log[x(\theta)]\}$$

把（27a）（27b）代入到这个等式当中，忽视常量，我们可以得到一

个凹性的支付函数：

$$(28)\ V(\mu) = -\beta\log\mu + (1+\beta)\log\left[\theta + \frac{(\mu-1)\beta}{\beta+\mu}\right]$$

式中 $\mu \geqslant 1$ 。

为使其最大化，求一阶导数可以得到最优通货膨胀率 $\mu > 1$ ，事实上，有

$$(29)\ \frac{1}{\beta}V'(\mu) = -\frac{1}{\mu} + \left(\frac{1+\beta}{\mu+\beta}\right)^2 E_\theta\left[\frac{1}{(1+\beta)\ c(\theta)}\right]$$

意味着，

$$\frac{1}{\beta}V'(1) = -1 + E_\theta\left[\frac{1}{(1+\beta)\ c(\theta)}\right]$$

$$> -1 + \left[\frac{1}{(1+\beta)\ E_\theta\ c(\theta)}\right] \quad 根据 Jensen's 不等式$$

$$> -1 + \frac{1}{E_\theta} \quad 根据等式（27b）$$

$$= 0 \quad 根据假设$$

为使 $V'(\mu) = 0$ 有解，那么通货膨胀率应该为正。如果我们围绕 $E_\theta = 1$ 扩展 $1/C(\theta)$ 并忽略二阶以上方程，那么 $V'(\mu) = 0$ 等式就可写作：

$$（30）\ \sigma_\theta^2 = J(\mu) \equiv \frac{(1+\beta)(\mu-1)\mu^2}{(\mu+\beta)^2}$$

σ_θ^2 是年轻人收入的方差。由于 $J(.)$ 是一个递增函数，$J(1) = 0$，随着 $(\mu) \to \infty$，$J(\mu) \to \infty$，对于每一个 $\sigma_\theta^2 > 0$，贴现率 $\beta > 1$ 的值，方程（30）有唯一最优解，$\mu^* > 1$，该最优解是随着收入的方差和贴现率递增。与通货膨胀扭曲相比，较高的 β 值更看重老年一代的转移支付等社会保险。

为了理解最佳通货膨胀率到底有多大，我们试举两个例子，对于参数值（σ_θ^2，β） = （1，1），也就是相关性为 1 且没有贴现率的情况下，从方程式（30）中可以得到 μ^* 略高于 2，相当于一个跨度达 30 年的期间内，复合通货膨胀率为 2.5%，如果参数值选择在（σ_θ^2，β） = （0.5，0.5），则每年的最优通货膨胀率降到大概为 1%。

6. 货币政策的战略动机

6.1 事实

独立的中央银行已经成为现代社会的常态，因为公众不完全信任财政部门同时协调货币和财政政策。特别令人担心的是，选举周期使财政部为追求短期收益产出愿意容忍通货膨胀和财政赤字，或转移资源到关键选区。公众似乎愿意放弃政策协调的明显优势，希望将一些政策的制定授予其他机构，降低通货膨胀可能是其中的一个动机，正如 Rogoff（1985）以及其他的一些研究如 Eijffinger 和 de Haan（1996）所倡导的。

本节分析在有两个独立政策决策机构的社会中，其政策结果是：一个仁慈的货币当局（MA），其追求的结果和普通家庭所期望的完全一样，一个财政部门（FA），其比家庭或中央银行更缺乏耐心。这种状况下，最佳产出结果相当于 MA 或者家庭部门的平均满足点：政策提供了一个理想的公共消费和私人消费之间的分配，当前和未来消费之间的分配，但不一定在面临未投保的收入风险的家庭之间提供分配。

另外一方面，如果财政部门统一协调所有的政策，那么会产生一个财政部门 FA 的最佳满足点，公共部门的消费大于私人部门的消费，青年消费多于老年消费，扩大赤字支出。为了弥补财政赤字，财政部门期望更高的名义收益率，对通货膨胀的忍耐度高于中央银行。

要理解这些结果，我们接着研究在第二节中简化的零转移支付经济模型。禀赋向量（θ，0），效用函数与方程（3b）完全一样，政策是常向量 $\pi = (z, R^N)$，$z \in [0, 1]$ 和 $R^N > 1$。FA 控制政策向量的第一个元素，第二个元素由 MA 控制。每个决策机构都有一个固定的选择，使自己的支付函数最大化。中央银行使家庭效用的预期稳态值最大化，稳态值如方程（3b）所示。财政部门缺乏耐心，为使类似的函数最大化，就用 $\delta \in (0, \beta)$ 替代方程式（3b）中的 β。

忽视老年人的转移支付，假定老年时的禀赋为零，这使得我们的假设模型可以免于不确定性的困扰，而且社会保险也不会影响决策行为。通过方程式（5'）（7a）（7b）和（12），我们可以发现生命周期的收入向量 $[c(\theta), x(\theta)]$ 是与 θ 有显著的比率关系，并且 R_t 从其运动规律中消失了，因为在这一稳态下，实际利率变成：

（31）$\beta R = (1 + \beta)(1 + z) - \psi$

这两个结果意味着我们的特殊模型政策无法影响生命周期收入的现值或者均衡的数字。在这一节中，均衡结果唯一，并且社会保险并不可行。

6.2 理想的政策

对于任何固定政策 (z, R^N) 或者 (z, ψ)，静态均衡服从方程组：（7a）（7b）（31），也就是

（31）$\beta R = (1 + \beta)(1 - z) - \psi$

（32a）$(1 + \beta)c(\theta) = \theta \psi$

（32b）$(1 + \beta)x(\theta) = \theta[(1 + \beta)(1 - z) - \psi]$

式中

（32c）$\psi = \dfrac{1}{1 + \nu - \nu / R^N}$

从方程式（31）可知，许多可行的政策多会导致唯一的静态均衡，例如

（33）$(1 + \beta)(1 - z) - \psi > 0$

保持常数项不变，我们将方程（31）和（32）代入到（3）来计算货币当局和财政部门的支付函数。

（34a）$W^M(z, \psi) = \log\psi + \beta\log[(1 + \beta)(1 - z) - \psi] + \gamma(1 + \beta)\log z$

这就是货币当局的支付函数，

（34b）$W^F(z, \psi) = \log\psi + \delta\log[(1 + \beta)(1 - z) - \psi] + \gamma(1 + \beta)\log z$

就是财政部门的支付函数。

对货币部门而言，其理想的政策是联合解 (z_M^*, ψ_M^*) 的一阶条件：

$$W_z^M \equiv \frac{\partial W^M}{\partial z} = 0 \qquad W_\psi^M \equiv \frac{\partial W^M}{\partial \psi} = 0$$

类似地，我们有：

(35a) $\psi = 1 - z, \psi = (1 + \beta)\left[1 - \left(1 + \dfrac{\beta/\gamma}{1 + \beta}\right)z\right]$

与前面类似,我们可以得到 FA 的最佳政策 (z_F^*, ψ_F^*),即令:

$$W_z^F \equiv \frac{\partial W^F}{\partial z} = 0 \qquad W_\psi^F \equiv \frac{\partial W^F}{\partial \psi} = 0$$

可得:

(35b) $\psi = \left(\dfrac{1 + \beta}{1 + \delta}\right)(1 - z), \psi = (1 + \beta)\left[1 - \left(1 + \dfrac{\delta/\gamma}{1 + \beta}\right)z\right]$

从方程式(35a)(35b)中,对于任何给定的 z,我们清晰地发现 MA 比 FA 期望一个更高的利率,在给定的利率水平下希望减少公共物品购买。给定 z 的条件下,货币当局更倾向于拥有高的利率 R^N 和低 ψ,因为根据公式(30),高名义收益导致高的实际收益,反过来促使私人消费转向老年消费。同样地,可以解释为什么在给定的 ψ 下,FA 更喜欢公共物品的消费。z 值越大,实际利率越低,重新分配私人消费使其偏向于年轻人的消费。

在政策 (z, ψ) 区间,每个决策者的满足点被椭圆形的无差异曲线所包围。图 2 中,MA 的无差异曲线为实线,FA 的无差异曲线为虚线。曲线出现这种差异的原因在于:$W_Z^F = 0$ 在 $W_Z^M = 0$ 之上,而 $W_\psi^F = 0$ 在 $W_\psi^M = 0$ 曲线之上。

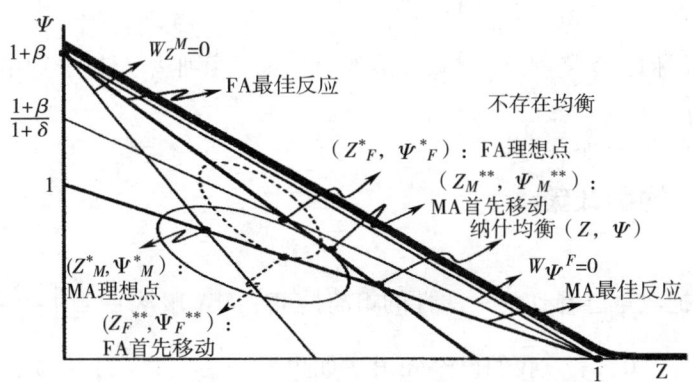

图 2 理想和实际的政策

对于家庭部门来说,最优政策就是 MA 的满足点,然而均衡产出取决于两个机构之间的博弈。如果财政部门主导两大政策,均衡产出就是 FA

的满足点，并且公共支出较多，利率更低，通货膨胀也高于家庭部门的期望。除通货膨胀的差异之外，上述结论很容易在图1观察到。为了观察 FA 比 MA 具有更高的支出和通货膨胀，我们分别解出方程（35a）（35b），可以得到货币当局和财政部门的最佳政策 $\pi_M *$ 和 $\pi_F *$。相应这些政策：

$$(36a)\ \pi_M^* \equiv (z_M^*, \psi_M^*) = \left(\frac{\gamma}{1+\gamma}, \frac{1}{1+\gamma} \right)$$

$$(36b)\ \pi_F^* \equiv (z_F^*, \psi_F^*) = \left(\frac{\gamma}{\frac{1+\delta}{1+\beta} + \gamma}, \frac{1}{1 + \gamma \frac{1+\beta}{1+\delta}} \right)$$

如果财政当局比中央银行更缺乏耐心的话，那么 $\delta < \beta$，此时 $z_F^* > z_M^*, \psi_F^* < \psi_M^*$。

每个策略 $\pi = (z, \psi)$ 对应着一个独特的通货膨胀目标。根据方程式（32c）的对 ψ 的定义，我们可以把方程式（31）重新写成如下形式：

$$(37)\ i = \frac{\beta \nu}{[(1+\beta)(1-z) - \psi][1 + \nu - 1/\psi]}$$

通过联立方程（36a）（37a）（37），我们可以得到两个部门满足点所对应的目标通货膨胀率，也就是：

$$(38a)\ i_M^* = \frac{\nu}{1 - z_M^*}$$

$$(38b)\ i_F^* = \left(\frac{\beta(1+\delta)}{\delta(1+\beta)} \right) \frac{\nu}{1 - z_F^*}$$

对于任何 $\beta > \delta > 0$，财政政策的目标通货膨胀率超过了货币政策的目标通货膨胀率。

6.3 均衡政策

如果把政策选择作为一次性的策略博弈，MA 服从 $\psi \in \left[\frac{1}{(1+\nu)}, 1 \right]$，FA 服从 $z \in [0,1]$。我们已经知道，如果 $(1+\beta)(1-z) < \psi$，那么此时不存在均衡点。那博弈的结果会在两个满足点 $(z_M^*, \psi_M^*), (z_F^*, \psi_F^*)$ 之间吗？均衡点会是两个满足点之间的折中吗？

Dixit 和 Lambertini（2003）表明，在静态凯恩斯主义模式下，这样的预期通常是不正确的，均衡点通常不会在理想政策确定的区间之内。政策之间的相互依赖性使财政支出和名义利率会高于政策制定者的目标，其原因在于每个决策者的最佳反应函数 $R^N(z)$ 和 $z(R^N)$ 是其他决策者行动的一个增函数。

例如，在同时决策情况下，均衡点就是两个反应函数的交点，Ma 的最佳反应是 $W_\psi^M = 0$，而 FA 的最佳反应是 $W_z^M = 0$，从方程式（35a）（35b），我们可以得到纳什均衡：

$$(39)\ \overline{\pi} = (\overline{z}, \overline{\psi}) = \Big(\frac{\gamma}{\gamma + \gamma/\beta}, \frac{\delta/\beta}{\gamma + \delta/\beta}\Big)$$

比较方程式（36a）（36b）（37），我们可以把话 Dixit 和 Lambertini（2003）的猜想延伸到动态非凯恩斯主义者经济体中：

$$(40)\ \overline{z} > z_F^* > z_M^* \qquad \overline{\psi} < \psi_F^* < \psi_M^*$$

纳什均衡要求更高的财政支出和名义收益率，通货膨胀比任何决策机构所希望的都还要高，从图 2 中也可以清晰地看出来。

如果其中一个决策者首先做出决定，那么其产出可能更靠近该决策机构的满足点。例如，如果 MA 是一个斯塔克博格博弈模型的领先者，那么均衡就会是货币当局无差异曲线和财政部门最佳反应线之间的一个切点，均衡点如图 2 所示。此时均衡策就是

$$(41)\ \pi_M^{**} = (z_M^{**}, \psi_M^{**}) = \Big(\frac{\gamma}{1 + \gamma}, \frac{\beta + (1 + \beta)\gamma}{\delta + (1 + \beta)\gamma}, \frac{1}{1 + \gamma}\Big)$$

通过方程（36a，b）与（41）比较，我们能发现

$$(42)\ \psi_M^{**} = \psi_M^* \qquad z_M^{**} > z_F^* > z_M^*$$

如果中央银行首先做出决定，我们认为斯塔克博格均衡下，MA 和家庭部门的利率都能达到最优，但是财政支出仍然比两个决策者的最优期望高。缺乏政策协调的非合作博弈会造成很多困难——不管是同时决策还是先后顺序决策。

7. 结论和扩展

本文考察了货币政策的三大挑战：运用泰勒法则克服不确定性，不完全市场条件下提供社会保险，试图对财政政策的方向施加战略影响。我们的主要发现与 Taylor（1993），Edmond（2002），Dixit 和 Lambertini（2003）

的早期工作一致。在一个简单的生命周期动态一般均衡模型中，我们发现，在很低的预期通货膨胀率目标下，泰勒规则对克服不确定性很有效，至少可达到有效的稳态点附近。

这个可靠的结论受到另外两个发现的冲击：如果财政机构希望为私人提供社会保险，那么通货膨胀目标不可能很低。货币当局和财政部门之间策略的相互依赖将把均衡时的通货膨胀率提高到两个部门都不希望的过高水平。我们不知道泰勒规则是否对全球范围内的生命周期经济体有效，如何正确地平衡货币和财政工具之间的合作与竞争关系。

如果需要对本文扩展，应该同时考察前述三个挑战。如果财政部门可以征税，而不只发行债券，如果可以在不确定条件下非承诺重复博弈，而不是确定条件下的承诺单次博弈，如果私人部门交易频繁而不像我们所假设的只存在两期生命周期，我们在那些模型下得出的结论将会更加令人信服。

致谢

本文获得洛杉矶加列大尼亚大学动态经济项目的大力支持，Eric Fisher 和 Marvin Goodfriend 作出了精彩的评论，在此表示感谢。

参考文献

Azariadis, C., and L. Kaas. 2002. Asset Price Fluctuations without Aggregate Shocks. Unpublished manuscript, University of California, Los Angeles.

Benhabib, J., S. Schmitt – Grohe, and M. Uribe. 2001a. The Perils of Taylor Rules. *Journal of Economic Theory* 96 (1): 40 – 69.

Benhabib, J., S. Schmitt – Grohe, and M. Uribe. 2001b. Monetary Policy and Multiple Equilbria. *American Economic Review* 91 (1): 167 – 86.

Benhabib, J., S. Schmitt – Grohe, and M. Uribe. 2003. Backward – Looking Interest – Rate Rules, Interest – Rate Smoothing, and Macroeconomic Instability. Working Paper No. 9558, National Bureau of Economic Research.

Bernanke, B., and F. Mishkin. 1992. Central Bank Behavior and the Strategy of Monetary Policy: Observations from Six Industrialized Countries. In *NBER Macroeconomics Annual*, vol. 7, edited by Olivier Jean Blanchard and Stanley Fischer, 183 – 228. Cambridge, MA: MIT Press.

Bernanke, B., and M. Woodford. 1997. Inflation Forecasts and Monetary Policy. Working Paper No. 6157, National Bureau of Economic Research.

Bewley, T. 1983. A Difficulty with the Optimum Quantity of Money. *Econometrica* 51: 1485 – 1504.

Bhattacharya, J., M. Guzman, and B. Smith. 1998. Some Even More Unpleasant Monetarist Arithmetic. *Canadian Journal of Economics* 31: 596 – 623.

Carlstrom, C., and T. Fuerst. 2000. Forward – Looking versus Backward – Looking Taylor Rules. Working Paper No. 0099, Federal Reserve Bank of Cleveland.

Carlstrom, C., and T. Fuerst. 2001. Timing and Real Indeterminacy in Monetary Models. *Journal of Monetary Economics* 47: 285 – 98.

Dixit, A., and L. Lambertiui. 2003. Inceractions of Commitment and Discretion in Monetary and Fiscal Policies. *American Economic Review* 93: 1522 – 42.

Edmond, C. 2002. Self – Insurance, Social Insurance, and the Optimum Quantity of Money. *American Economic Review* 92: 141 – 47.

Eijffinger, S., and J. de Haan. 1996. The Political Economy of Central Bank Independence. Princeton Special Papers in International Economics No. 19, Princeton University.

Espinosa, M., and S. Russell. 1993. Monetary Policy, Interest Rates, and Inflation: Budget Arithmetic Revisited. Working Paper No. 9312, Federal Reserve Bank of Atlanta.

Freeman, S. 1993. Resolving Differences over the Optimal. Quantity of Money. *Journal of Money, Credit, and Banking* 25: 801 – 11.

Friedman. M. 1969. The Optimum Quantity of Money. In *The Optimum Quantity of Money, and Other Essays*, by Milton Friedman. Chicago: Aldine.

Giannoni, M., and M. Woodford. 2002a. Optimal Interest Rate Rules:

I. General Theory. Unpublished manuscript, Princeton University.

Giannoni, M. , and M. Woodford. 2002b. Optimal Interest Rate Rules: II. Applications. Unpublished manuscript, Princeton University.

Leeper, E. 1991. Equilibria under " Active" and " Passive" Monetary and Fiscal Policies. *Journal of Monetary Economics* 27: 129 – 47.

Levin, A. , V Wieland, and J. William. 1999. Robustness of Simple Monetary Policy Rules under Model Uncertainty. In *Monetary Policy Rules*, edited by J. Taylor. Chicago: University of Chicago Press.

Paal, B. , and B. Smith. 2001. The Sub – Optimality of the Friedman Rule and the Optimum Quantity of Money. Unpublished manuscript, University of Texas at Austin.

Rogoff, K. 1985. The Optimal Commitment to an Intermediate Monetary Target. *Quarterly Journal of Economics* 100: 1169 – 89.

Rotemberg, J. , and M. Woodford. 1997. An Optimization – Based Econometric Framework for the Evaluation of Monetary Policy. In *NBER Macroeconomics Annual*, vol. 12, edited by Ben S. Bernanke and Julio Rotemberg, 297 – 346. Cambridge, MA: MIT Press.

Rotemberg, J. , and M. Woodford. 1999. Interest – Rate Rules in an Estimated Sticky Price Model. In *Monetary Policy Rules*, edited by J. Taylor. Chicago: University of Chicago Press.

Sargent, T. , and N. Wallace. 1981. Some Unpleasant Monetarist Arithmetic. *Federal Reserve Bank Minneapolis Quarterly Review* 5: 1 – 17.

Taylor, J. 1993. Discretion versus Rules in Practice. *Carnegie – Rochester Series on Public Policy* 39: 195 – 214.

评　论

Eric O'N. Fisher

凯恩斯（1936）强调投资者的预期对国民经济的发展具有重要影响是正确的。确实，金融服务业在现代经济中的一个作用是预测央行将如何应对宏观经济冲击。称职的华尔街经济学家都有一套预测联邦公开市场委员会将如何应对糟糕的通货膨胀率或一个高失业率的经验法则，这些经验法则可能来自某个无意识的集体经济行为。而经济预测领域，Taylor 是个领袖级人物——他是华尔街经济学界里的 Carl Jung，其在 1993 年的力著描述的美联储认定的政策规则已成为现代宏观经济分析的主流方法。

泰勒规则简单形式的本质是，如果出现恶性的通货膨胀率，美联储应该大幅提高名义利率，这是美联储在金融市场上建立"信誉"的关键。每当出现一个很高的通货膨胀率，市场面临着一个困境：这是美联储放松货币政策的迹象，还是美联储未来将提高利率抑制国民经济可能过热的信号。一旦投资者接受了泰勒规则，市场就会认为这是通货膨胀冲击，并认为联邦公开市场委员会尽力维持低通货膨胀。

另一个重要的好处是，美联储知道市场将如何应对名义利率上升。这一认识破解了高阶期望的戈尔迪之结，高阶期望是指凯恩斯第一次在其《通论》的 12 章中描述了金融市场就又如一场选美比赛。美联储公开市场委员会如何使用最近公开的通货膨胀数据预测下一个季度的国民经济，市场会对央行的操作进行猜测，而央行需要对市场的反应做出预测，这是一个循环的过程。运用泰勒规则，央行就不必预测市场走向。泰勒规则使得中央银行更容易保持低通货膨胀和充分就业，因为市场预期具有内在稳定性[1]。

---

① 读者不应认为这条关于内源性的预期的推理是推测；Duffy 和 Fisher（2005）表明，这些观点可以经受实证检验。

这一结果就是 Azariadis 和 Lam 所探究的三大论点之一中的第一个。在许多类的宏观经济模型中，完美的预期平衡有很大的不确定性。名义货币变量不是固定不变的，这可能会对货币政策和财政政策产生不利的影响。事实上，通常有许多低效率的平衡点，如果所有这些非最优平衡被淘汰，这在某种意义上可以说是帕累托改进。Azariadis 和 Lam 强调，基于过去的通货膨胀率的简单泰勒规则可以保证唯一最优均衡点就是其最可能出现的均衡点。

Azariadis 和 Lam 的第二个论点与通货膨胀的分配效应有关。在他们的模型中，一些人出生贫困而另一些人生而富有。由于没有遗赠动机，每一个尚未出生的人都面临独特风险，即不知道他会处于何种社会阶层中①。每个人不知道他或她将出生贫穷或富裕家庭，有一个独特的稳态通货膨胀率使人们预期幸福最大化。适度通货膨胀的政策有很强的哲学意义，根据罗尔斯万灵公约选取组合政策，这一政策被采用以应对任何通货膨胀率。

Azariadis 和 Lam 的第三个论点建立在近年来由 Dixit 和 Lambertini（2003）所做的研究基础上。有一个早期文献，其假定一个被动的财政政策，然后应用博弈论探讨了货币政策的效果，但 Dixit 和 Lambertini 认为独立的财政部门和货币当局的存在使我们有必要建立一个两部门政策互动的模型。曾在美国联邦储备委员会和财政部工作的经历，使我知道 Azariadis 和 Lam 的基本见解抓住了美国宏观经济政策的一个重要事实。

两位作者在此框架下展开研究。在一个简化版本的基本模型中，作者认为一个仁慈的货币当局的政策偏好与家庭部门一致。他们还认为财政机构缺乏耐心，这种假设同样符合现代民主社会的特征：通过选举产生的机构和官员通常比任命的央行首长任期更短。这种假设的结果是，财政部门和货币当局达到纳什均衡时会有很高的通货膨胀和过多的政府支出。因此，Azariadis 和 Lam 扩展了 Dixit 和 Lambertini's 的思想：从一个静态的凯恩斯主义框架扩展到一个动态一般均衡模型。

总之，Azariadis 和 Lam 从三个方面向读者作了精彩展示，犹如一场精彩的交响乐。第一曲乐章的主题是，一个简单的名义利率政策规则消除了

---

① Azariadis 和 Lam 合理排除了 100% 收入税的情况，因为在这种情况下，这些收入被平等地一次性转移支付给所有经济参与者，无论其贫富如何。在现实世界中，这种政策的政治意义肯定超过这个模型的理论意义。

困扰许多货币经济模型的不确定性。第二曲乐章描述了为什么温和的通货膨胀率可能有助于改善不完全市场和未投保的收入风险。第三部曲章的主题是，独立的货币当局和财政部门之间的相互博弈可能导致通货膨胀率过高，公共开支过多。交响乐力量在于把不和谐的声音变和谐，看两位作者将三个主题混合在一个动态宏观经济模型中也极有乐趣。

参考文献

Dixit, A., and L. Lambertini. 2003. Interactions of Commitment and Discretion in Monetary and Fiscal Policies. *American Economic Review* 93: 1522 – 42.

Duffy, J., and E. O'N. Fisher. 2005. Sunspots in the Laboratory. *American Economic Review* 95: 510 – 29.

Keynes, J. M. 1936. *The General Theory of Employment, Interest, and Money.* London: Macmillan.

Taylor, J. 1993. Discretion versus Rules in Practice. *Carnegie – Rochester Series on Public Policy* 39: 192 – 214.

评 论

Marvin Goodfriend

本文研究的三种财政政策下货币政策的效果。一个消极的财政政策，财政提供社会保险、财政部门比货币部门更缺乏耐心下的体制。

被动的财政政策类似于萨金特和华莱士（1981）在他们的"令人不快的货币主义者算术"的文章中所做的研究。在这个机制下，财政部门必须提高给定的实际收入，该收入必然通过通货膨胀税来解决。拉弗曲线上有两个稳态平衡点，其中的一个均衡点通货膨胀率较高，另外一个较低。此时没有对收入征税，也没有其他的收入来源，所以对实际货币存量征收通货膨胀税是政府财政收入的唯一来源。作者认为，当货币当局奉行泰勒规则时，实际利率随迟滞的膨胀率而变动，具有低通货膨胀税时的均衡点是局部稳定鞍点。

在财政部门提供社会保险的体制下，市场并不完全，居民自其出生开始就开始承受未投保的收入风险。作者认为，轻微的通货膨胀率能产生收入并且再分配，降低税后收入（通货膨胀税后收入）对未投保的收入风险的敏感性，从而提高福利水平。

第三大财政体制体现在财政部门和货币当局相互独立的情况下，政策博弈的结果如何。在这种情况下，货币当局和财政部门都追求家庭效用最大化，作者假定财政机构比货币当局缺乏耐心。财政部门的政策工具是公共物品的购买，货币当局控制的政策工具是实际利率。

作者考虑三种制度框架，它们表现出为使家庭效用达到最优，在政策协调时货币当局应该占主导地位。毫无疑问，若是由财政部门占主导，将会产生比家庭部门所期望的更多的公共开支，较低的实际利率和较高的通货膨胀。

最后，作者考虑了货币当局和财政部门之间非合作的博弈。在这种情况下，作者发现财政支出高于货币当局或财政部门所期望的。即使在货币当局先做决策的情况下，也会产生这种次优结果，显然这是因为财政部门过于急躁和不完全内化公共支出所产生的通货膨胀税。

本文对货币政策和财政政策协调的一些问题做了有益思考，但是，仔细思考现实世界中的机构，我认为这个模型并不太适合解释现实世界，至少不适合发达国家例如美国。

首先，在该模型里，政府的财政收入的唯一来源是通货膨胀税，过多地强调了财政对货币政策的约束。我认为如果该模型能考虑政府收入的多种来源，那么可能更具有解释力度。

其次，本文的分析过度依赖于"世代交替模型"一些特征，认为货币当局可以持续控制实际利率。但是我很怀疑央行对长期实际利率的影响力。在一个无限期代理人的或者说动态增长的家庭标准增长模型中，处于稳态时，生产力的增长决定了消费的增长，与均衡增长相一致的实际利率取决于跨期消费弹性的递归。这个模型中，就避免了货币当局对长期实际利率具有实际控制的隐形假设。更重要的是，我认为世界各国央行在过去"廉价资金"实验中反映出，宽松货币政策为了维持较低的实际利率是不可持续的。

虽然我认为，本文所做的分析，其学术意义要大于实际意义，但是本文的思想我非常赞同。财政问题确实有可能对货币政策一阶导数产生影响，即使没有采用通货膨胀税提高收入压力，正如如今的美国。这里有三种方式，货币政策应该考虑财政问题。

首先，几年前的财政预算盈余可能减少发行在外的国库券存量，美联储不得不考虑其资产购买政策。实际上，2001 年 9 月的 Cleveland Fed 会议就对国债减少所可能产生的影响就进行了讨论[1]。虽然这样的议题在今天不是很紧迫，但是全面考虑央行在未来各种环境下的行为非常重要。

在与 Al Broaddus 合著的一篇文章中，我作了一个小总结，我们认为（Broaddus 和 Goodfriend 2001），美联储的资产购买政策应该遵循两个密切相关的原则：资产购买应该尊重财政政策的完整性，应该使涉及美联储信贷分配等的政治纠葛风险最小。我们认为美联储和财政部应该相互协作，

---

[1] 参见 Goodfriend，Kohn 和 McCauley（2002）。

如有必要可以在国会的协调下，使美联储能持续地依赖国库券。

其次，由于在潜在的利率政策下，利率最低为零，还有另一个更为紧迫的理由考虑央行和财政部门之间的更紧密的合作。在下限利率为零时，短期政府债券是基础货币的最佳替代品，为使量化宽松货币政策有效，美联储需购买长期政府债券和私人资产。

这意味着，在利率下限为零时，中央银行执行量化宽松的货币政策需要比平时获得更多的财政支持。原因有三点：发行在外的长期政府债券不足；购买国内资产或者外国资产，或者大范围地借钱给银行可能涉及前面讲到的与 Al Broaddus 合著文章中的那些问题，中央银行可能会受到资本损失，使中央银行在实行宽松的货币政策后出现的潜在通货膨胀可能得不到有效的抑制。央行和财政部的合作能使零利率下，量化宽松的货币政策积极有效（Broaddus 和 Goodfriend 2004；Goodfriend 2000）。

最后，最近国会一直在考虑通过一项立法，授权中央银行为银行存款准备金支付利息。我认为这种创新与当前的实践相比具有重要的优势，因为央行执行差异化的利率政策，而不用维持准备金的机会成本（Goodfriend 2002）。例如，在准备金支付利息机制下，技术创新可能会减少基础货币的使用，这时中央银行对利率的影响力仍然存在，对准备金支付利息也可以完全消除由于对准备金征税导致的金融市场扭曲。

在货币支付过程中，低成本低风险的储备金将会替代高成本高风险的私人信贷和中央银行的信贷。此外，对存款支付利息可能具有自我融资的效果。中央银行对银行持有的储备资产支付利率。然而，消除储备税将导致对准备金的需求大幅增加，使中央银行增加其持有的平均回报超过联邦基金利率的美国国债和其他资产的。

参考文献

Broaddus, J. A., and M. Goodfriend. 2001. What Assets Should the Federal Reserve Buy? *Federal Reserve Bank of Richmond Economic Quarterly* 87：7 – 22.

Broaddus, J. A., and M. Goodfriend. 2004. Sustaining Price Stability. *Federal Reserve Bank of Richmond Economic Quarterly* 30：3 – 20.

Goodfriend, M. 2000. Overcoming the Zero Bound on Interest Rate Policy. *Journal of Money, Credit, and Banking* 32: 1007 – 35.

Goodfriend, M. 2002. Interest on Reserves and Monetary Policy. *Federal Reserve Bank of New York Economic Policy Review* 8: 77 – 83.

Goodfriend, M., D. Kohn, and R. McCauley. 2002. Panel Discussion: Implications of Declining Treasury Debt. *Journal of Money, Credit, and Banking* 34: 941 – 66.

Sargent, T., and N. Wallace. 1981. Some Unpleasant Monetarist Arithmetic. *Federal Reserve Bank of Minneapolis Unpleasant Monetarist Arithmetic Quarterly Review* 5: 1 – 17.

第4章　存在交易摩擦模型的
通货膨胀和福利分析

Guillaume Rocheteau 和 Randall Wright

1. 引言

　　前人对存在各种交易摩擦模型的通货膨胀效应已有所研究。本文设定的经济环境是基于有关货币交换的搜寻理论模型，这是 Lagos 和 Wright（2005）提出的，交易周期性地发生在集中和分散的市场中。然而，基于 Rocuodaheteau 和 Wright（2005），本文从两个方面拓展了其分析框架。第一点，通过内生化市场中的经济参与者，本文分别分析了广延边际（交易的频率）和集约边际（每笔交易的数量）。第二点，本文研究多种交易或定价机制，包括：议价（之前的研究中有涉及），价格接受以及价格公开。本文主要贡献如下：Lagos 和 Wright（2005）的结论中，通货膨胀的福利成本明显高于之前的研究估计，Rocuodaheteau 和 Wright（2005）定性上发现通货膨胀的福利成本取决于假设机制。本文定量研究在不同交易机制下通货膨胀的福利成本。

　　本文展现一个相对容易处理数据，同时能够抓住相关文献要点的框架，其中的一个要点就是交易频率应该由内生决定。本文通过竞争搜寻理论中的标准匹配函数来刻画消耗时间的交易以及内生化的市场结构如何影响交易。[①] 明确地建模广延边际是非常重要的，因为通货膨胀对它的影响可能不同于沿着集约边际对产出的影响。内生化广泛边际（即交易频率）不仅仅影响通胀成本的大小，甚至改变最终结果的正负方向——通过参数

[①]　在这个层面上，本文模型框架与搜寻劳动文献框架类似，取决于结构效应（也称市场紧性）和累加匹配函数，教科书一般的解释参照 Pissarides（2000）。

和交易机制假设，通胀甚至可能在某一区间增加产出和福利。

本文考虑三种常用的交易定价机制：（1）双边议价是 Shi（1995）、Trejos 和 Wright（1995）提出的关于搜寻理论的货币微观基础，通常将有议价的模型中的均衡称为搜寻均衡。（2）价格接受是标准瓦尔拉斯假设用于货币理论的，例如 Wallace（1980）的世代交替模型（OLG），Townsend（1980）的快车道模型（turnpike model），通常称这种均衡为竞争均衡。（3）在最后一种机制中，本文不仅仅指价格公开（这已经被很多学者用于货币模型），而是价格宣布和直接搜寻的结合。尽管首先被劳动市场研究采用，例如 Shimer（1996）和 Moen（1997），这种方法在 Rocheteau 和 Wright（2003）之前并没有探索，只将这类均衡称为竞争搜寻均衡。①

本文通过调整模型设定使其符合观测数据，同时研究不同机制下通胀的福利成本；主要发现如下：（1）竞争搜寻均衡中，在价格公开的假设下，估计的福利成本和 Lucas（2000），Cooley 和 Hansen（1989，1991）类似——当通胀从 10% 变化到 0，福利成本从消费的 0.67% 变化到 1.1%，具体数字取决于刻度。（2）搜寻均衡中，在存在议价的假设下，估计的福利成本在 3% 到 5% 之间，尽管与 Lagos 和 Wright（2003）一致，但高于其他文献，但与 Lagos 和 Wright（2003）和 Rocheteau 与 Wright（2003）不同的是：上述模型中，弗里德曼法则始终是最优政策，这些结论在本文不成立。（3）竞争均衡中，通胀成本对参数值的选择非常敏感，但作为基准分析的值在价格公开模型和议价模型之间，同时在价格接受的假设下，最优通胀率可能超过弗里德曼法则；上述结果表明在议价或者竞争价格假设下，一些通胀可能提高福利的结论对于参数值选择较为敏感。因此有一些有趣结论，例如在一些参数（长期并完美预期）下通胀可能对产出有正效应。②

直观地看本文的结论：为了分散市场交易，买方必须通过获得现金来投资。如果交易是事后议价的，买方就无法得到他们投资的全部回报。这

---

① 竞争搜寻均衡的最本质特征是经济参与者直接搜寻有吸引力的公开价格，这样导致了价格制定者之间的竞争。这与非直接搜寻的价格公开是非常不同的概念，参见 Curtis 和 Wright（2004）。

② 至少对于温和的通货膨胀率，是存在支持证据的（Bullard 和 Keating 1995）

是一个标准的"套牢问题"①。"套牢问题"降低了货币的价值，使得在搜寻均衡中沿着集约边际的交易缺乏效率。但在竞争均衡和竞争搜寻均衡中，没有套牢问题，在集约边际上的通货膨胀成本要更小；沿着广延边际的搜寻均衡依然是缺乏效率的。原则上说，通货膨胀可以加重或者缓和这个问题，但是对于本文的模型来说，它通常加重这个问题：（1）竞争均衡中，弗里德曼规则在集约边际而非广延边际达到效率最优的产出。对于一些参数，通货膨胀在广延边际上效率更高，集约边际上效率更低，但是，后者较弗里德曼规则次优，并且净效应是正的；（2）在竞争均衡中，弗里德曼规则在两个边际上都是有效率的，因此通货膨胀总是不好的，但是这个效应较弗里德曼规则次优。

把本文结论与 Shi（1997）相比是有趣的。在他的模型中，一个居民是由许多成员组成，并且在每一期按比例选择一部分作为买方、一部分作为卖方，② 来自于不同居民的买方和卖方见面并且议价。在均衡时，卖方的数量可能太多，这种情况下降低卖方—买方比例，即偏离弗里德曼规则可以增加福利。当卖方的数量太多时，偏离弗里德曼规则会增加福利并不是一定的。然而，本文可以举例子说明当卖方的数量缺乏效率的低的时候，通货膨胀可以提高福利。Shi 的模型的一个不同点是，Shi 设置了一个议价机制，可以避免套牢问题，意味着集约边际是靠近弗里德曼规则的。③ 事实上，当本文使用竞争价格公开机制，本文的结果更接近 Shi 的结果。尽管如此，对于一些参数，通货膨胀可能真的增加产出和福利。

文章剩余部分安排如下：第 2 部分描述基本环境，第 3 部分呈现不同的交易和定价机制，第 4 部分分析不同刻度实验下的福利成本，第 5 部分给出结论。

---

① 在一些搜寻理论的应用中，如果议价力度正好合适，那么套牢问题消失，即 Hosios（1990）条件满足。然而，在本文的模型中，这个条件要求买方有所有的议价能力，这个意味着在均衡中没有卖方，所以这个市场会关闭。因此，不可能同时在广延边际和集约边际同时达到最优效率。

② 这个大居民假设允许家庭成员在每一个交易周期结束可以分享货币，即在均衡时，所有的买方在下一个交易周期开始的时候都持有相同数量的货币。这样的话就不需要 Lagos 和 Wright 模型的假设，因为个人可以周期性地接触到集中的市场，在这个市场中他们可以调整他们的现金余额，所以本文可以让所有的买方都持用均衡数量的货币而不需要引进大家庭。

③ 有关这些模型中的议价策略的比较，以及弗里德曼规则最优的含义，请看 Berentsen 和 Rocheteau（2003）。

2. 环境

　　本文设定的环境是时间是离散、永续存在的，每一期都被划分为白天和夜间两个子时期。白天的市场是集中的、无摩擦的，夜间的市场分散程度取决于稍后会详细讲解的摩擦的大小①。在集中市场上，所有的经济参与者可以使用关于劳动的线性技术生产消费品。在夜间，每个经济参与者可以做以下两件事之一：生产中间产品，或者在夜间市场关闭后，在家里用这些中间产品生产消费品。这就在分散市场上产生了一个简单的双符合问题：一些经济参与者在夜间生产中间品，但是他们没有家庭技术来使用它们，同时，另外一些人有家庭技术但是在夜间不能生产中间品或者生产其他产品来交换中间品。②

　　假设 [0，1] 之间连续的经济参与者，让 n 代表那些有中间品的生产技术但是没有家庭技术的人，$1-n$ 代表那些有家庭技术但是没有中间品的生产技术的人。由于他们在分散市场中交易的方式，本文把前者称为卖方，后者称为买方。通过让经济参与者选择成为卖方或者买方，本文内化了分散市场的组成，即买方和卖方的比例，因此也决定了交易的数量。③本文假设商品是不能储存的。假设在分散市场的买方是匿名的；因此，他们在夜间市场不能得到信贷，这是因为他们可以不用担心违约的处罚，所以货币是必需的（Kocherlakota 1998；Wallace 2001）。令货币的数量在时刻 t 是 $M_t > 0$，并且假设 $M_{t+1} = \gamma M_t$，γ 是常数，并且新的货币一次性传递

---

　　① Lagos 和 Wright（2005）提出的白天——夜间的故事确实方便，但是在这类模型中完全没有必要。例如，在 Williamson（2006）中，集中市场和分散市场同时在每个时期运行，经济参与者服从随机位置冲击，这种设置对于很多目的都是基本相同的。

　　② 引入家庭生产的唯一原因是——与双符合问题相反，例如一类人对另一类所产生的商品有明显偏好——本文想允许经济参与者选择他们的类型，并且一些人似乎比起偏好的选择，更喜欢技术的选择。将其称之为"家庭生产"并没有什么重要意义，除非在我们校准模型时它会出现在名义收入会计账目中。

　　③ 这个模型在居民选择买方和卖方的比例方面和 Shi（1997）的模型相似。其他引入广延边际效应的文章如 Li（1995，1997），Berentsen，Rocheteau 和 Shi（2006），以及假设内生搜寻强度的 Lagos 和 Rocheteau（2005），以及允许市场的单边进入的 Rocheteau 和 Wright（2005）。此处运用的方法更便于模型校准。

给所有的经济参与者。

经济参与者整个白天夜间时期的效用方程是：

$(1) U = U(x) - C(y) + \beta[u(q) - c(l)]$

其中，x 是消费，y 是白天的生产（等于劳动供给），q 是家庭生产品的消费，l 是夜间中间品的生产（等于劳动供给）。贴现发生在同一天的白天和夜间，而不发生在今天夜间和明天白天。这种处理方式并不失一般性，因为例如 Rocheteau 和 Wright（2005），今天一天和明天一天的总贴现是最重要的。在任何的情况下，因为买方消费家庭生产品而不生产中间品，相反的情况同样适用于卖方，因为通过改变符号，本文总能使家庭产出等于家庭消费，即 $q = l$。买方和卖方的效用方程为：

$(2) U^b = U(x) - C(y) + \beta u(q)$

$(3) U^s = U(x) - C(y) + \beta c(q)$

假设劳动生产函数是线性的，即 $C(y) = y$，这样的假设虽然在理论上不是非常严格，但是更容易处理数据。这样的假设同样使 Lagos – Wright 的框架更容易进行数据分析，因为它暗示了所有指定类型的经济参与者（比如买方）在集中市场都会选择持有同样数量的货币，而不受历史影响。也就是说，在分散市场，人们持有的货币呈退化分布。这个假设让本文的模型更加像以前著名的通货膨胀研究，比如 Cooley 和 Hansen（1989），以及 Rogerson（1998）之后的宏观模型，他们也是假设劳动生产函数是线性的。本文假设 $U'(x) > 0$，$U''(x) < 0$，$u'(q) > 0$，$u''(q) < 0$，$u(0) = c(0) = c'(0) = 0$，$c'(q) > 0$，$c''(q) > 0$，并且对于 $\overline{q} > 0$，$c(\overline{q}) = u(\overline{q})$。令 q^* 代表等式 $u'(q^*) = c'(q^*)$ 的解，以及让 x^* 代表等式 $U'(x^*) = C'(x^*) = 1$；$q^* \in (0, \overline{q})$ 存在于之前的假设下，并且本文假设这样的 $x^* > 0$ 是存在的。

这个模型中最后一个重要的因素是本文假设在分散市场中存在交易摩擦：在夜间，买方得到交易的可能性是 $\alpha_b = \alpha(n)$，卖方得到交易的可能性是 $\alpha_s = (1 - n)\alpha(n)/n$。可以认为买方交易的可能性大小 $\alpha(n)$ 是来自于对于规模技术的连续回报，尽管其他的解释也是可能的，并且可以认为 $n\alpha_s = (1 - n)\alpha_b$，表示交易是双边的。本文假设 $\alpha'(n) > 0$，$\alpha(n) > \alpha'(n)n(1 - n)$，$\alpha(n) \leqslant \min\left\{1, \dfrac{n}{1 - n}\right\}$，$\alpha(0) = 0$，$\alpha(1) = 1$。令

$$(4)\,\eta(n) = \frac{\alpha'(n)n(1-n)}{\alpha(n)}$$

这表示是卖方在交易过程中的贡献。例如，在 Kiyotaki 和 Wright (1991，1993)，如果 $\alpha(n) = n$，那么 $\eta(n) = 1 - n$。[①]

以上是完备环境的物理表述，下面本文开始描述事件发生的过程。令 $V^b(m)$ 和 $W^b(m)$ 分别表示持有 m 美元的买方在白天和夜间市场的价值方程，相似地，令 $V^s(m)$ 和 $W^s(m)$ 分别表示持有 m 美元的卖方在白天和夜间市场的价值方程。本文省略了下标 t 以及把 $t+1$ 省略为 $+1$，以下类同。就像本文之前提到的，经济参与者在每一期的开始选择成为中间品的买方或者卖方（在稳态的时候，他们会有效率地选择一次，并且永远这样下去）。因此，在第一天，一个持有 m 美元的经济参与者的回报是：

$$(5)\,W(m) = \max\left[W^b(m), W^s(m)\right]$$

在夜间的分散市场，买方的贝尔曼方程为：

$$(6)\,V^b(m) = \alpha_b(n)\{u[q(m)] + W_{+1}[m - d(m)]\} + [1 - \alpha_b(n)]W_{+1}(m)$$

其中，总的来说，买方买的中间品（q）以及花费的美元（d）取决于他持有的货币。给定 $V^b(m)$，在集中市场，以上问题是：

$$(7)\,W^b(m) = \max_{\hat{m},x,y}\{U(x) - y + \beta V^b(\hat{m})\}$$

$$(8)\,s.t.\ x + \phi\hat{m} = y + \phi(m + T)$$

其中 ϕ 是以商品表示的货币的价格，T 是总的转移支付，$\hat{m}$ 是带入夜间市场的货币。把等式（8）中的 y 代入等式（7），得到[②]：

$$(9)\,W^b(m) = \max_{\hat{m},x}\{U(x) - x - \phi(\hat{m} - T - m) + \beta V^b(\hat{m})\}$$

从等式（9）可以看出：当 $U'(x^*) = 1$，x 取最大值表示为 x^*；最大化选择的 $\hat{m}$ 是独立于 m；在 $W^b_m = \phi$ 中，W^b 对 m 是线性的；并且如果结果是内部的，那么 $\hat{m}$ 满足：

$$(10)\,\varphi = \beta V^b_m(\hat{m})$$

---

① 更一般地，如果 $\alpha(n)$ 来自一个潜在的匹配技术，η 是关于卖方的匹配方程的弹性。匹配方程可写为 $M(b,s) = b\alpha\left(\frac{s}{b+s}\right)$，其中 b 是度量买方，s 是度量卖方的，则 $\eta = M_s(b,s)s/M(b,s)$。

② 本文不令 y 是非负的，但是在发现等式之后，本文可以容易地找到条件使得 $y \geqslant 0$（Lagos 和 Wright 2005）。

条件（10）使得把货币代出集中市场的边际成本等于把货币代入分散市场的边际收益。只要 V^b 是严格凹的，则 $\hat{m}$ 是唯一的。对于稍后提到的该模型的替代规则，严格凹性成立的条件需求相当弱，因此，所有的买方会选择同样的 $\hat{m}$ 。[1] 这个结果是由于拟线性假设 C（y）= y，其消除了货币需求的财富效应，意味着所有的同种类型的经济参与者，不管代入集中市场的 m 是多少，都会选择同样的 $\hat{m}$ 。

因为卖方不想在夜间的分散市场购买任何东西，所以他们会选择 $\hat{m}$ = 0（Rocheteau 和 Wright 2005）。因此，在以下的情况忽略了 V^s 。同样，给定了卖方在夜间不持有货币，每个买方持有 $M^b = M/（1-n）$ ，卖方的贝尔曼方程在分散市场变为：

(11) $V^s = \alpha_s(n)\{-c[q(M^b)] + W_{+1}[d(M^b)]\} + [1 - \alpha_s(n)] W_{+1}(0)$

其中 $d = d(M^b)$ 和 $q = q(M^b)$ 是交易的等式。在集中市场，卖方的问题和买方的问题是相似的，在替换之后，预算方程式可以写作：

(12) $W^s(m) = \max\limits_{x}\{U(x) - x + \phi(m + T) + \beta V^s\}$ 。

正如买方问题，同样有 $x = x^*$ ，且在 $W^s_m = \phi$ 中 W^s 是对 m 线性的。

下一步，来讨论每个经济参与者愿意成为中间品的买方或者卖方，线性意味着 $W^b(m) = \phi m + W^b(0)$ 且 $W^s(m) = \phi m + W^s(0)$ 。因此，从等式（5），$W(m) = \phi m + \max[W^b(0), W^s(0)]$ 。结果是，经济参与者选择成为买方或卖方与他持有的货币是独立的，并且 n 只是由 $W^b(0) = W^s(0)$ 决定。把（6）代入（9），（12）代入（11），这个条件可以被写为：

(13) $-\varphi_{+1} M^b\left(\dfrac{\phi}{\beta\phi_{+1}} - 1\right) + \alpha_b(n)[u(q) - \phi_{+1}d] = \alpha_s(n)[\phi_{+1}d - c(q)]$

可以简单理解为：在分散经济的夜间市场，左边是作为买方的预期回报，右边是作为卖方的预期回报。左边的第一项是买方持有 M^b 的美元到这个市场所需要的成本。[2]

---

① 本文可以看到，在价格宣布的条件下，V^b 的严格凹是 $u'' < 0$ 的直接结果。详细请见在议价情况下，Lagos 和 Wright（2005），以及在价格宣布的情况下 Rocheteau 和 Wright（2005）。

② 可以更简单的理解，如果本文用在稳态时，$\varphi_{+1} = \varphi/\gamma$ ，且通货膨胀率是 $\pi = \gamma - 1$ 。然后通过 $1 + i = (1 + r)(1 + \pi)$ 来定义名义利率，第一项就是 $-\varphi_{+1} M^b i$ ，或者放弃名义利率的真实成本。

本文定义福利是代表性经济参与者在夜间和第二天白天的效用，

$(14) W = (1 - n)\alpha(n)[u(q) - c(q)] + U(x) - x$

对于集约边际，一阶最优分配要求 $x = x^*$，$q = q^*$，其中 $U'(x^*) = C'(x^*) = 1$，且 $u'(q^*) = c'(x^*)$。对于广延边际，要求最大化交易的数量，$(1 - n)\alpha(n)$ 意味着：

$(15)(1 - n)\alpha'(n) = \alpha(n)$

如果 $\alpha(n) = n$，比如（15）式暗示 $n = 1/2$。[1] 在任何一种情况下，使用（4）中的 $\eta(n)$ 的定义，（15）可以被广义地表示为：

$(16) n = \eta(n)$

因此，效率意味着卖方的比例必须等于他们在匹配过程中做出的贡献。

3. 均衡

这里本文考虑以下三个机制：议价，价格接受，价格公开。本文将按照搜寻均衡，竞争均衡，竞争搜寻均衡逐个介绍。

3.1　搜寻均衡（议价）

正如大部分的搜寻模型，本文假设在分散市场，经济参与者是双边匹配的，且（q，d）是由广义的纳什议价结果决定的：

$(17) \max_{(q,d)} [u(q) - \phi_{+1}d]^{\theta}[-c(q) + \phi_{+1}d]^{1-\theta}$ s. t. $d \leqslant M^b$

其中 θ 是买方议价能力，[2] 在任何货币均衡中都有 $d \leqslant M^b$。直观地看，经济参与者不会把钱带到分散市场而不花费（详细请参见 Lagos 和 Wright [2005]）。因此，卖方收到的 $d = M^b$，生产商品的数量解决了 q 的一阶条

---

①　这个令作者想起搜寻货币模型的一个结论，例如 Kiyotaki 和 Wright（1993）的模型，并且在 Rocheteau（2000）和 Berentsen（2002）得到扩展，这个结论就是效率要求买方和卖方的数量相等。

②　为了证明这个，本文观察到买方剩余（回报减去胁迫点）是 $u(q) + W_{+1}(m - d) - W_{+1}(m) = u(q) - \phi_{+1}d$，用了 W 的线性。卖方剩余是相似的。

件，写作 $\phi_{+1} M^b = g(q)$ ，其中：

$$(18)\, g(q) = \frac{\theta u'(q)c(q) + (1 - \theta)\, c'(q)u(q)}{\theta u'(q) + (1 - \theta)\, c'(q)}$$

从这个等式，得到 $q'(m) = \phi_{+1}/g'(q)$ 。

现在考虑集中市场市场价格 ϕ 。从 （6） 式，可以得到

$V_m^b(m) = \alpha_b(n)\, u'(q)\, q'(m) + [1 - \alpha_b(n)]\, \phi_{+1}$ ，因此[①]

$$(19)\, V_m^b(m) = \left[\alpha_b(n)\, \frac{u'(q)}{g'(q)} + 1 - \alpha_b(n)\right]\phi_{+1}$$

将其代入一阶条件 $\phi = \beta V_m^b(M)$ 并且在稳态时 $\phi = \gamma \phi_{+1}$ ，化简后得到：

$$(20)\, \frac{i}{\alpha_b(n)} + 1 = \frac{u'(q)}{g'(q)}$$

其中，$i = \frac{\gamma - \beta}{\beta}$ 是名义利率，由等式 $1 + i = (1 + r)(1 + \pi)$ 决定，其中 $\gamma = \beta^{-1} - 1$ ，$\pi = \gamma - 1$ （就像标准一样，如果本文开放一个债券市场，他们不会在均衡水平交易，但是依然可以给他们定价）。当 $i = 0$ ，本文用 $\tilde{q}$ 来表示 （20） 的结果，注意除非 $\theta = 1$ 否则 $\tilde{q} < q^*$ 。

并且，条件 （13） 决定了买方和卖方的结构，可以用 $\varphi_{+1} M^b = g(q)$ 简化为

$$(21)\, - ig(q) + \alpha_b(n)[u(q) - g(q)] = \alpha_s(n)[g(q) - c(q)]$$

本文可以定义这个模型的均衡：在以后的情况，当提到均衡的时候，本文指的是稳态的货币均衡。

定义 1. 存在一个搜寻均衡是一对 （q，n），满足 （20） 和 （21）。

这个均衡的存在性和唯一性或者多样性可以用与 Rocheteau 和 Wright （2005） 相似的方法分析。不同的是，本文在这里的目标是量化地描述，下个部分会展示。然而，作为基准，考虑到弗里德曼规则下的均衡，$i = 0$ 。[②] 从 （20） 和 （21） 可以得到：

$$(22)\, q_F = \tilde{q}$$

---

① 为了使 V^b 严格凹，本文有 $u'(q)/g'(q)$ 对 q 严格递减。Lagos 和 Wright （2005） 表明，如果 c （q） 是线性的，$u'(q)$ 是对数凹的，或者 θ 是接近 1 的话，这个条件是可以满足的。

② $i = 0$ 等价于 $\gamma = \beta$。在这个模型中名义利率目标、货币供给目标和通货膨胀目标之间都没有差别。标准来说，不能设置 i < 0 （$\gamma < \beta$），因为货币均衡只有在 $\gamma > \beta$ 才成立。

$$(23)\ n_F = \frac{(1-\theta)\,c'(\tilde{q})}{(1-\theta)\,c'(\tilde{q}) + \theta\,u'(\tilde{q})}$$

因为（20）暗示 对于所有的 $i > 0, q < \tilde{q}$，弗里德曼规则最大化 q。如果 $\theta < 1$，本文有 $\tilde{q} < q^*$；如果 $\theta = 1$，有 $n_F = 0$。这个反映了集约边际和广延边际的权衡：$q = q^*$ 要求把所有的议价能力给买方，这样没有人会选择成为卖方，那么夜间市场关闭。

给定 $q = \tilde{q}$，比较（16）和（23），可以看到 n_F 与最优的 n^* 相等当且仅当

$$(24)\ \eta(n_F) = \frac{(1-\theta)\,c'(\tilde{q})}{(1-\theta)\,c'(\tilde{q}) + \theta\,u'(\tilde{q})}$$

这就是熟悉的 Hosios（1990）条件：衡量买方和卖方是有效率的，当且仅当卖方从匹配中得到的剩余等于他们对交易过程作出的贡献。给定 η 独立于 θ, u, c，这个条件一般来说不成立，所以在均衡时，n 有可能太高也有可能太低。因此，在理论上来说，让买方和卖方的比例内生，可能恶化或者缓和通货膨胀对福利的成本，并且有些时候通货膨胀还可以增加福利。

3.2 竞争均衡（价格竞争）

考虑夜间是标准的瓦尔拉斯机制：中间品市场的经济参与者在价格宣布的情况下大规模交易，并且价格是使得市场出清的价格。为了设定交易摩擦，本文假设经济参与者在交易前需要花费随机的时间量。这个想法与 Lucas 和 Prescott（1974）的搜寻模型有关，在这个模型中经济参与者从一个竞争市场到另一个竞争市场需要成本。更精确地说，在每个时期，买方以 $\alpha_b(n)$ 的可能性进入竞争市场，卖方以 $\alpha_s(n)$ 的可能性进入竞争市场。

因此，在每一期，只有 $(1-n)\alpha(n)$ 的买方和卖方每晚交易。[1] 尽管夜间市场的价格是竞争决定的，本文依然称其为分散市场。

进入夜间市场的买方希望在 $q^b \leqslant \dfrac{M^b}{p}$ 的条件下最大化 $u(q^b) - \phi_{+1}pq^b$，其中 p 是中间品的名义价格。进入夜间市场的卖方希望最大化 $-c(q^s) + \phi_{+1}pq^s$。这个价格是市场出清，要求 $q^s = q^d = q$。因此，

(25) $c'(q) = p\phi_{+1}$

(26) $q = \dfrac{M^b}{p}$

其中本文用到了事实 $q^b \leqslant \dfrac{M^b}{p}$，这是均衡自身要求的（Rocheteau 和 Wright 2005）。在这个模型中，[2]

(27) $V_m^b(M^b.) = \alpha_b(n)\, u'\left(\dfrac{M^b}{p}\right)\dfrac{1}{p} + [1 - \alpha_b(n)]\phi_{+1}$

将上式代入 $\varphi = \beta V_m^b(M^b)$，用（25）式整理得：

(28) $\dfrac{i}{\alpha_b(n)} + 1 = \dfrac{u'(q)}{c'(q)}$

而且，（25）和（26）暗示着 $\phi_{+1}M^b = c'(q)q$，所以（13）化为：

(29) $-iq\,c'(q) + \alpha_h(n)\lceil u(q) - q\,c'(q)\rceil = \alpha_s(n)[q\,c'(q) - c(q)]$

定义 2. 一个竞争均衡（q，n）满足（28）（29）。

这个均衡条件不同于搜寻均衡，此处的弗里德曼规则意味着：

(30) $q_F = q^*$

(31) $n_F = \dfrac{q^*c'(q^*) - c(q^*)}{u(q^*) - c(q^*)}$

从（30），q 在竞争均衡中的弗里德曼规则总是最优的。这是因为当经济参与者都是价格接受者的时候，在货币需求中没有"套牢问题"。从（31），$n_F = 0$，如果 $c(q)$ 是线性的，因为利润为零，所以没有人想成为卖

---

[1] 本文假设进入夜间市场的买方和卖方的数量相等，但是这并不是说 $n = 1/2$。n 是所有卖方的数量，不是进入市场的卖方数量。在任何一种情况下，假设买卖双方数量相等可以让不同的交易机制更便于比较，这是因为尽管定价是依照瓦尔拉斯均衡，这可以依然看作交易是双边的。正如 Rocheteau 和 Wright（2005）表现的，这个条件可以非常容易地放松到不同数量的买方和卖方，尽管一般来说交易不是双边的。

[2] V^b 的严格凹性在这里只要求 $u'' < 0$。

方。因此，本文需要 c 是非线性的。

最后，（16）与（31）同时成立，并且 $n = n^*$，当且仅当

$$(32)\ \eta(n_F) = \frac{q^* c'(q^*) - c(q^*)}{u(q^*) - c(q^*)}$$

这个又是一个 Hosios 条件，但是不同于搜寻均衡中的 Hosios 条件。它不太可能成立，因为它使得 η 的性质和 u，c 有关。因为弗里德曼规则给出 $q = q^*$，如果通胀可以推动 n 朝着正确的方向前进，那么超过弗里德曼规则的通货膨胀可以改善福利——这是有可能的，因为 n 可能太大或者太小。通货膨胀也会降低 q，这在集约边际是不好的，但是改变 q 产生的福利效应是 $i = 0$ 附近的二阶条件。因此，确实有可能有些通货膨胀增加福利。

3.3　竞争搜寻均衡（价格宣布）

本文现在考虑一个价格宣布机制，在这个机制中，交易是公开宣布的，经济参与者可以直接搜寻。这里依然有交易摩擦，因为经济参与者可能也可能不按照这个给定的价格交易。这个符合 Moen（1997）和 Shimer（1996）的竞争均衡的概念。一些对这个机制的解读已经发表，本文采取了 Moen（1997）以及 Mortensen 和 Wright（2002）。这个故事如下：存在竞争的做市商，他们可以建立子市场，给定的子市场是以经济参与者交易的 (q, d) 以及卖方的比例 (n) 来分类的，明显地，这需要一些承诺担保，这是价格公开和竞争搜寻的基础。有人可能会质疑这种承诺是否合理，但是本文强调它在逻辑上并没有使货币变得不必要：一定时间内在分散市场交易的承诺和承诺信用还款是不一样的。

不同的子市场在期初就被宣布，经济参与者可以选择在夜间去任意子市场。在每个子市场中，买卖双方都双边自由匹配，因此，交易的可能性分别为 $\alpha_b(n)$，$\alpha_s(n)$。事件的顺序如下：期初，每个经济参与者选择成为买方或者卖方。然后，做市商宣布交易的类型，为了方便，将类型写作 (q, z)，其中 $z = \phi_{+1} d$。做市商之间通过竞争来吸引买方和卖方到他们的子市场，因为他们可以收取入场费，尽管在均衡时，这个费用是零，因为

进入各个市场都是免费的。[①]

在设计子市场的时候，做市商依据他们吸引到的卖方的数量来最大化买方的预期效用。令 S 是活跃的子市场 (q, z, n) 的集合，s 是 S 的元素，令 $V \equiv \max_{s \in S} \{\alpha_s(n)[-c(q) + z]\}$ 是均衡时预期卖方的效用。然后，对于任何活跃的子市场，这个问题可以被写作：

$$(33) \max_{(q,z,n)} \{\alpha_b(n)[u(q) - z] - iz\}$$

$$(34) s.t. \ \alpha_s(n)[-c(q) + z] = V$$

Rocheteau 和 Wright（2005）表明，除了最多存在可数个 V 值外，这个问题的结果是唯一的，因此所有的子市场在达到均衡时是一样的。[②] 因此，假设只有一个活跃的子市场。

Rocheteau 和 Wright（2005）也说明了随着这个过程出现的 $n(V)$ 是非空的，且是连续的，并且 $n(V)$ 中的任何一个都是对 V 递减。（33）描述的最大效用是连续的，对 V 递减的。这意味着只有唯一一个 V 可以使买方的预期效用等于卖方的预期效用，并且达到均衡。把（34）中的 z 代入（33），对 q 和 n 分别取一阶条件，得到：

$$(35) \frac{u'(q)}{c'(q)} = 1 + \frac{i}{\alpha(n)}$$

$$(36) \eta(n)[u(q) - c(q)] = \left\{1 + \frac{i}{\alpha(n)}[1 - \eta(n)]\right\} \frac{nV}{\alpha(n)(1 - n)}$$

其中，$\eta(n)$ 是按照以上定义的。注意（35），对于每个给定的 n 通过该式决定了 q，它是和竞争均衡中（28）的均衡条件相同的。为了获得 n 的均衡条件，把（34）中的 V，（35）中的 $i/\alpha(n)$ 代入（36）式，得到：

$$(37) -c(q) + z = \frac{c'(q)\eta(n)}{c'(q)\eta(n) + u'(q)[1 - \eta(n)]}[u(q) - c(q)]$$

从中可以看出，当卖方的议价能力是 $1 - \theta = \eta(n)$ 时，竞争搜寻均衡和搜寻均衡是一致的。相同地，卖方的最优议价能力（即交易剩余）会调整来反映它对匹配过程的贡献。因此，z 满足类似于（18）的条件，其中

[①] 本文假设做市商必须对买方和卖方收取相同的费用，因为他们不能在买方或卖方进入市场的时候将他们分辨开（对于费用不同的详细情况，请见 Faig 和 Huangfu[2006]）。在任何一种情况下，做市商在竞争搜寻均衡中并不起决定作用；相反地，做市商为了可以吸引潜在的交易者，可以让买方或者卖方制定价格（Acemoglu 和 Shimer 1999）。

[②] 当结果不唯一的时候，不论做市商选择哪种结果，买方和卖方都获得同样的预期回报。

θ 被 $1 - \eta$ 代替，

$$(38)\, z = f(q,n) = \frac{[1 - \eta(n)]\, u'(q)c(q) + \eta(n)\, c'(q)u(q)}{[1 - \eta(n)]\, u'(q) + \eta(n)\, c'(q)}$$

最终，（13）表明：

$$(39)\, -i \times f(q,n) + \alpha_b(n)[u(q) - f(q,n)] = \alpha_s(n)[f(q,n) - c(q)]$$

定义 3. 竞争搜寻均衡 (q, n) 满足（35）（39）。

从（35），集约边际是有效的，$q = q^*$ 在竞争搜寻均衡中当且仅当 $i = 0$ 时成立，正如在竞争搜寻均衡中一样，但是一般来说不同于搜寻均衡。给定价格减少了货币的套牢问题。而且，当 $i = 0$，$q = q^*$ 时，（39）变成

$$nu(q^*) + (1 - n)c(q^*) = [1 - \eta(n)]c(q^*) + \eta(n)u(q^*)$$

它会降低到 $n = \eta(n)$，因此，价格宣布内生产生 Hosios 条件。当 $i = 0$ 时，它也是在集约边际有效的。总结来说，弗里德曼规则在竞争搜寻均衡产生一阶最优分配，$q = q^*$，$n = n^*$。一个推论是，任何弗里德曼规则的衍生都会降低福利，尽管对于一小部分偏差来讲这个效应是二阶。

4. 数量分析

本文现在进行数量分析。在这个模型中时间长度可以任意，并且更短的时间让这个故事更加说得通，现在本文把时间设为一年，因为本文想用同样的方法，然后与 Lucas（2000）的结果比较。结果对于时间是相当稳健的，本文后面将简要说明。现在，令 $\beta^{-1} = 1.03$，Lucas 也是如此设定的。集中市场中已经交易的商品的比例是 $U(x) - y$，本文用 $U(x) = A\ln x$；除去符号，$A\ln x - y$ 正是 Cooley 和 Hansen（1989）使用的。$U(x) = A\ln x$，注意到 $x^* = A$。

家庭生产品的效用方程是

$$u(q) = \frac{(q + b)^{1-a} - b^{1-a}}{1 - a}$$

其中 $a > 0$，$b \in (0,1)$。这推广了典型的 CRRA（持续相对风险厌恶）效用方程，来保证对于任何 $a, u(0) = 0$，这是这个方程主要的假设。为了符合数据要求，本文实际上令 $b \approx 0$，使得 $u(q)$ 接近于标准的 CRRA。考虑到中间品卖方产出的无效性，本文选择 $c(q) = q^\delta/\delta$，其中

$\delta \geqslant 1$。本文令 $\alpha(n) = n$，这在有货币的搜寻理论模型中是常见的假设。

本文选择矢量参数 $\Omega = (a, A, \delta, \theta)$。考虑到议价能力参数 θ，它仅仅在搜寻模型中有，本文开始设定一个对称的案例，$\theta = 0.5$，然后测定随着 θ 的改变，结果如何改变。对于其他参数，本文参照 Lucas（2000），选择 Ω 来匹配货币需求数据。因此，本文定义 $L = M/PY = L(i)$，其中 P 是名义价格水平，Y 是国内生产总值。可以认为这个是货币需求，在某种意义上，需求的真实余额 M/P 与真实支出 Y 呈比例，乘数因子是与名义利率有关的 $L(i)$。本文使用短期商业票据利率度量 i，使用国内生产总值度量 Y，使用 GDP 平减指数度量 P，使用 M1 度量 M，就像 Lucas 做的一样。正如他指出的，M1 是任意的，但是本文在这里使用它是为了可比性。本文考虑时期为 1900—2000 年，这个时间段只比 Lucas 的样本长一点；为了便于比较，本文也考虑更短的时间段 1959—2000 年。

在这个模型中，L 是按照如下方法构建的：在分散市场中，本文通过中间品的产量来度量产出（因为家庭产品不被交易）。在这个市场中的名义产出是 $(1 - n)\alpha(n) M^b$。在集中市场市场，名义产出是 x^* / ϕ_{+1}。因此，$PY = (1 - n)\alpha(n) M^b + x^* / \phi_{+1}$。结合 $M = (1 - n) M^b$，$z = \phi_{+1} M^b$ 以及 $x^* = A$，本文可以得到：

$$(40)\, L = \frac{(1 - n)z}{A + (1 - n)\alpha(n)z}$$

因为名义利率通过模型的均衡条件决定了内生变量 z 和 n，（40）给出了一个关系 $L = L(i)$，其中 $L(i)$ 取决于隐含的参数向量。

本文第一次选择 (a, A, δ) 来最小化数据中的 L 与模型中 L 的残差平方和。然而，在数据上本文不能精确地确定参数。大致来说，通常选择 A 来调整 L 和 (a, δ)，从而满足曲率的要求，同一个曲率有不同的 (a, δ) 组合。因此，本文让数据确认 (A, a)，令 δ 是任意值。我们选择 $\delta = 1.1$，使得 $c(q)$ 接近于线性，从而接近于 $C(y)$ 的规格。不能令 $\delta = 1$，因为这个暗示着卖方获得零利润，从而导致在竞争均衡中没有卖方（这个在搜寻均衡或者竞争搜寻均衡中都不是问题）。本文将讨论 δ 的值如何影响结果。

本文通过询问经济参与者愿意放弃多少总消费来使得 γ 降到 1，来衡量在发生 $\pi = \gamma - 1\%$ 的通货膨胀下的福利成本。给定 γ 的经济参与者的预

期效用用 W_γ 来度量，（14）给出了相关定义。假设本文把 γ 降到 1，同时也把所有商品的消费减少 Δ。预期效用变为

$$W_1(\Delta) = (1 - n_1)\alpha(n_1)[u(q_1\Delta) - c(q_1)] + U(x^*\Delta) - x^*$$

其中 q_γ 和 n_γ 是给定 γ 时 n 和 q 的均衡值。通货膨胀导致的福利成本是 Δ_1，满足 $W_1(\Delta) = W_\gamma(1)$。本文也给出经济参与者愿意放弃多少消费来使得 γ 降低到 β（弗里德曼规则）。Δ_F 非常有意思，因为弗里德曼规则是在一些本文考虑的机制下存在的最优货币政策。接下来，本文令 $\overline{\Delta}_1 = 100(1 - \Delta_1)$ 且 $\overline{\Delta}_F = 100(1 - \Delta_F)$，并且令 $\gamma = 1.1$ 为基准，即 $\overline{\Delta}_1$ 是经济参与者为了得到 0 而非 10% 的通货膨胀所愿意放弃的总消费百分比，$\overline{\Delta}_F$ 是经济参与者为了弗里德曼规则而非 10% 通货膨胀所愿意放弃的总消费百分比。

4.1　竞争搜寻均衡

本文给出数据结果的顺序和理论展示的顺序不一样，开始于竞争搜寻均衡，因为这个机制表明了弗里德曼规则下的最优分配，因此提供了一个基准。当把数据代入模型中，本文发现 $(a, A) = (0.0976, 0.9562)$。正如图 1 的上方图表显示的，这个简单的程序产生了非常好的效果，左边的图表示总样本（1900—2000 年），右边的图表示短样本（1959—2000 年）。下面的两幅图显示了在 i 的作用下 q 和 n 的均衡值，其中 i 是根据每种情况下合适的参数计算得出的。

在弗里德曼规则下，竞争搜寻模型均衡中，本文有 $q = 1$ 以及 $n = 0.5$，与一阶最优分配一致。本文发现 10% 的通货膨胀率刚刚超过 1% 的消费：$\overline{\Delta}_1 = 1.11$，$\overline{\Delta}_F = 1.22$。这比之前研究得出的估计要大一点——比如 Cooley 和 Hansen（1989）或者 Lucas（2000）——但是它们在大致相同的范围内（与 Lucas 得出的仅仅少 1%）。这个结果对于 δ 的变化是相当稳健的。比如，如果本文假设 $\delta = 1.2$，本文得到 $(a, A) = (0.0156, 0.8766)$，$\overline{\Delta}_1 = 1.09$，$\overline{\Delta}_F = 1.20$。在 $\delta = 1$ 时，即 $(a, A) = (0.1797, 1.0519)$，$\overline{\Delta}_1 = 1.13$，$\overline{\Delta}_F = 1.25$ 得到上界。当本文用距今更近的数据时，福利成本收缩：回到 $\delta = 1.1$ 的情况，如果本文把 1959—2000 年的数据放入这个模型中，得到 $(a, A) = (0.1946, 1.5987)$，$\overline{\Delta}_1 = 0.67$，$\overline{\Delta}_F = 0.74$。

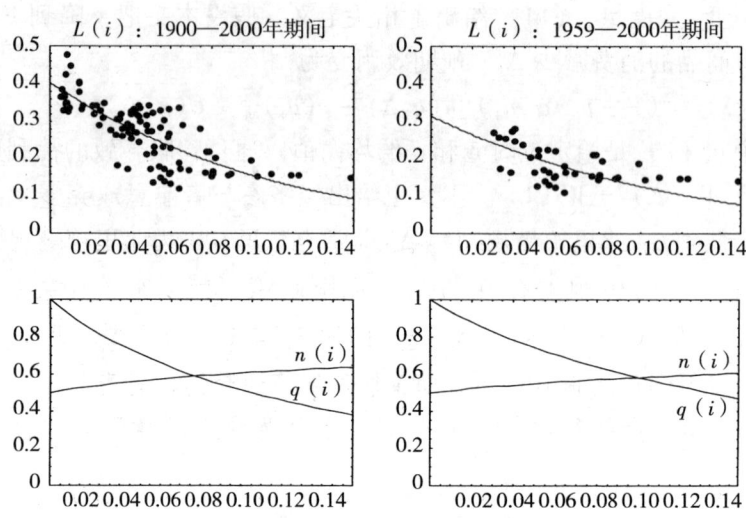

图1 竞争搜寻均衡中 q 和 n 的稳健性和均衡值

正如图1所展示的，两个样本中暗含的参数都表明增加通货膨胀会降低 q 增加 n。为了看得更清楚，本文通过图2中的 Q 和 N 来说明等式（35）和（39）。随着 i 的增加，Q 左移，N 上移；黑色的曲线代表 i = 0.03，灰色的曲线代表 i = 0.13。总的来说，在任何一种情况下，本文可以看到竞争搜寻均衡因通货膨胀产生的福利成本，和之前文献的结论是相当一致的，包括 Lucas（2000）。这是有趣的，因为它表明，如果一个人愿意选择某种机制的话，引入交易摩擦并不会增加通货膨胀的成本。

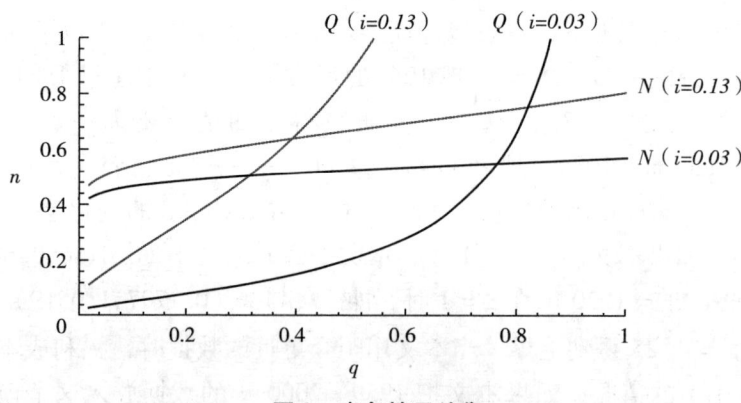

图2 竞争搜寻均衡

4.2 搜寻均衡

本文现在说明搜寻均衡。作为基准，本文考虑一个对称的议价，$\theta = 1/2$，将数据代入模型，得到 $(a,A) = (0.2450, 0.8942)$。对于这些参数，10% 的通货膨胀得到 $\overline{\Delta}_1 = 3.10$，$\overline{\Delta}_F = 3.77$。这个结果大于大部分研究的结果，也大于本文在竞争搜寻模型下的结果，但是与 Lagos 和 Wright (2005) 的结果相似（这也是一个议价模型，但是没有广延边际效应）。如果本文再用 1959—2000 年的数据运行一遍，结果也没有改变多少：$(a,A) = (0.4064, 1.4671)$，$\overline{\Delta}_1 = 3.02$，$\overline{\Delta}_F = 3.82$。在图 3 中，本文说明 q 和 n 的均衡值是 i 的函数。同样，左边的图代表了整个样本 1900—2000 年，右边的图代表了短的样本 1959—2000 年。

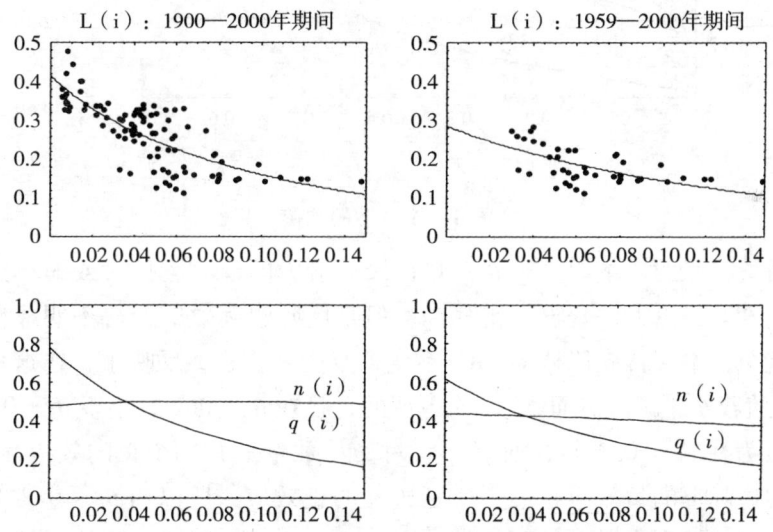

图 3　竞争搜寻均衡中 q 和 n 的稳健性和均衡值

为了解释模型的不同，首先注意到在议价模型下有货币需求的套牢问题。第二点，当经济参与者决定成为卖方的时候，他们不能使他们的决定对市场组成以及交易频率的影响内在化，这两种摩擦增加了通货膨胀的成本。有趣的是，n 对于 i 是非单调的。这反映了通货膨胀对经济参与者成为卖方的刺激有两点作用。第一点，通货膨胀增加了持有货币的的机会成

本，这点会伤害买方。第二点，通货膨胀降低了 q，这点影响到买方和卖方的匹配剩余。买方在均衡时候的份额是

$$\frac{\theta u'(q)}{\theta u'(q) + (1-\theta) c'(q)}$$

它对 q 递减。因此，随着 i 的增加，q 减少，买方从交易中获得更大的收益。当 i 比较小时，第一个效应起主导；当 i 比较大的时候，第二个效应起主导作用。为了解释这两种效应，本文通过图 4 的曲线 Q，N 来表示（20）（21）。

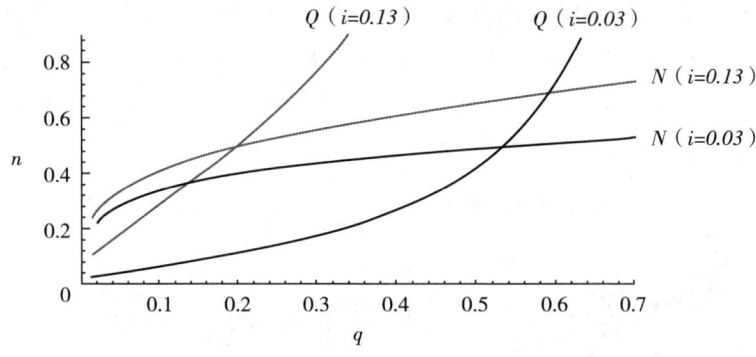

图 4　议价下的均衡

通货膨胀的成本取决于 θ，并且议价能力的改变会扩大或缩小这种效应。当 θ 变得更大，套牢问题减轻，但是广延边际效应变得不明显。为了研究这个，本文首先保持 (a, A) 不变，改变 θ。表 1 反映了，在这种情况下 $\overline{\Delta}_F$ 随着 θ 递减，然而 Δ_1 是非单调的，且在 $\theta = 0.2$ 时小于 $\theta = 0.5$ 时。这是因为在 $\theta = 0.2$ 时，通货膨胀对交易数量上有一个正的效应。但是，在集约边际上的负效应超过了广延边际的正效应，所以当 $\theta = 0.2$ 时，通货膨胀对于福利来说还是不好的。当 $\theta = 0.8$ 时，广延边际的正效应超出了集约边际的负效应，所以任意对弗里德曼规则的小的偏离对福利来说都是有利的（见图 5）。这个现象的原因是当 θ 比较大时，滞留问题不严重。如果一个模型中通货膨胀是有益的，这是非常有趣的，因为这说明弗里德

曼规则在货币经济中是稳健的。[①]

表 1   均衡与福利

θ	0.2	0.4	0.5	0.6	0.8
Δ_1	2.78	3.21	3.10	2.95	2.83
Δ_F	4.14	4.11	3.77	3.40	2.95
$q_{1.1}$	0.07	0.17	0.20	0.21	0.16
q_F	0.63	0.74	0.78	0.83	0.92
$n_{1.1}$	0.75	0.58	0.49	0.40	0.20
n_F	0.77	0.57	0.48	0.38	0.19

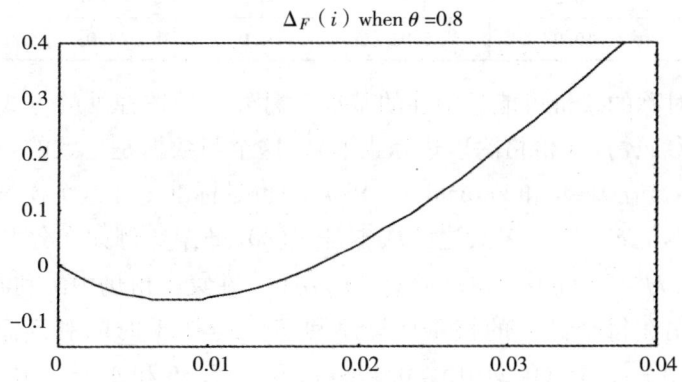

图 5   当 $\theta = 0.8$ 时的通货膨胀的福利成本

本文重复上面的计算，改变 θ 但是保持 (a, A) 不变，本文也可以对每个 θ 修正 (a, A)。如表 2 展示的，通货膨胀成本与 θ 是非单调的关系，当 θ 越偏离 1/2 时，通货膨胀成本越大。在表 2 所显示的所有案例中，弗里德曼规则是最优货币政策。另外，当 n 是外生的并且等于在弗里德曼规则时候的值时，本文也可以通过计算 Δ_F 来表现广延边际是如何发挥作用的。表 2 和表 3 的对比说明内生的 n，会在 θ 小的时候缓和通货膨胀成本，在 θ 大的时候加重成本。这个说明对于小的 θ，通货膨胀对广延边际有正效应，对大的 θ，通货膨胀对广延边际有负效应。

---

① 就像在引言中讨论的，一些通货膨胀在 Shi（1997）的模型中是好的。这个与 Rocheteau 和 Wright（2005）的文章所讲的差别很大，在后者，广延边际对卖方来说是无入场费的，本文可以证明弗里德曼规则在搜寻均衡中对于任何一种议价能力都是最优的。

表 2   均衡与福利

θ	0.2	0.4	0.5	0.6	0.8
Δ_1	7.41	4.01	3.10	2.56	4.48
Δ_F	10.14	5.06	3.77	2.99	5.44
$q_{1.1}$	0.08	0.17	0.20	0.22	0.16
q_F	0.55	0.73	0.78	0.81	0.78
$n_{1.1}$	0.71	0.58	0.49	0.39	0.10
n_F	0.76	0.57	0.48	0.38	0.18

表 3   当 n 是外生时，通货膨胀的福利成本

θ	0.2	0.4	0.5	0.6	0.8
Δ_F	10.97	5.03	3.78	3.03	3.36

尽管对称的议价可能是中性的基准，另外一种选择 θ 的方式是用它来产生一个参照物 μ（价格除以边际成本），这个与数据是一致的。本文使得 $\mu = 1.1$，这在 Basu 和 Fernald（1997）中也是标准。在这个模型中，真实的边际成本是 $c'(q)$，名义边际成本是 $c'(q) / \phi_{+1}$。例如在分散市场中的利润是 $\phi_{+1} M^b / [c'(q)q] = z(q) / [c'(q)q]$，在集中市场中的利润是 1。本文根据产出在每个部分的权重计算总利润。$\mu = 1.1$ 时的利润意味着 $\theta = 0.3$，（a，A）等于（0.21615，0.4964），$\overline{\Delta}_1 = 5.36$ 和 $\overline{\Delta}_F = 7.03$。本文必须要小心解释这些量。如果对于正的参照物有其他的原因，例如垄断竞争，大家可能不愿意在分散经济中完全用 $\mu = 1.1$ 来议价。

总结来说，议价模型中的福利成本要大于竞争模型中的福利成本。尽管更精确的数据取决于细节，但是对于大部分合理的口径 $\overline{\Delta}_1$ 都是在 3% 到 5% 之间。这个模型的主要特点是套牢问题，这在议价环境中是常见的。本文发现当买方议价能力低的时候，广延的边际效应会减少福利成本，当议价能力高的时候，广延的边际效应会增加福利成本。通常情况下，弗里德曼规则是最优政策，但是本文也发现在一些情况下并不是如此。

4.3　竞争均衡

在这个模型中，数据使得 $(a, A) = (0.0983, 1.1144)$。[①] 10% 的通货膨胀意味着 $\overline{\Delta}_1 = 1.54$ 并且 $\overline{\Delta}_F = 1.65$，这小于本文在议价模型下的结果，但是仍然大于文献中的结果。在竞争均衡模型中，货币停滞问题消失了（$q_F = 1$），这比起搜寻模型来说降低了通货膨胀成本。然而，市场出清价格不能使广延边际的效应内化，因为 $n_F = 0.45 < 0.5 = n^*$。这个无效性解释了相对高的通货膨胀成本。

在这个例子中，如果本文用 1959—2000 年的数据，最好的结果是令 $a \approx 0$。当本文令 a 大于 0.01 时，本文得到 $(a, A) = (0.01, 0.2478)$，$\overline{\Delta}_1 = 0.82$。同样，观测到的通货膨胀成本在最近的数据中更加低。对于这些参数值，偏离弗里德曼规则是最优的，当 $i \approx 0.01$ 时，福利最大。为了解释这个结果，本文选取 $n_F = 0.9$。i 在弗里德曼规则上的增加，降低了 n，增加了交易的数量和福利。当这个结果对口径是敏感的，最优政策 $i > 0$ 可以从看似不可能的参数中得到，这个结果是有趣的。

通常，竞争均衡的结果是对参数选择敏感的。[②] 如果本文保持 (A, a) 不变，但是增加 δ，本文发现对所有 δ 大于 1.13，对弗里德曼规则的偏离都会增加福利。对于这些参数，$n_F > 0.5$，对弗里德曼规则的偏离导致 n 更接近 n^*。因为在弗里德曼规则中 $q = q^*$，q 的微小改变只有二阶效应，并且 n 的正福利效应起主要作用。因此，如果 δ 足够大（大于 1.3），对弗里德曼规则的偏离也会对产出有正面效果。有趣的是，一些经验数据表明，低通胀环境下的通货膨胀有正产出效应（Bullard 和 Keating 1995）。

总的来说，在竞争均衡模型中，通货膨胀的福利成本是对参数敏感的，但是在本文的基准校对中，它比文献中的要大，这是因为卖方和买方是内生的。它比议价模型下要小，因为在货币需求问题上没有套牢问题。

---

① 这个模型更难适应货币需求数据。如果本文除去 1981 年的观测值，这个模型就更加适用。

② 例如，如果 $\delta = 1.2$，本文得到 $(a, A) = (0.3915, 1.8643)$，且 $\overline{\Delta}_F = 3.96$。如果 $\delta = 1.5$，本文得到 $(a, A) = (0.6496, 2.0866)$，且 $\overline{\Delta}_F = 9.12$。这个是因为在这个机制下结果是对参数值很敏感的。

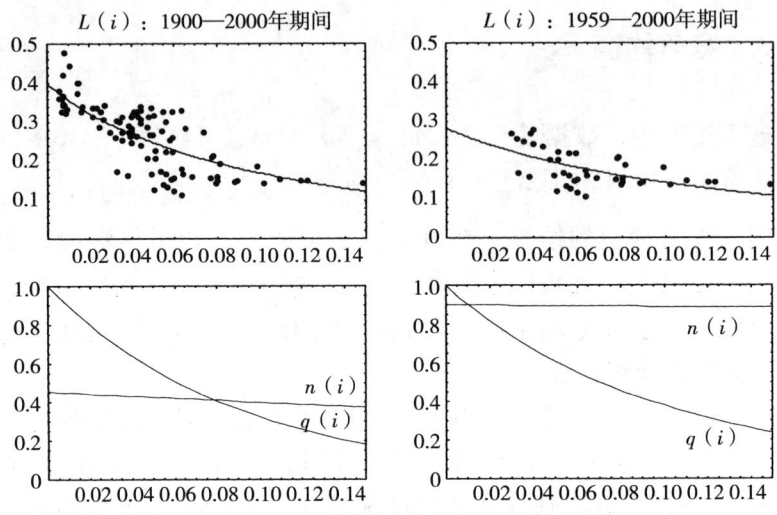

图 6　竞争均衡模型中 q 和 n 的稳健数量和均衡值

在一些情况下，对弗里德曼规则的偏离可以增加福利，如果它碰巧可以增加交易者的数量，它也可以在温和的通货膨胀率的情况下增加产出。[①]

5. 结论

　　本文分析了不同交易摩擦模型中的通货膨胀：议价、价格接受和价格宣布。用来交换货币的产出量和交易频率都是内生的，这可以让本文区分通货膨胀在集约边际和广延边际的作用。本文修正参数来匹配一些简单的观测值，并且计算在不同情况下通货膨胀的成本。

　　本文主要观点如下：首先，议价下的通货膨胀成本更大：假设对称、通货膨胀减少 10%、消费减少 3%，这是由于货币需求的套牢问题，详见

---

　　① 本文通过把时间长度设置为一个月来检验本文的结果。即本文不用月度数据，而是把数据和模型变形为月度等价。考虑到这些，本文通过用一个更加通用的公式 $\alpha(n) = \mu n$ 来表示交易摩擦，因为当时间间隔更加短，$\alpha(n) < 1$ 变得更有意义甚至在 n＝1 这一点。在任何情况下，这个结果都不会发生实质上的改变。例如，在竞争搜寻均衡模型中，$\overline{\Delta}_F = 1.23$，几乎和年化模型是一致的，在搜寻均衡模型中设 $\theta = 0.5$，这意味着 $\overline{\Delta}_F = 2.93$，只比年化模型的值小一点点。

Lagos 和 Wright（2005）。这个问题在价格接受或者价格宣布的情况下是不存在的。在价格宣布的情况下，通货膨胀成本仍然可以很大，但是由于不同的原因，交易的频率通常是无效率的，通货膨胀可以让这个变得更加糟糕。由参数值决定的通货膨胀可以增加交易的频率，在这种情况下偏离弗里德曼规则可能是最优的。在价格宣布的情况下，通货膨胀成本是接近之前的估计的——大约 1%。

一些扩展是值得探讨的。首先，本文通过允许经济参与者选择成为买方或者卖方来内化交易频率。这个模型的选择主要是为了使得校正更加容易。本文需要做更多的工作来发现这个结果，与描述广延边际的模型不同，此处方法包括内生搜寻强度。引用其他文献来观察他们是如何看待本文模型的影响是很有趣的。当然，为了找到适合数据的模型，本文还有很长的路要走；为了便于比较，本文使用了 Lucas（2000）的方法，但这只是第一步。最后，本文只研究了均衡时买方持有的货币的分布是分散的经济情况。当考虑到没有这种性质的模型时，通货膨胀成本是会改变的，例如 Molico（2006）。未来的工作将会探讨这些拓展。

致谢

感谢麻省理工大学、芝加哥大学、明尼苏达州大学、西北大学和宾夕法尼亚大学的研讨班参与者。本文也感谢 BorganAruoba，James Bullard，Paul Chen，Miguel Faig，Ricardo Lagos 以及 Shouyong Shi 的投入。本文非常感谢克利夫兰的美联储中央银行研究院对本文研究的支持。Wright 博士感谢国家科学基金，Rocheteau 博士感谢澳大利亚国立大学经济与商贸部对他们的支持。

参考文献

Acemoglu，D.，and R. Shimer. 1999. Holds and Efficiency with Search Frictions. *International Economic Review* 40：827 – 49.

Basu, S., and J. Fernald. 1997. Returns to Scale in U. S. Production: Estimates and Implications. *Journal of Political Economy* 105: 249 – 83.

Berentsen, A. 2002. On the Distribution of Money Holdings in a Random – Matching Model. *International Economic Review*43: 945 – 54.

Berentsen, A. and G. Rocheteau. 2003. On the Friedman Rule in Search Models with Divisible Money. *Contributions to Macroeconomics* 3.
www. bepress. com/bejm/contributions/vol3/iss1/art11.

Berentsen, A. and G. Rocheteau, and S. Shi. 2006. Friedman Meets Hosios: Efficiency in Search Models of Money. Forthcoming, *Economic Journal.*

Bullard, J., and J. Keating. 1995. The Long – Run Relationship between Inflation and Output in Postwar Economies. *Journal of Monetary Economics* 36: 477 – 96.

Cooley, T., and G. Hansen. 1989. The Inflation Tax in a Real Business Cycle Model. *American Economic Review* 79: 733 – 48.

Cooley, T., and G. Hansen. 1991. The Welfare Costs of Moderate Inflations. *Journal of Money, Credit, and Banking* 23: 483 – 503.

Curtis, E., and R. Wright. 2004. Price Setting and Price Dispersion in a Monetary Economics 51 (8): 1599 – 1621.

Faig, M., and X. Huangfu. 2006. Competitive Search Equilibrium in Monetary Economies. Forthcoming, *Journal of Economic Studies* 57: 279 – 98.

Hosios, A. 1990. On the Efficiency of Matching and Related Models of Search and Unemployment. *Review of Economic Review* 83: 63 – 77.

Kiyotaki, N., and R. Wright. 1991. A Contribution to the Pure Theory of Money. *Journal of Economic Theory* 53: 215 – 35.

Kiyotaki, N., and R. Wright. 1993. A Search – Theoretic Approach to Monetary Economics. *American Economic Review* 83: 63 – 77.

Kocherlakota, N. 1998. Money is Memory. *Journal of Economic Theory* 81: 232 – 51.

Lagos, R., and G. Rocheteau. 2005. Inflation, Output and Welfare. *International Economic Review* 46: 495 – 522.

Lagos, R., and R. Wright. 2005. A Unified Framework for Monetary Theory and PolicyAnaysis. *Journal of Political Economy* 113: 463 – 84.

Li, V. 1995. The Optimal Taxation of Fiat Money in Search Equilibrium. *International Economic Review* 36: 927 – 42.

Li, V. 1997. The Efficiency of Monetary Exchange in Search Equilibrium. *Journal of Money, Credit, and Banking* 29: 61 – 72.

Lucas, R. 2000. Inflation and Welfare. *Econometrica* 68: 247 – 74.

Lucas, R., and E. Prescott. 1974. Equilibrium Search and Unemployment. *Journal of Economic Theory* 7: 188 – 209.

Moen, E. 1997. Competitive Search Equilibrium. *Journal of Political Economy* 105: 385 – 411.

Molico, M. 2006. The Distribution of Money and Prices in Search Equilibrium. Forthcoming, *International Economic Review.*

Mortensen, D., and R. Wright. 2002. Competitive Pricing and Efficiency in Search Equilibrium. *Inthernational Economic Review* 43: 1 – 20.

Pissarides, C. 2000. Equilibrium Unemployment Theory. 2nd ed. Cambridge, MA: MIT Press.

Rocheteau, G. 2000. La quantité de monnaie dans un modèle avec appariements aléatoires [Inventories, Money Holdings and the Optimal Quantity of Money in a Search Economy] . *Annales d' economie et statistique* 58: 101 – 42.

Rocheteau, G. And R. Wright. 2005. Money in Search Equilibrium, in Competitive Equilibrium and in Competitive Search Equilibrium. *Econometrica* 73: 175 – 202.

Rogerson, R. 1998. Indivisible Labor, Lotteries and Equilibrium. *Journal of Monetary Economics* 21: 3 – 16.

Shi, S. 1995. Money and Prices: A model of Searching and Bargaining. *Journal of Economic Theory* 67: 467 – 96.

Shi, S. 1997. A Divisible Search Model ofFiat Money. *Econometrica* 65: 75 – 102.

Shimer, R. 1996. Contracts in Frictional Labor Market. Unpublished manuscript.

Townsend, R. 1980. Models of Money with Spatially Separated Agents. In

Models of Monetary Economies, edited by John Kareken and Neil Wallace, 265 – 303. Minneapolis: Federal Reserve Bank of Minneapolis.

Trejos, A. , and R. Wright. 1995. Search, Bargaining, Money, and Prices. *Journal of Political Economy* 103: 118 – 41.

Wallace, N. 1980. The Overlapping Generations Model of Fiat Money. In *Models of Monetary Economies*, edited by John Kareken and Neil Wallace, 49 – 82. Minneapolis: Federal Reserve Bank of Minneapolis.

Wallace, N. 2001. Whither Monetary Economics? *International Economic Review* 42: 847 – 69.

Williamson, Steve. 2006. Search, Limited Participation, and Monetary Policy. Forthcoming, *International Economic Review.*

评　论

James Bullard

1. Lucas 传统框架

Rocheteau 和 Wright 杰出的文章在通货膨胀的福利成本领域作出了极大贡献。作者运用了搜寻理论方法来研究货币经济，强调了周期性的集中市场和分散市场。集中市场并不需要货币，但是经济参与者希望持有货币来促进分散市场的交换。这类模型都是以程式化的抽象和强调单纯理论发现而著称。然而，在这篇文章里，作者试图在替代价格形成机制下，使用数量理论来评估通货膨胀的福利成本。[①]

作者通过使用 Robert Lucas 在他 2000 年发表在《计量经济学》上的文章"通货膨胀与福利"中的方法，取得了进一步的进展。这个模型是高度程序化的，但是 Lucas 可以使用 20 世纪的有效数据来校正模型的隐含货币需求，然后计算主要参数校正值的通货膨胀福利成本。事实上，Rocheteau 和 Wright 用同样的方式，通过使用几乎相同的数据和相同的时间段定义，该时间段是一年，让分析完全与 Lucas 的可比。

但是 Lucas 与 Rocheteau 和 Wright 的文章有重要的不同：Lucas 通过把货币作为效用方程中的一项来降低对货币的需求，[②] 而 Rocheteau 和 Wright 通过把摩擦引入交易环境中来减少对货币的需要。Lucas 可能是在这群经济学家中最杰出的，这些经济学家都相信把货币加入到效用方程是最好的方法，即在评估一个相对低稳态率对于一个相对高稳态率的通货膨胀的优

---

① 通货膨胀的福利成本的数量评估方法已经被一些紧密相关的文章所用，例如 Lagos 和 Wright（2005）

② 参见 Lucas（2000，第三段）。

点时，不会造成太多的成本。这个团队大概包括大部分现在在做 Woodford's（2003）版本的货币政策分析的经济学家。在该版本中，如果货币确实在模型中，货币是在效用方程中的。Rocheteau 和 Wright 想要知道是否对货币提供精确的微观基础会暴露传统论断的缺点，并且想知道当通过模型来分析均衡关系时，以货币需求作为联系的方式，是否会导致非常不同的居民福利。

Rocheteau 和 Wright 可以使用精确的微观数据找到合适的模型，这个模型与 Lucas 的相比有不同的政策建议。这是因为，在精确微观数据方面，Rocheteau 和 Wright 有点偏航。很多模型都可以做出解释，有些还可能对通货膨胀的成本有重要的数量上的启示。作者在这篇文章中用了不只一种模型，找到这些模型并不简单。其实 Lucas 对造成市场摩擦的解释有些牵强，所以留给本文很多可以改进的地方。当然，还有很多可能的模型。这篇文章最终给出了这些摩擦的微观基础，这些摩擦是为了区别在分散市场中谁提供了最有说服力的定价和交易理论。我不会停滞于这一点，因为任何引入的摩擦都需要有一定的吸引力。分析的意义可能更是如此：确实有摩擦吗？即使有些模型不能经过数据检验，这是否可以撼动 Lucas 的论断？

2. 说明主要的发现

因为在现实中没有直接的证据可以反映分散市场的定价和交易，至少没有那么直接地反映，所以作者检验了各种机制下的结果。文章的核心是说明这些机制的本质是如何影响主要政策因素的，这些机制是从最近相关货币市场和劳动经济的搜寻理论文献中选取的。首先是标准，双边议价产生了作者所说的搜寻均衡。其次是瓦尔拉斯价格内生，产生了作者所说的竞争均衡。最后的价格宣布，产生了作者所说的竞争搜寻均衡。比起竞争均衡，竞争搜寻均衡与 Lucas 的分析更加可比。因此，为了简化讨论，我会主要讲两到三种情况——即搜寻均衡和竞争搜寻均衡，即议价和直接搜寻下的价格宣布。

这篇文章的创新不仅仅在于机制的多样性。作者还内生了市场参与者的组成，因此通货膨胀影响了交易的频率、广延边际、每笔交易的平均交换量以及集约边际。这个意味着通货膨胀有两种方式来影响微观产出，确实，理解这篇文章的一个简单的方法就是考虑"机制—边际"。在搜寻模型中，沿着两条边际线的交易都是无效的，并且这两种无效都会被通货膨胀夸大。在竞争搜寻模型中，低（弗里德曼规则）通货膨胀沿着两条边际线都是有效的，并且只有当通货膨胀增加时无效性才会上升。后者更像是Lucas 分析，事情上作者发现对于这种机制，对比 10% 和 0 的通货膨胀，消费等价的福利成本大约是 1%。10% 的通货膨胀导致 1% 的福利成本，这与 Lucas 的论断是一致的。这篇文章的主要贡献是竞争均衡。在议价机制下，减少 10% 的通货膨胀会导致 4% 消费等价的福利增加，详见 Lagos 和 Wright（2005）。

一个可能的结论是在价格宣布、直接搜寻的机制下，Lucas（2000）的含货币的效用方程近似法是无效的。作者已经找到了一个机制可以使 Lucas 传统微观假设变得合理。再者，这个机制避免了套牢问题，套牢问题一般是搜寻均衡中导致大量福利成本的重要环节，因此，这个机制更加合理。

但是我认为，一个不同的并且更好的场景是"纯货币需求"通货膨胀的福利成本可能比同行想象的更大。这种场景更加注重搜寻均衡中的发现，并且从作者角度可以更好理解这种现象。我对文章中图 1、图 3、图 6 印象深刻，并且将他们与 Lucas（2000，251）的图 2、图 3 对比，这两篇文章中的图相当不同。考虑到 Lucas 的拓展讨论，在需求曲线下作为对通货膨胀的福利成本的合理近似——最开始是 Bailey（1956）做出的——本文通常认为 Rocheteau 和 Wright 会得到和 Lucas 相似的结论。但是情况不是这样的，至少在一些例子中不是这样。在这些例子中需求曲线下的区域不是完全近似。[①] 本文告诉我们，我们可以从模型中学习到很多，这些模型看重微观基础，并且传统的关于这些问题的看法可能被极大地误解了。

这不是讨论通货膨胀福利成本的第一篇文章。有趣的是较大的成本来源是摩擦，这些摩擦导致了经济参与者在交换中重视货币。其他福利成本文章经常引入新的问题。例如，在内生模型中，通货膨胀率可能是影响长期产出增长率的主要因素，因此永久的高通货膨胀率导致永久的低产出

---

① Craig 和 Rocheteau（2005）更加详细地分析了 Bailey's（1956）的近似方法和相关的文章与发现。

率，导致大的福利成本。或者税收系统，尤其是资本税，可能与通货膨胀联系，导致通货膨胀的改变影响真实税率，导致实质上的福利成本。[1] 这些都是完全有根据的，甚至是决定性的问题，但是它们与通货膨胀福利成本的纯货币需求组成分离。

参考文献

Bailey，M. 1956. The Welfare Cost of Inflationary Finance. *Journal of Political Eocnomy* 64：93 – 110.

Bullard，J.，and S. Russell. 2004. How Costly Is Sustained Low Inflation for the U. S. Economy? *Federal Reserve Bank of St. Louis Review* 86（3）：35 –67.

Craig，B.，and G. Rocheteau. 2005. State – Dependent Pricing，Inflation and Welfare in Search Economices. Working Paper No. 05 – 04，Federal Reserve Bank of Cleveland. www. clevelandfed. org/research/workpaper/2005/wp0504. pdf.

Lagos，R.，and R. Wright. 2005. A United Framework for Monetary Theory and Policy Analysis. *Journal of Political Economy* 113（3）：463 –84.

Lucas，R. 2000. Inflation and Welfare. *Econometrica* 68：247 –74.

Woodford，M. 2003. *Interest and Prices*. Princeton，NJ：Princeton University Press.

---

[1] 我认为这是主要问题。详见 Bullard 和 Russell（2004）。

评 论

Shouyong Shi

通货膨胀的福利成本问题长久以来就是学术研究和公开辩论的重要话题。货币经济的长期传承，Guillaume 和 Rocheteau 以及 Randall Wright 对货币需求进行建模，并重新评估了通货膨胀成本。通常的建模过程都是参照 Lucas（2000）的过程。首先，他们通过尝试利用美国数据的周转率来确定模型的参数。然后，他们用稳态消费量的比例来衡量通货膨胀的福利成本，这是经济参与者为了永久降低通货膨胀而愿意放弃的。这篇论文和 Lucas 的论文最大不同是使用了新的模型。Lucas 用的是现金先行的模型和含货币的效用方程；Rocheteau 和 Wright 用的是新发展的货币搜寻模型。

模型的基本结构如下：有两个不同时间段暂时分开的市场。集中市场在白天开市，分散经济的市场在夜间开市。在白天市场，交易信息是集中的，并且没有交易摩擦，货币在这里原则上是不需要的。尽管如此，一些经济参与者依然会卖商品来获取货币，这是因为他们在夜间的市场需要货币。在夜间市场，经济参与者是匿名的，以物易物的交易困难，所以货币在交易中起到非常重要的作用。Rocheteau 和 Wright 提出了三种不同类型的均衡，或者说三种不同的分散市场结构。第一种是搜寻均衡，在这个市场中经济参与者是随机配对的，并且在交易数量上可以讨价还价。第二种是竞争均衡，在这个市场中，经济参与者视价格给定，市场出清。第三种是竞争搜寻（直接）均衡，其中买方可以创造子市场，宣布交易的数量，让卖方竞争。

在总结和评论这篇文章的主要结论之前，让本文先谈谈这篇文章中的货币的微观基础。为什么这个微观基础在评价通货膨胀的成本方面如此重要？这个问题的答案可能很简单，因为如果一开始不能回答货币为什么起到重要作用，就很难知道模型产生的数字的意义。

这篇文章的另一个重要贡献是，它给予搜寻模型的数量性质方面更多的关注。到目前为止，在这方面的研究都是理论上为主。一些修正这个模型的尝试都没有得到很多的关注（Shi 1998；Wang 和 Shi 2001）。为了开拓这片领域，还有更多的工作需要做。

现在，我们来看看这篇文章的主要观点。这篇文章有三个主要结论：

1. 在搜寻模型和竞争模型中，超过弗里德曼规则的通货膨胀都是可以改善福利的，但是在竞争搜寻模型中，这点不成立。

2. 增加的通货膨胀到零以上导致的福利成本，在搜寻模型中是最高的，在竞争搜寻模型中是最低的，在竞争模型中是处于中间。

3. 搜寻模型中的通货膨胀的福利成本比传统货币模型中的更大。经济参与者为了使稳态的年化通货膨胀率从10%降到0，愿意放弃3%的消费。对比来看，Lucas（2000）的数据是1%。

结论3是非常有趣的，它说明一个严格的货币模型可以与一个临时的模型产生相当不同的数量结果。结论3这个相当大的通货膨胀福利成本是来源于交易的套牢问题。尤其是，买方过去通过生产商品来获得货币，但是卖方现在会忽略买方过去的投资，而想要从买方那里得到更多的剩余。在均衡时，货币的价值很低，交易的商品数量也是不足的。通货膨胀通过让货币的价值在不同期之间衰减得更加快，从而夸大了套牢问题。

对比之下，结论1和2就不那么惊人了。我们都知道，弗里德曼规则在搜寻结构下是次优的，因为搜寻的外部经济效果不能内在化。从劳动搜寻文献中可知，直接搜寻（或者竞争搜寻）可以内在化搜寻过程，根据Hosios（1990）规则，内生地分割两个市场的匹配剩余。因此，在直接搜寻环境中，弗里德曼规则是最优的。

我有一些问题或者说是建议。

首先，在通货膨胀成本的测量方面有一些模棱两可。正如 Lucas（2000）做的，Rocheteau 和 Wright 把通货膨胀的福利成本用经济参与者愿意放弃的稳态消费的百分比来表示。在 Lucas 的模型中，商品是同质的。然而，在最近的文章中，有两种商品，白天市场的商品和夜间市场的商品。Rocheteau 和 Wright 选择用两种商品的统一减少的消费来衡量成本。这个统一的补偿制度是值得质疑的。因为这两种商品有不同的边际效用，一种商品一定量的减少与另一种商品的减少是不一样的。

为了说明这一点，考虑一个替代的制度，这个制度只降低一种商品的消费换取通货膨胀的降低。考虑通货膨胀从 10% 降低到 0，并且设置参数同搜寻均衡相同。如果通货膨胀只通过白天的商品弥补，经济参与者愿意放弃 3.7% 的消费。这与统一补偿制度下的 3% 是相似的。然而，如果通货膨胀只通过夜间的商品消费来补偿，那么需要 21.7% 的消费。这么大的差距是因为夜间商品的边际效用低于白天商品的边际效用。所以，用哪个数字来表示通货膨胀的福利成本都是不确定的。

其次，在分散市场中数量结果可能对匹配的频率很敏感。作者把经济参与者在夜间市场的交易频率设为每个时间段最多一次。如果把时间段设为一年，这个频率明显太低。尽管可以通过重新解释时间段来使得这个频率合理，但是其他的参数也需要同时调整。自相矛盾的是，作者声称结果是对时间长度稳健的，这个声称与直观矛盾。如果经济参与者可以非常快地与其他人匹配，那么搜寻摩擦机会几乎微不足道。如果这样，那么结论 3 是否还如作者说的那么重要呢。

为了研究结果对匹配频率的敏感度，本文做以下的计算。k 表示一年中的时间段数，所以 $1/k$ 代表时间长度。使用文章中的匹配技术，假设经济参与者每个时间段至多匹配一次。令两个相邻期的折现因子 $\beta = 1.03^{1/k}$，所以年化的折现因子等于 1.03——文章中所用。令货币的周转率为 5，这大致等于数据显示的。那么，一期的周转率就是 $5/k$。仍然适用文章中的参数 $a = 0.2450, \delta = 1.1, \theta = 0.5$。对于每个给定的 k，本文计算这个模型预测的周转率，并且把它与文章中的 $5/k$ 比较。模型预测的周转率是

$$n(k) + \frac{A(k)}{z(k)[1 - n(k)]}$$

这里，$n(k)$ 是市场中卖方的比例，$z(k)$ 是货币的价值（暗处）。这两个都是内生变量，由 k 来决定。为了演示这个匹配，选择一期中的名义利率，$i^*(k) = 1.042^{1/k} - 1$，这个是真实的利率 4.2%。对于利率 $i^*(k)$，计算 $n(k)$ 和 $z(k)$，并且对周转率的预测等于 $5/k$，这个过程参数 A 等于

$$A(k) = [1 - n(k)]z(k)\left[\frac{5}{k} - n(k)\right]$$

这个识别的方法近似文章中的。为了看到这两种方法有多么接近，令 k = 1，这个方法 A（1）= 0.895，文章中的方法 A = 0.8942。

对于每个选择的 k，本文可以得到 A（k），并且计算均衡。令 Δ_1 是经济参与者为了使通货膨胀率从 10% 降低到 0，而愿意放弃的统一消费，即从每时间段 $(1.1)^{1/k} - 1$ 到 0。令 Δ_F 是年化的通货膨胀率从 10% 降低到弗里德曼规则进行的相似的补偿。下表给出了通货膨胀的福利成本：

k	1	3	6
Δ_1（百分比）	3.2	0.7	0.3
Δ_F（百分比）	3.9	0.8	0.3

当 $k = 1$ 时，这个结果和 Rocheteau 和 Wright 得到的基本一致。现在把 k 从 1 增加到 3，福利成本迅速从 3% 降低到 1%。当 $k = 6$ 时，福利成本大概等于 0.3%，这个比文章中的结果小 10 倍，我认为经济参与者在一年内进行 6 次配对是合理的。这样看来，作者全面高估了通货膨胀的福利成本。

本文应该把这个敏感性测验看作坏的结果吗？可能不是。这个敏感性测验反映了通货膨胀的福利成本在相当大程度上取决于交易摩擦。这个结果本文应该从有货币微观基础经验的分析中预测到。

我们可以从这个分析中学习到什么？最重要的可能是市场结构对评估通货膨胀的福利成本很重要，同样的交易摩擦在一些市场可以比在另外一些市场导致更多的无效性。另外本文可以学到，在解决市场结构的无效性问题上，货币政策本身是有限的，我们应该考虑到其他类型的政策。这就带给本文另外一个问题，经济参与者如何选择市场结构。我们需要做更多的研究来回答这个问题。

参考文献

Hosios，A. J. 1990. On the Efficiency of Matching and Related Models of Search and Unemployment. *Review of Economic Studies* 57（2）：247 – 74.

Lucas，R. E.，Jr. 2000. Inflation and Welfare. *Econometrica* 68（2）：247 – 74.

Shi，S. 1998. Search for Monetary Propagation Mechanism. *Journal of Economic Theory* 81（2）：314 – 52.

Wang，W.，and S. Shi. 2001. The Variability of Velocity of Money in a Search Model. Forthcoming，*Journal of Monetary Economics*.

第 5 章　好通缩 VS 坏通缩：金本位时期带来的教训

Michael D. Bordo，John Landon–Lane，and Angela Redish

1. 引言

2003 年 5 月，美国联邦公开市场委员会在会上表达了对"通货紧缩引发美国风险平衡转移"的担忧；国际货币基金组织（IMF）在一份关于通货紧缩的报告（2002）中也提出了类似的顾虑，这份报告的内容主要涉及欧洲，尤其是德国和瑞士两国，因通货紧缩所面临的风险；而中国与日本也经历了物价下跌，这更进一步激发了人们对通货紧缩的新兴趣。本文基于历史视角对事件进行研究，主要讨论 19 世纪末期的通货紧缩，当时世界上绝大部分国家采用古典金本位制度。1880—1914 年，持续二十年的通货紧缩之后再接连二十年的通货膨胀成为了这一时期的标志性事件。

1914 年前夕物价变化的轨迹与近期对通货紧缩卷土重来的担忧息息相关。当年的四个因素与当下的情形类似：第一，通货紧缩保持着较低水平（大部分国家在 1% 到 3% 之间）；第二，生产力迅速提升；第三，实体经济不断增长；第四，物价水平盯住了一个可靠的名义锚——即可自由兑换黄金。通货紧缩一度臭名昭著，这或许是 20 世纪 30 年代通货紧缩与萧条相互作用的结果，一些人认为，通货紧缩总是与萧条形影相随。与之相反的是，货币理论的一项基本原则——弗里德曼定律——（即使完全在意料之中）通货紧缩是最优货币政策的结果。从表面上看，19 世纪末期提供的证据具有两面性：一方面，1870—1896 年，许多国家经济增长的同时伴随着温和的通缩；然而另一方面，在 1896 年之后的通货膨胀时期内，这些国家经济增长的速度明显有所提高。

我们首先对好的与不好的通缩作出区分。（通常由技术进步引发）总供给增速大于总需求增速所导致的物价下跌为好的通缩，而由总需求下跌超过任何总供给扩张所引发的物价下跌为不好的通缩，例如，长期非中性负面货币冲击会引发"不好"的通货紧缩。大萧条 1929—1933 年和 1919—1921 年的经济衰退都是如此，或许这也是引发日本现状的原因。①当然也存在第三种可能性：通货紧缩中的古典情形——例如，当货币政策保持中性时，由负面货币冲击造成通缩的影响也是中性的。②

本文主要研究了 1880—1913 年美国、英国和德国物价水平与经济增长。三国均实行国际金本位制度，在这一体系下，世界物价水平由货币黄金的供求关系决定，成员国需要维持国内货币与黄金的固定兑换比例。这意味着国内的物价水平在很大程度上会受到国际（外生）力量的影响。

接下来，我们通过 Blanchard – Quah 方法定义了供给冲击，包括货币供给冲击与非货币需求冲击。我们以冲击对产出及物价的长期影响为标准，界定不同的冲击，随后对冲击施加长期约束，然后利用历史分解法来检测各冲击对产出和物价水平的影响，进而识别冲击效果。③ 我们得出了三组实证结果：首先是对样本国从 1880—1893 年的面板数据估计结果；其次是对样本在通缩时期（1880—1896 年）的面板数据估计结果；最后，将黄金供给冲击作为模型中的一个外生变量，对整个时期进行面板数据分析。通过对比前两组结果，我们可以对通胀时期与通缩时期的对称性进行探讨，而通过第三组结果，我们可以将由黄金供给冲击与中介冲击引发的货币供给冲击区分开来。

本文首先对数据与历史环境进行了简要描述，然后我们讨论了所采用的实证研究方法，接下来的三部分展示了实证分析，最后一部分对结果及其含义、局限性进行了讨论。

---

① 对这种非中性的传统解释是名义刚性。最近，人们认为资产负债表效应也在当中发挥了重要的作用（Bernanke 1983）。

② 对于"好的通货紧缩"这一概念，许多人对任何偏离均衡物价的情形都是有问题的。我们可以用"良性"与"恶性"通货紧缩进行替代，或者用 Borio 和 Filardo（2003）所使用的"好的，坏的，丑陋的"来代替。这些说法指的是我们所说的产量驱动型通货紧缩，日本所经历的低通胀和停滞不前以及战争经历。

③ Bordo 和 Redish（2004）运用了类似的方法。由于篇幅限制，我们未报告货币存量和预测误差的历史分解。读者如有需要，我们可以提供，这些结果与本文中所展示的结果一致。

出于对通货紧缩时期的兴趣，我们的研究结果表明，在样本量有限的情况下，通货紧缩是由货币因素引起的，但这些货币因素未能较好解释产量的变化。产量由非货币因素决定，因此通货紧缩在本质上应当是良性或者是中性的。

2. 背景

表 1 展示了三个国家货币存量、物价（GDP 折算指数）和实际收入在 1880—1913 年的走势。我们用广义货币（M2）来衡量货币存量，用实际 GDP 来衡量实际收入，用 GDP 折算指数衡量物价水平。[1] 尽管这些指标在形式上有所不同，它们却有一些共同的变化趋势：物价水平在 1880 年至 19 世纪 90 年代中期下滑——其中美国比其他国家更为严重——随后又有所上升。同时，货币存量上涨，这一点在德国表现得尤为明显，1896 年之后，美国货币存量的增长率有所提高。19 世纪 90 年代以来，美国和英国收入水平增长速度略微加快，而德国的产出增速却较 19 世纪 70 年代前的巅峰时期有所下降。

1880—1913 年发生了无数的经济事件。技术革新十分迅猛，早期的技术变革已应用于生产之中。德国与美国的经济增长超过了英国。早期的历史学家将 1896 年之前的时期称为"大萧条"，但近期越来越多的史料将那段时间重新定义为只出现了通货紧缩而并未发生萧条（Craig 和 Fisher 2000）。尽管在那段时期里，尤其在 19 世纪 90 年代初，各国出现了非常严重的衰退，收入却有所提高。尤其值得注意的是，当时三个国家经历着相似的经济周期，这与商业周期在经济个体之间的传递有关。[2]

在货币层面上也存在着同步趋势和周期性波动，金本位制度将货币总量与黄金存量联系起来。图 2 表明，1870—1890 年，世界黄金产量相对平

---

[1] 如有需要，该数据可由作者提供。数据来源：美国由 Balke 和 Gordon（1986）提供；英国由 Mitchell（1998）提供；德国（价格）由 Sommariva 和 Tullio（1987）提供；德国（GDP）由 Mitchell（1998）提供；德国（货币由德意志联邦银行提供。真实产出以 1913 年英镑计价，GDP 平减指数是以 1913 年为基期的价格系列。

[2] 见 IMF（2002）和 Bergman，Bordo 以及 Jonung（1998）。

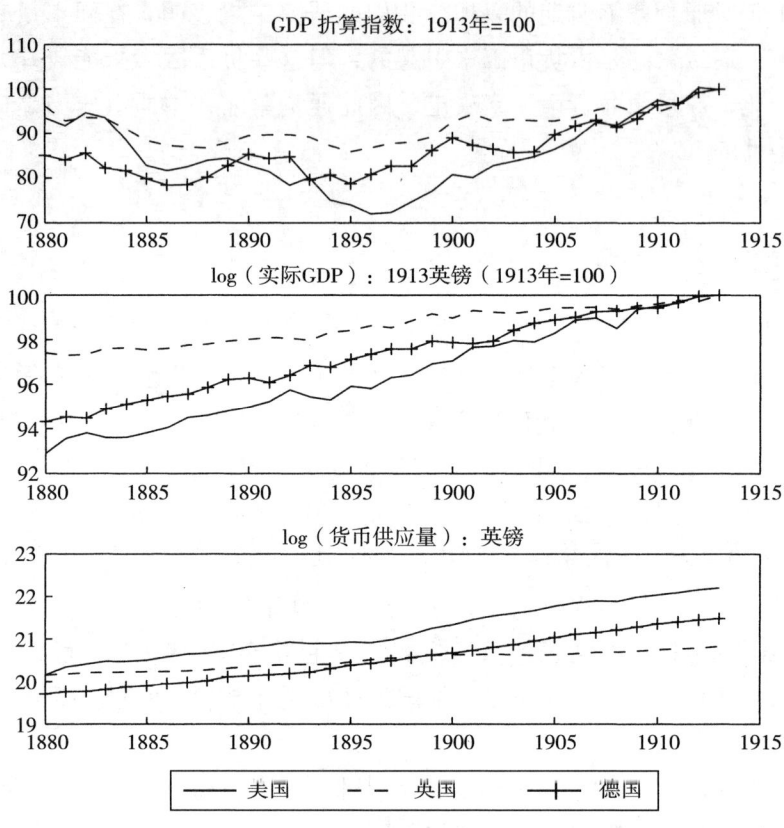

图1 核心国数据

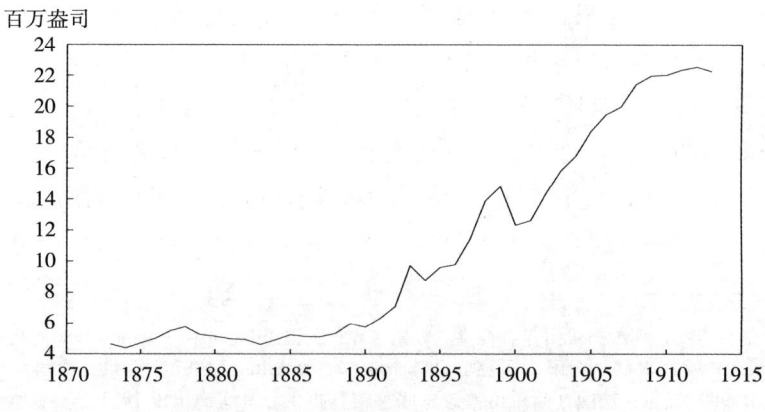

图2 黄金产量，1873—1913 年

稳且水平较低，自 1890 年起，产量开始上升。这样的增长反映出当时人们在南非、澳大利亚和北美发现了金矿。

3. 研究方法

我们的实证分析是基于金本位制度下所建立的一个有关货币供给的模型。模型的好坏取决于所涉及的时间范围的长短：是否关注超长期，长期或者商业周期频率。我们认为，在"超长期"内，黄金总量足以自发应对宏观经济变化。[①] 由于实证检验中数据跨度较短，我们不打算解释这一时期的影响，而是专注于长期与商业周期频率。

在本文中，我们将"长期"定义为购买力平价成立的时期，并建立起相应的模型，在这个模型中，世界由几个因黄金、货物与资本贸易连接起来的金本位经济体所构成。假设在每个经济体中，一国货币总量与黄金总量间存在稳定函数关系，但各国可以通过不同的方式来发挥这一关系，例如，设立（或者不设立）中央银行、存款准备金率、货币化程度以及银行系统的本质。国际物价水平由整个世界的货币需求（由经济增长速度和总收入决定）和货币供给（由黄金储备量与中介机构的派生能力所决定）决定。对单个经济体而言，国际物价水平为外生变量。我们对每个经济体设定了三种影响物价、产出以及货币总量的冲击：货币供给冲击、技术冲击与非货币需求冲击。我们将在下文在做出假设时对各冲击的含义进行说明。

我们利用产量、物价与货币供给建立起如下三因素 VAR 模型：

（1）$\Delta y_t = D_t \alpha + \sum_{j=1}^{p} B_j \Delta y_{t-j} + \varepsilon_t$

其中，$y_t =$（物价$_t$，GDP_t，M_t），D_t 是一个囊括决定性变量的矩阵，其中包含一个常数项，并且可能存在一个时间趋势。我们对数据进行了单位根检验，并通过差分来保持数据的平稳性。

---

① 例如，在 Bordo、Ellson、Dowd 和 Chappell 建立的模型中，通过对技术改良和海外探险的投资，黄金产量对于价格水平为外生变量，在 Barro 和 Rockoff 的文章中也是如此。Rockoff 认为由于黄金真实价格较为昂贵（也即物价价格水平较低），导致了 19 世纪末黄金产量不断增长。

方程（1）的潜在简化形式是一系列的结构创新，u_t 是彼此正交的，并且与方程（1）的简化创新形式有关：

(2) $\varepsilon_t = C u_t$

我们的目的是识别正交冲击，从而可以通过 u_t 来解释总供给冲击、名义货币供给冲击与非货币总需求冲击。为此，我们通过方程（1）中的结构脉冲响应设定长期约束来识别 C。实施这些长期限制的具体方法参见 Blanchard 和 Quah（1989）。

为了准确衡量各国的 C，我们至少需要对方程（1）中结构脉冲响应进行三项独立的长期限制。我们的首选识别如下：假设总需求冲击对产出和物价不产生任何长期影响。也就是说，需求冲击对物价或者产出没有永久冲击。同时，我们还假设在金本位制度下，总供给冲击对物价也不产生永久影响，即总供给冲击对物价的长期影响为零。

这一识别约束与样本国家在样本期间均严格执行的金本位制度相一致。起初，总供给冲击可能会降低物价水平，提高实际产量。相应地，物价水平的下跌会导致黄金通过经常账户流入，进而提高货币供应量与物价水平。因此，黄金的流动会导致物价水平的变化，在没有进一步冲击的情况下，物价会恢复到原有水平。

这三项长期约束足以准确识别 C，进而识别结构性冲击 u_t。对于第三种冲击的影响，我们未进行任何约束。这是在长期中对物价水平造成影响的唯一因素，可以解释为世界物价水平的冲击，或者在我们的模型中，解释为货币供给冲击。假定总需求冲击来自于总货币需求冲击以及临时性支出冲击，这些都无法被分解。短期内，这种总量对物价和产出的影响取决于其组织构成，因此我们将其视为一个简化形式。

现将我们的优先识别限制总结如下：

- 总供给冲击对物价不产生长期影响。
- 总需求冲击（包括经济增长速度与支出冲击）对物价和产出均不产生长期影响。
- 名义货币供给冲击在长期（或短期）对货币、产出和物价的影响不受约束。

冲击对 u_t 这一结构创新矢量的长期影响为

(3) $LR = [I - A(1)]^{-1} C$

其中 $A(L) = I - A_1 L - \cdots - A_P L^P$ 且 $A(1) = I - \sum_{j=1}^{p} A_j$。假定这一结构创新矢量按 $u_t =$（货币冲击$_t$，供给冲击$_t$，需求冲击$_t$）这一顺序排列，则长期影响矩阵为

$$(4)\ LR = \begin{bmatrix} LR_{11} & 0 & 0 \\ LR_{21} & LR_{22} & 0 \\ LR_{31} & LR_{32} & LR_{33} \end{bmatrix}$$

除优先识别外，还存在其他一些可能实施的长期约束。最有可能的附加约束为货币是否为中性，当货币为中性时意味着货币冲击对产出的长期影响为零。加上这一附加约束后，长期影响矩阵变为

$$(5)\ LR = \begin{bmatrix} LR_{11} & 0 & 0 \\ 0 & LR_{22} & 0 \\ LR_{31} & LR_{32} & LR_{33} \end{bmatrix}$$

显然，这将导致一个过度识别系统。通过使用 Amisano 和 Giannini（1997）所描述的方法，可以对方程（5）中施加的过度识别约束进行检测。如果检测结果不能拒绝这一超长期识别约束，我们将采纳这一约束条件。然而，我们不会先行设定货币中性这一条件，而是通过样本数据检测来验证货币中性是否成立，如果成立，我们将其作为一个附加的长期约束条件。

另一个将方程（4）和方程（5）中四个长期约束条件结合的方法为

$$(6)\ LR = \begin{bmatrix} LR_{11} & LR_{12} & 0 \\ 0 & LR_{22} & 0 \\ LR_{31} & LR_{32} & LR_{33} \end{bmatrix}$$

在这种情况下，我们将施加货币中性这一条件，而供给冲击带来的影响则不受限制。方程（6）中一系列的约束条件能够准确识别结构性冲击。如果方程（5）被拒绝，我们只能在方程（4）和方程（6）中进行选择。基于历史背景考量，我们选择方程（4）。

鉴于固有数据样本较小，将数据与估计面板 VAR（PVAR）合并能够提高参数估计效率。

$$(7)\ \Delta y_{it} = D_t \alpha_i + \sum_{j=1}^{p} B_{ij} \Delta y_{it-j} + \varepsilon_{it} \qquad \varepsilon_{it} \sim N(0, \textstyle\sum_i)$$

在此过程中，不变的假设是斜率系数矩阵 B_{ij} 在各国的面板数据中是相同的。通过将每个 VAR 的常数设定为不同值，可以允许不同时期、不同国家之间经济增长率存在差异。不仅如此，各国的 VAR 方程在创新型方差——协方差矩阵上也可以有所不同。在这一假设下，允许数据中存在横截面异方差性，它的含义之一是在应对结构性冲击时，各国不需要有相同的反应。这些都基于所有国家在简化 VAR 中拥有相同的斜率系数矩阵这一前提。同时，样本的变化不改变斜率系数的值。表 1 和表 2 展示了对这两个假设的检验结果。

我们通过前面定义的交叉方程约束和 SURE 模型对方程（7）中的 PVAR 进行了估计，这使得我们能够检验面板结构和各国间任何同期相关性冲击，进而提高估计结果的准确性。在估计完 PVAR 后，我们利用 Amisano 和 Giannini（1997）提出的评分算法来估计 C_i，并根据这些估计值来计算各国的结构性脉冲响应函数。一旦得到了 C_i，我们就能够通过方程（2）建立起结构性冲击方程。

结构性脉冲响应函数能够分离各冲击对各变量的影响。由于我们未对冲击的影响施加任何约束，我们可以根据理论预测与估计脉冲响应函数结果的一致性，保证对预计冲击的经济解释是有效的。在这种情况下，历史分解允许我们对问题的本质做出实质性的分析：在没有货币冲击的情况下，产出与物价是如何发生变化的？货币与实际冲击对 19 世纪末期的通货紧缩的相关作用是什么？在接下来的部分中会回答这些问题。

4. 结果——全样本

在开始估计之前，我们分析了数据的时间序列性质，并将所有序列归结为 I（1），由此我们进行了模型的一阶差分。也就是说，我们估计了方程（7）。信息标准的测试表明，二阶滞后模型能够较好拟合数据（即 p = 2），并且我们将所有序列的趋势突变设立在 1896 年。鉴于这些序列都是非平稳的，我们在估计方程（7）时加入虚拟变量，将 1897 年前的值设为 0，1897—1913 年取值为 1，由此来处理趋势突变。显然，使用二阶滞后的方程（7）对每个估计中估计值的自由度产生较大影响。表 1 展示了样本国斜率是否等于测试的结果。即表 1 展示了方程（8）的 Wald 检测结果：

$H_0 : B_{ij} = B_{kj} \forall i, k$ 和每个 j

（8）　　vs.

$H_A : B_{ij} \neq B_{kj}$ 对于一些 i, k 和一些 j

我们利用全样本数据（1880—1913 年）和通货紧缩时期的数据（1880—1996 年）进行检测。在两种情况下，都不能拒绝零假设，因此数据不能拒绝我们对面板数据中各国短期动态相似的假设。鉴于在 1896 年有趋势突变，我们进行了一项检测以确认 VAR 的短期动态是否有结构性变化。也就是说，我们想要通过检测来确定两个阶段 B_{ij} 的估计值是否显著不同。表 2 展示了这些检测的结果。我们对每个国家及面板估计进行了单独测试，结果表明系统内不存在短期动态的结构性改变。所以，我们认为结构突变仅是由截距调整引起的。

表 1　　　　　　　　　　各国参数平等检测结果

	统计值	P 值
全样本（1880—1913 年）	39. 27	0. 33
通货紧缩时期样本（1880—1996 年）	35. 75	0. 48
黄金系数（黄金）	9. 83	0. 63

表 2　　　　　　　　斜率系数平稳性 Chou 检验
1880—1996 年以及 1897—1913 年

	统计值	P 值
美国	21. 18	0. 270
英国	19. 92	0. 337
德国	23. 16	0. 185
面板（全样本）	15. 23	0. 646

表 3　　　　　　　　　　　过度识别约束检测

	美国		英国		德国	
	统计值	P 值	统计值	P 值	统计值	P 值
单等式	9. 19	0. 003	3. 53	0. 061	5. 18	0. 025
面板（全样本）	33. 66	0. 000	14. 07	0. 000	0. 192	0. 661
面板（通缩时期样本）	26. 28	0. 000	2. 97	0. 085	0. 057	0. 811

本文利用方程（4）和方程（5）对结构性脉冲响应方程进行估计。我们对方程（5）中的过度识别约束进行了检测，检测结果见表3。我们分别用各国的数据对方程（1）进行了估计，结果拒绝了各国的过度识别约束。当用面板估计测算方程（7）时，美国和英国的结果拒绝货币中性假设，但德国却不是。因此我们不施加货币中性这一约束，而是利用方程（4）来计算结构性脉冲响应函数。

图3～图5展示了1%的冲击对结构性脉冲响应函数的影响。利用Amisano和Giannini（1997）的方法，标准误差带显示了90%的渐进近似置信区间。① 我们对所有国家都进行了检测，在短期内，货币供给冲击对产出有较大的正向影响，长期内的正向影响则小得多（德国为0）。在美国，货币冲击会带来物价与货币存量成比例上升，而对其他国家的物价影响较大。在每种情况下，供给冲击都会引起物价临时性显著下降（假定长期影响为0）。在美国，长期货币收入弹性为1，（也就是说，收入上升时，货币存量会同比例上涨），而德国和英国弹性系数小于1。第三种冲击对物价与产出的影响方向一致，这与需求冲击的影响相同。在各情形下，冲击在短期内对物价与产出产生负向影响，对货币存量产生正向影响，这与由需求影响导致的经济增长速度冲击的解释一致。

图6～图8展示了每个冲击的历史分解。三个面板中每个都包含了三个系列：变量的实际路径；一个包含估计期前的趋势与冲击并剔除了估计期内冲击的基准系列；包含基准与一个冲击的系列。如果第三条线在基准之上，则分离出来的冲击对变量不产生影响。而当第三条线在实际变化路径之上，则表明分离出来的冲击对变量有影响。

在三个国家中，物价水平的变动均受到货币冲击的影响。也就是说，尽管脉冲响应函数表明短期内供给冲击会对物价产生影响，但这些效应的影响程度可以忽略不计，我们更加关注的是产出的变动。对英国与德国而言，供给冲击几乎解释了所有的产出波动。在美国，供给冲击是主导驱动力，但货币供给冲击在一些年份发挥了显著的作用，这与美国金融机构在这段时期加剧产出波动的传统观念相一致。在三个国家中，需求冲击对产出的影响较小。

---

① 事实上，由于我们的样本容量较小，可能不到90%。

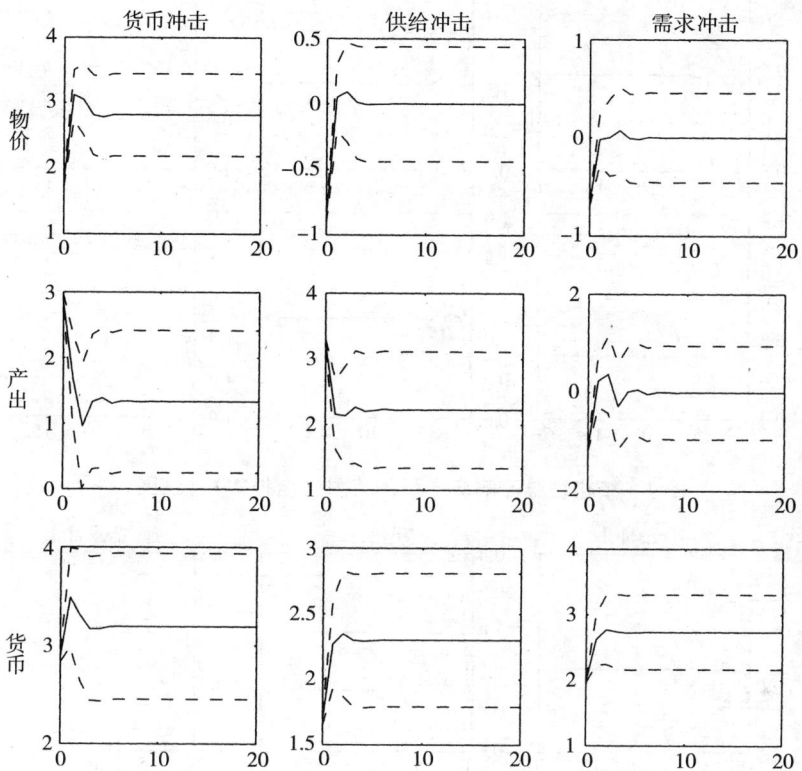

注：所有脉冲响应方程的 y 轴都为百分比。

图 3　结构性脉冲响应方程，美国（全样本）

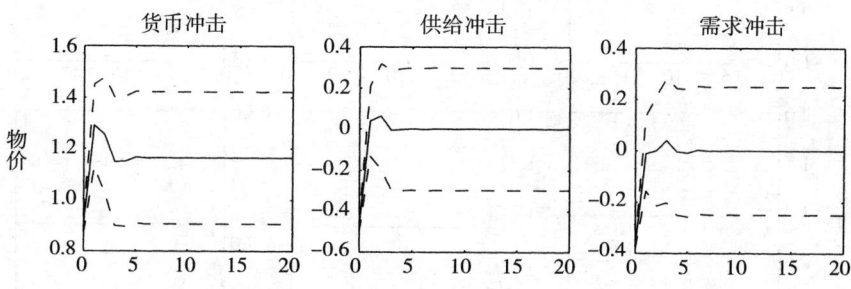

图 4　结构性脉冲响应方程，英国（全样本）

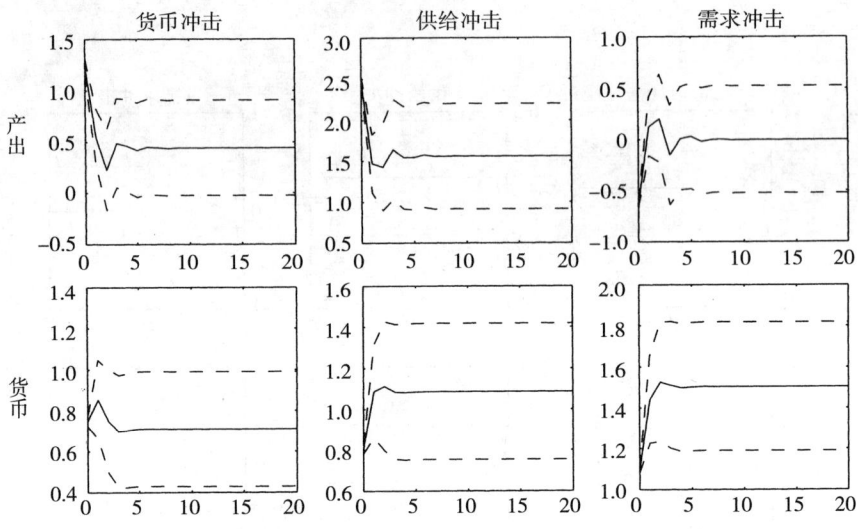

图4　结构性脉冲响应方程，英国（全样本）（续图）

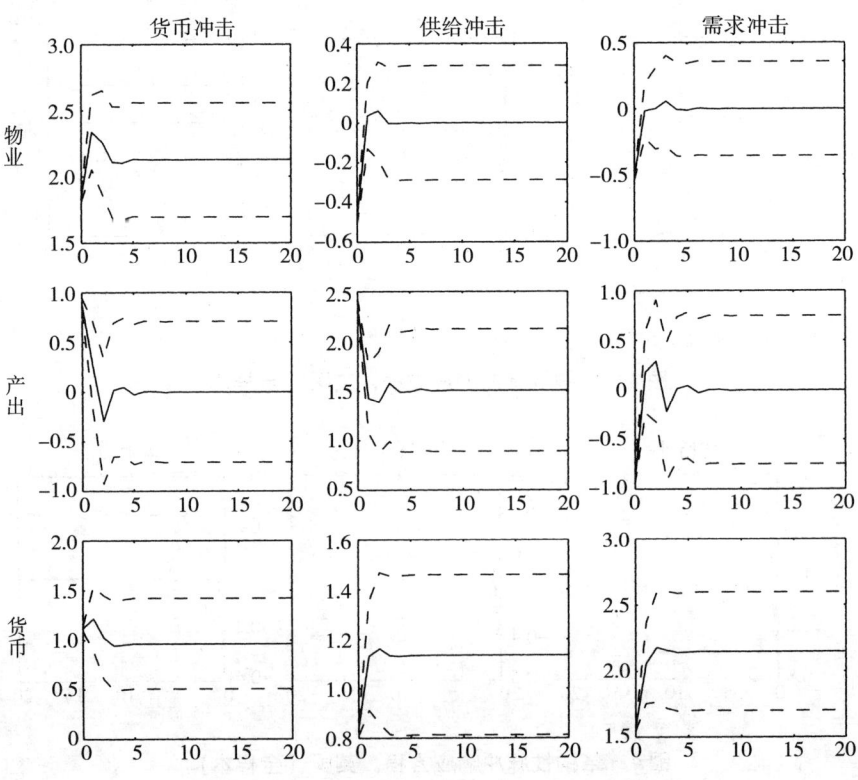

图5　结构性脉冲响应方程，德国（全样本）

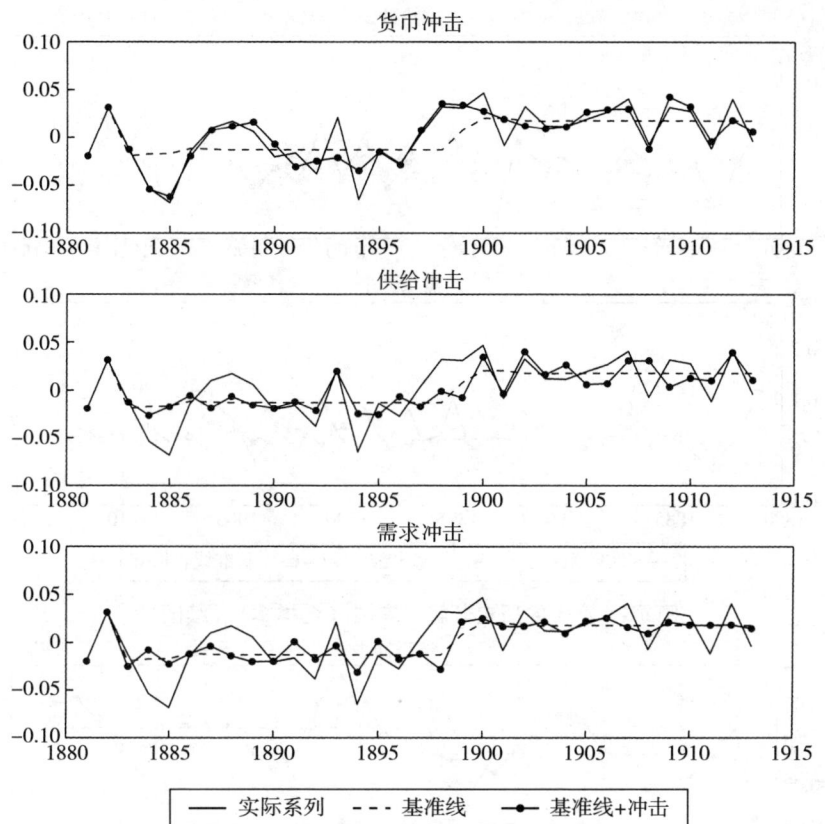

图 6A 物价的历史分解，美国（全样本）

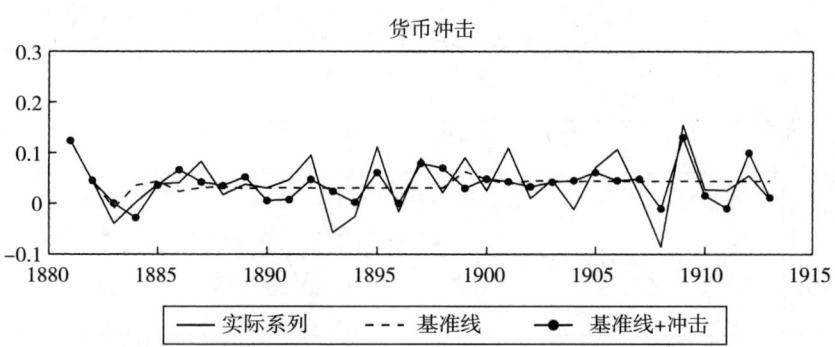

图 6B 产出的历史分解，美国（全样本）

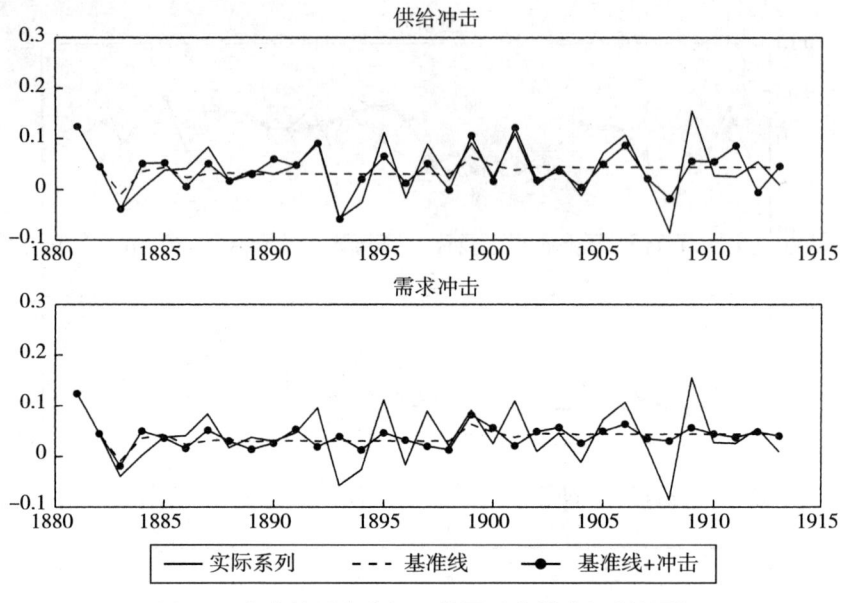

供给冲击

需求冲击

实际系列　- - - 基准线　●— 基准线+冲击

图6B　产出的历史分解，美国（全样本）（续图）

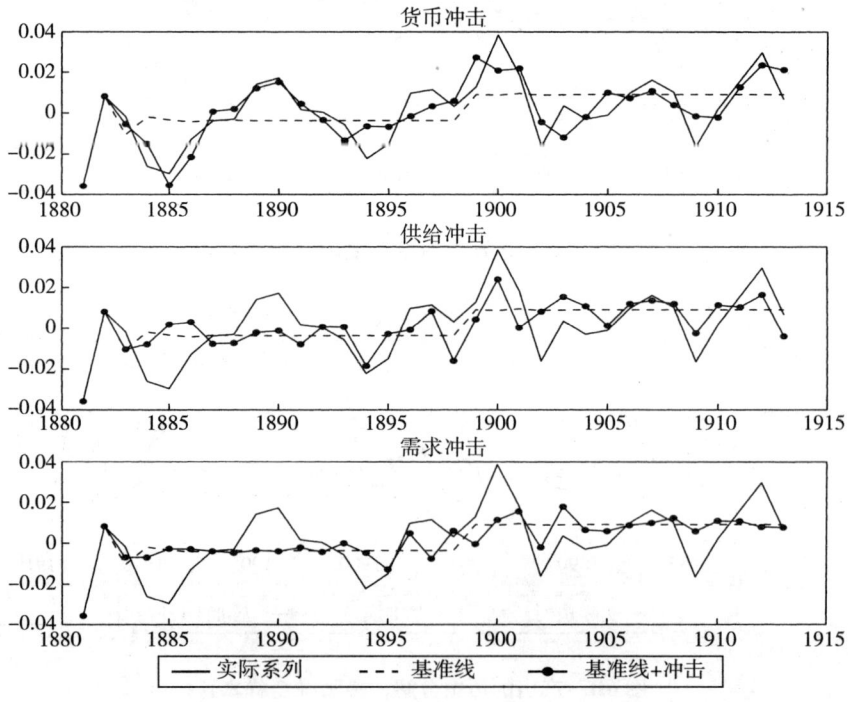

货币冲击

供给冲击

需求冲击

实际系列　- - - 基准线　●— 基准线+冲击

表7A　物价的历史分解，英国（全样本）

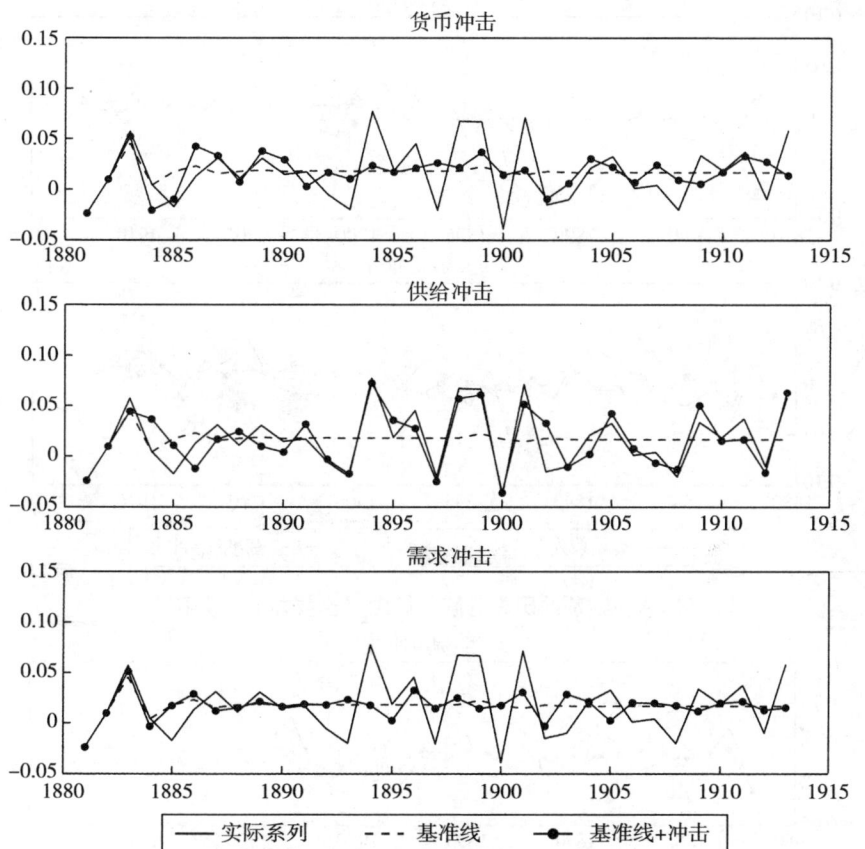

表 7B 产出的历史分解，英国（全样本）

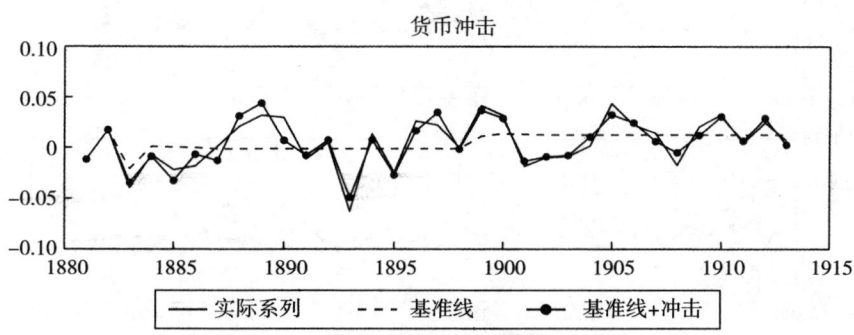

表 8A 物价的历史分解，德国（全样本）

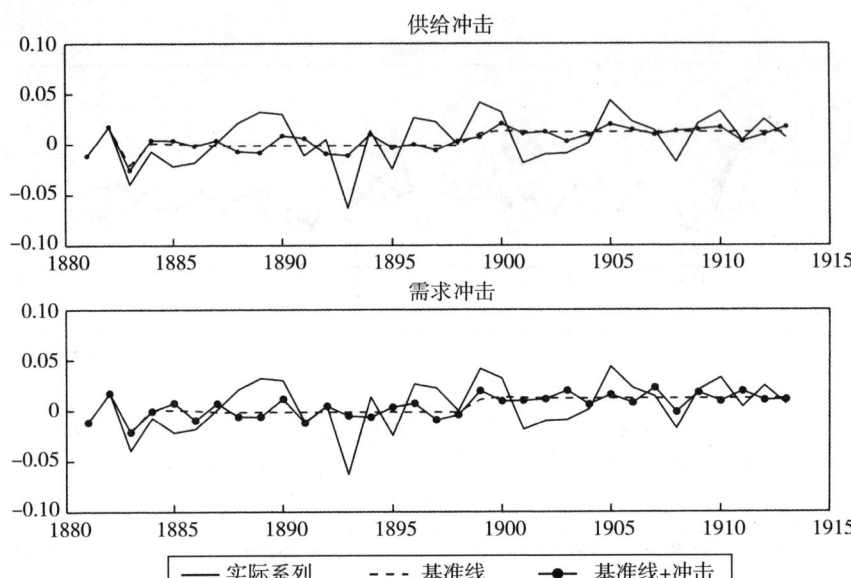

表 8A　物价的历史分解，德国（全样本）（续图）

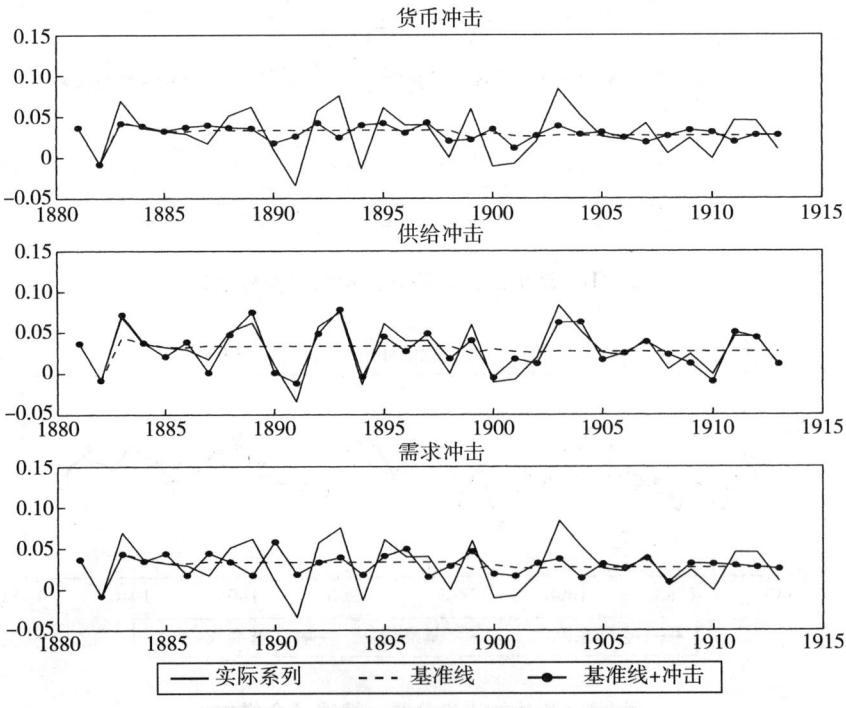

表 8B　产出的历史分解，德国（全样本）

　　图 9 展示了估计结构性冲击。货币供给冲击和供给冲击在三国间是相关的，这与我们对历史时期的解释相符。需求冲击是无关的，这表明临时性冲击中存在一个显著的特有因素。

　　我们进行了两项灵敏度测试以检测结果的稳健性。第一，在衡量货币冲击时，我们用 M0 替代 M2，即用基础货币作为货币存量的衡量。第二，在 VAR 中，由于在 1907 年和 1905 年，样本均经历了金融危机，所以我们在这两个年份中设置年份虚拟变量。在两种情况下，尽管脉冲响应函数的幅度有微小的差异，之前描述的定性结果仍然成立。全样本期的基准 VAR 和随后加入黄金贮备这一外生变量的 VAR 结果均是如此。

5. 通货紧缩时期结果

　　我们利用三个核心国家 1880—1996 年的面板数据估计了 PVAR，如图 1 所示，这段期间各国经历了持续性通货紧缩。由于对数据进行一阶差分，PVAR 中的数据存在二阶滞后，前三个阶段的数据有所缺失，各国有 14 个观测值。显然这些数据不足以估计各样本国的 VAR。但是，在 PVAR 中，我们将三国的面板数据汇集起来，由此得到了 42 个观测值。各国间斜率系数相等测试的检验统计量为 35.75，p 值为 0.481（见表 1），这意味着没有统计证据表明我们不能将通缩时期的数据汇集在一起。

　　我们首先测试了方程（5）的过度识别约束，结果见表 3。检测结果拒绝了美国的假设，接受了德国的假设，这与全样本的情形类似，而此时英国的 p 值为 0.08。利用全样本数据进行 PVAR 检测时，英国的 p 值不到 0.001。考虑到长期内货币对产出影响的点估计与之类似，大概为 0.5%，p 值的改变很可能是由样本规模小造成的，进而会导致更大标准差，而不是因为英国在通货紧缩时期有别于其他国家。因此，我们在不假设货币中性的情况下继续进行估计（即方程（4）的模型）。图 10 ~图 12 显示了各国的结构型脉冲响应函数。

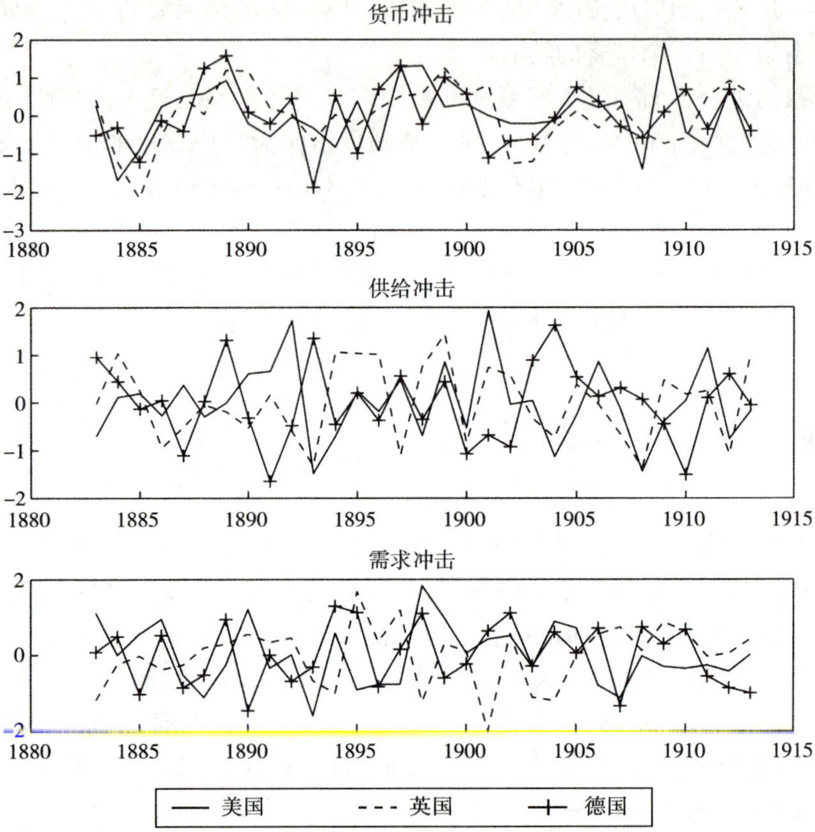

货币冲击
供给冲击
需求冲击
美国
英国
德国

图 9　面板估计结构性冲击（全样本）

货币冲击
供给冲击
需求冲击
价格

图 10　结构性脉冲响应函数，美国（通货紧缩时期样本）

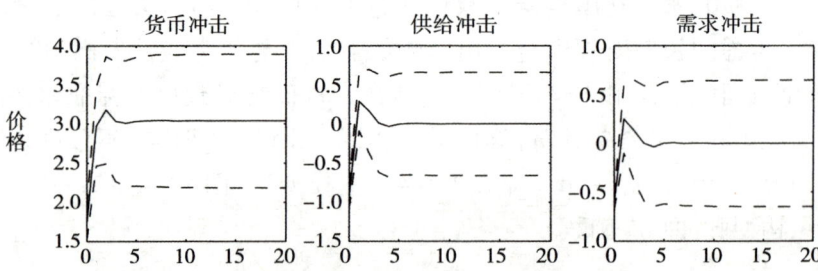

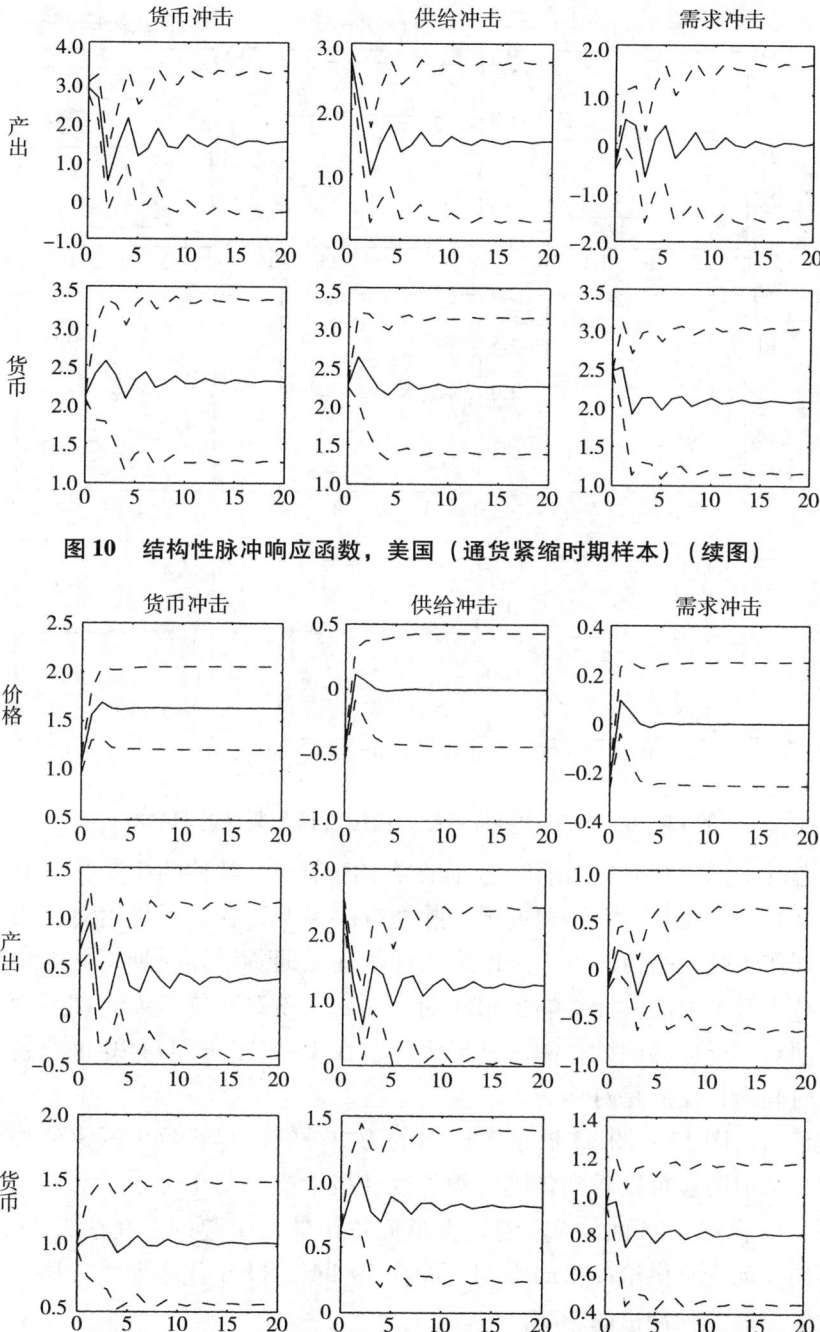

图 10　结构性脉冲响应函数，美国（通货紧缩时期样本）（续图）

图 11　结构性脉冲响应函数，英国（通货紧缩时期样本）

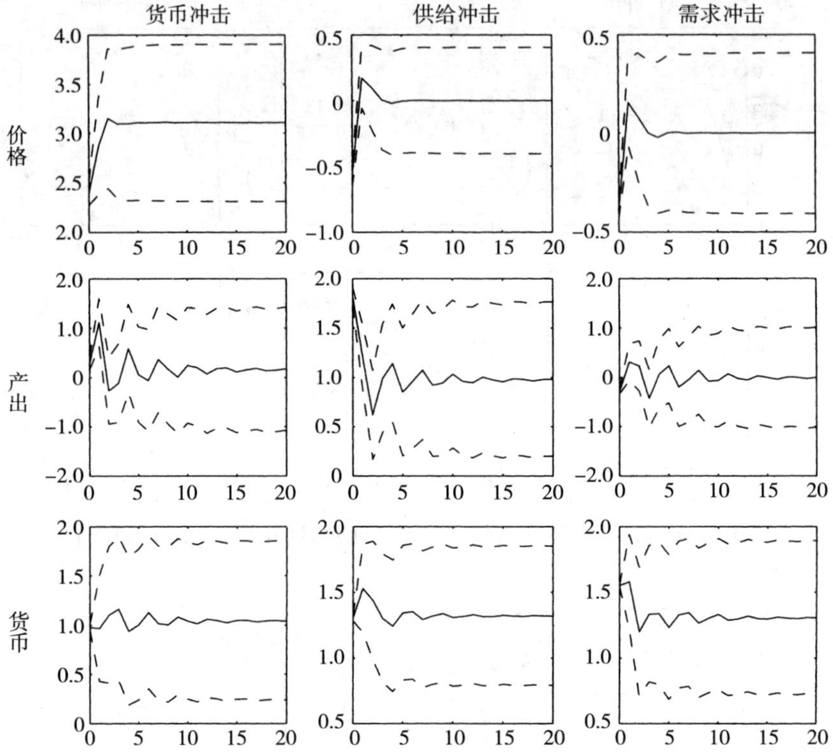

货币冲击　　　供给冲击　　　需求冲击

价格

产出

货币

图12　结构性脉冲响应函数，德国（通货紧缩时期样本）

总的来说，在通货紧缩时期与全样本时期中，脉冲响应函数具有相似的定性影响。尤其对美国和英国，脉冲响应表明，在货币供给对货币存量的长期作用既定的情况下，无论是全样本还是通货紧缩时期，样本中货币供给冲击对产出的估计影响是相同的。这是一项对通货紧缩时期与通货膨胀时期对称反应的测试，测试结果表明，在19世纪末期与20世纪初期这两段时间内，反应是对称的。

最后，图13～图15展示了产出的历史分解。尽管每个国家的样本数据较少，但明显可以看到各国的物价变动极大受到货币冲击的影响。也就是说，19世纪末期的通货紧缩是由负面货币冲击引起的。在很大程度上，产出的变动受到供给冲击的影响，而在19世纪80年代中期，美国的产出同时受到这三种冲击的影响。

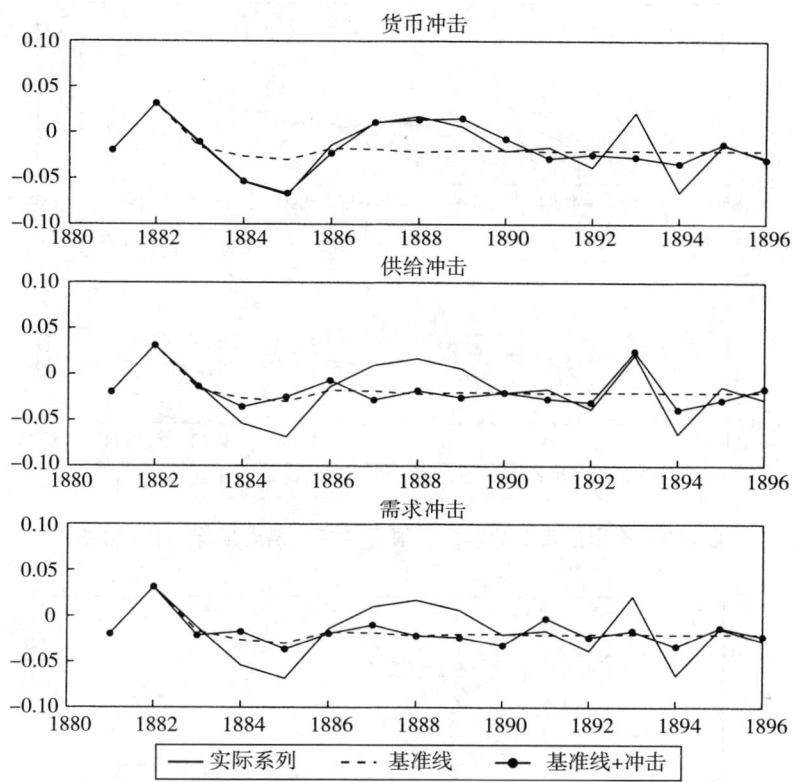

图 13A　物价的历史分解，美国（通货紧缩时期样本）

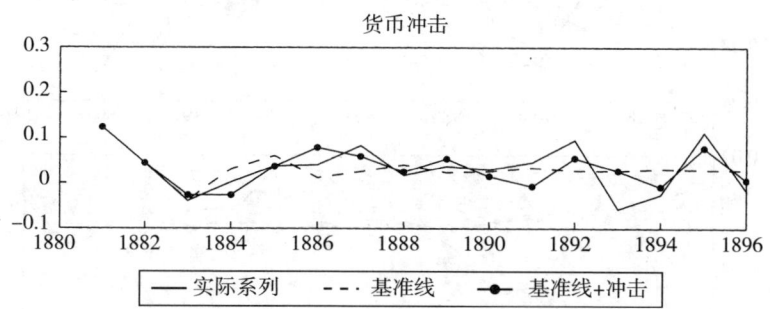

图 13B　产出的历史分解，美国（通货紧缩时期样本）

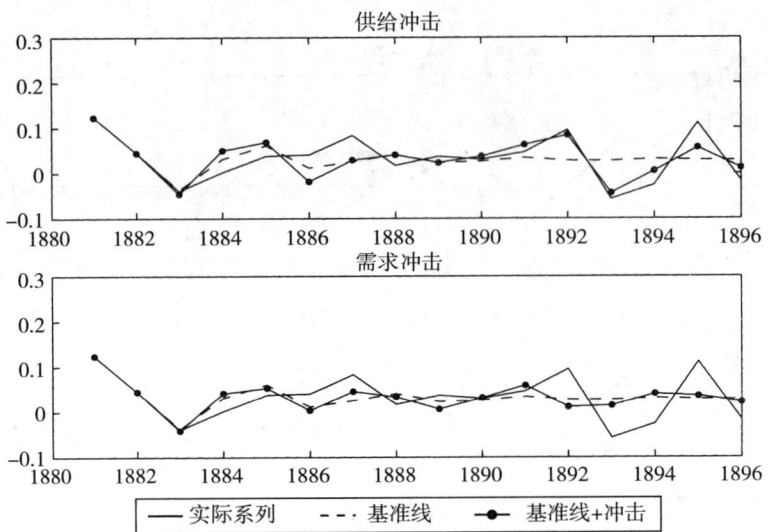

图 13B 产出的历史分解，美国（通货紧缩时期样本）（续图）

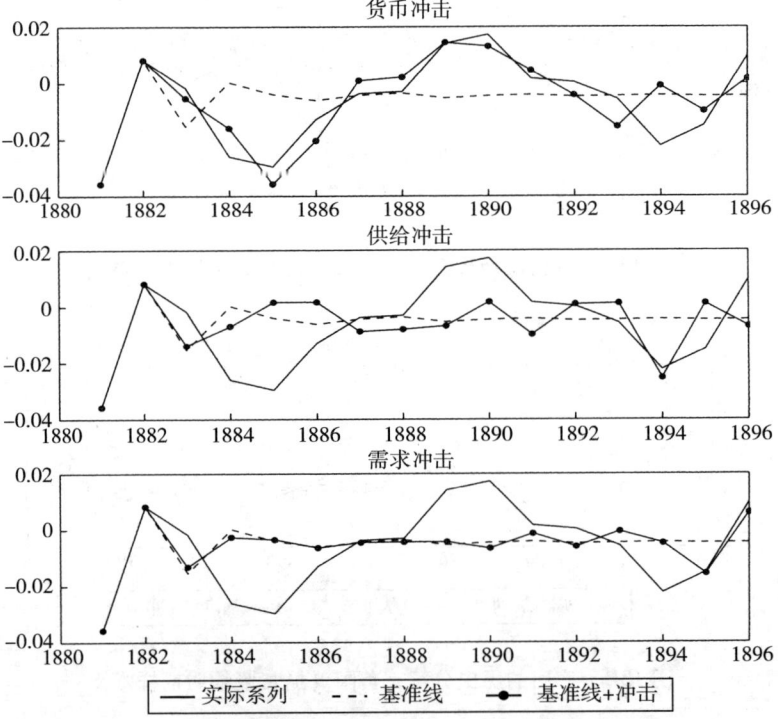

图 14A 物价的历史分解，英国（通货紧缩时期样本）

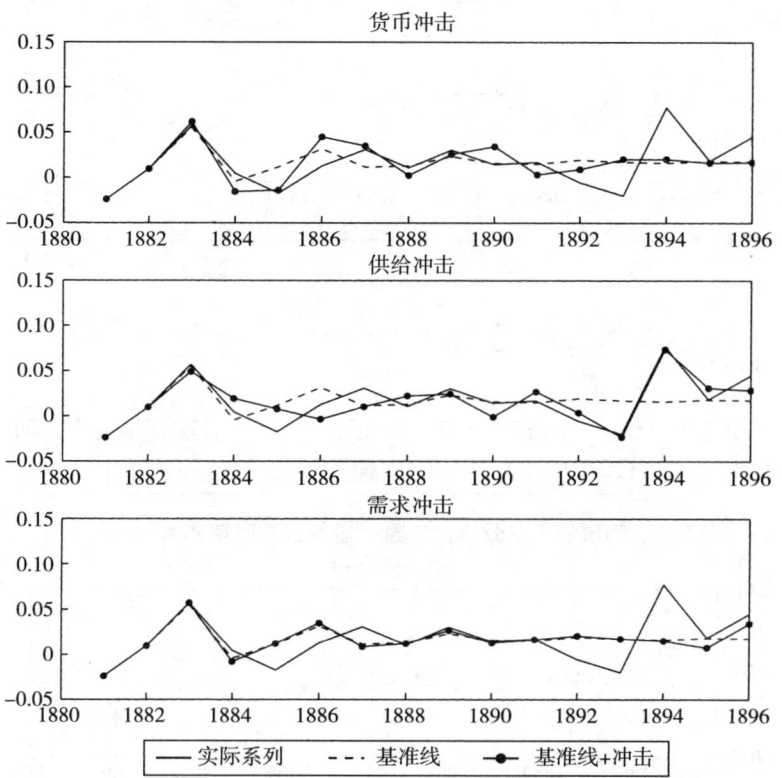

图 14B　产出的历史分解，英国（通货紧缩时期样本）

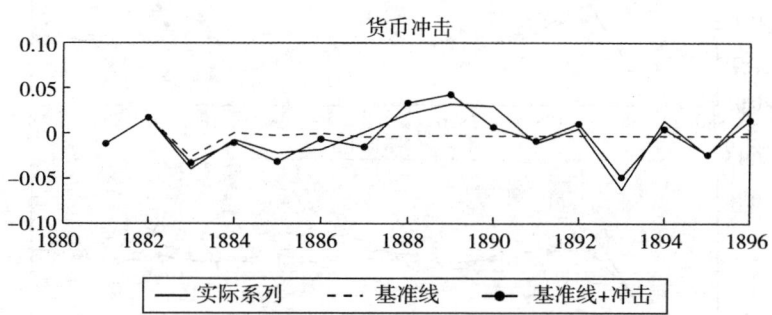

图 15A　物价的历史分解，德国（通货紧缩时期样本）

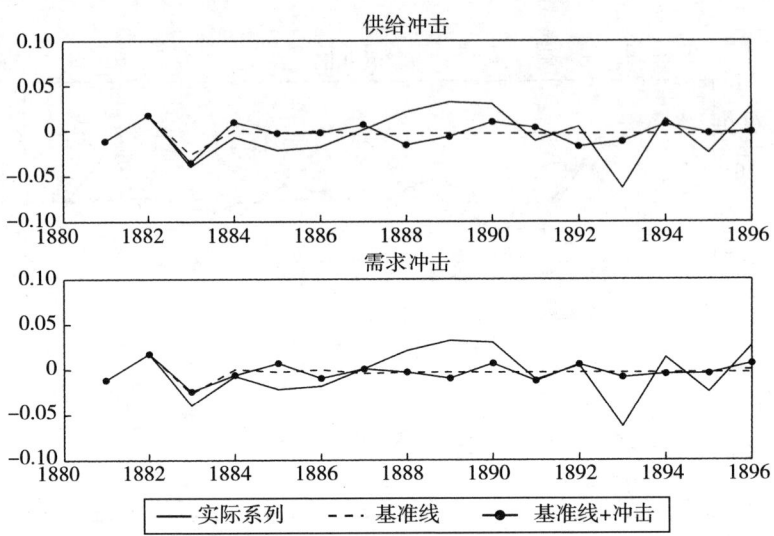

图 15A 物价的历史分解，德国（通货紧缩时期样本）（续图）

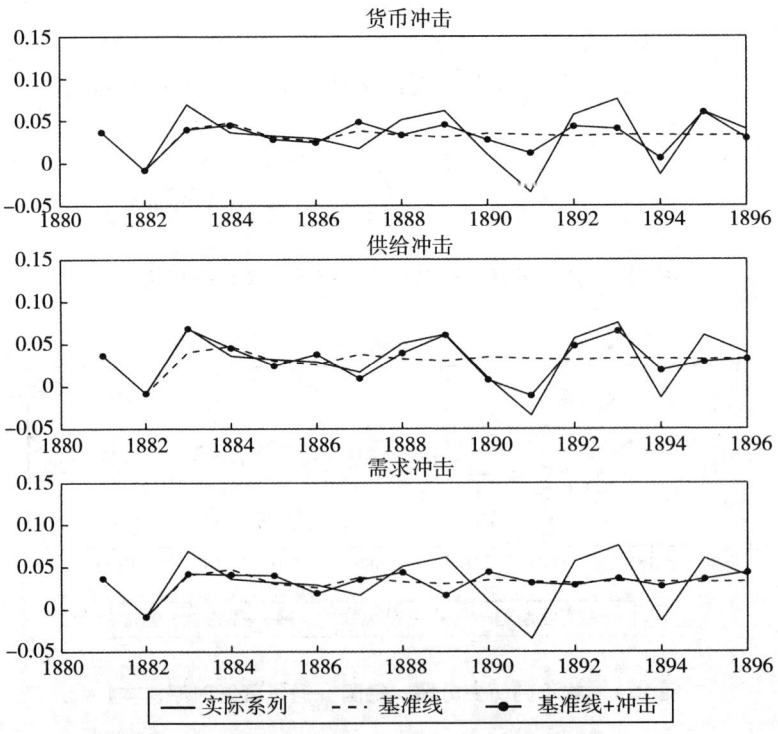

图 15B 产出的历史分解，德国（通货紧缩时期样本）

6. 包含外生黄金冲击的整周期结果

面板中的所有国家在选取的样本期间都实行金本位制度，这影响着我们的优先识别方程（5）。因此，我们想知道在这段时期内黄金冲击是否发挥了一定的作用。估计所用模型如下：

$$(9)\ \Delta y_{it} = \alpha_{i0} + \alpha_{i1} D_{1896t} + \sum_{j=1}^{p} B_j \Delta y_{it-j} + \sum_{k=0}^{m} \gamma_k \Delta Gold_{t-k} + \varepsilon_{it}$$

其中，$Gold_t$ 是世界黄金总储备量。[1] 在此情况下，对整个系统而言，黄金完全为外生变量。正如我们在第三部分中指出的那样，当时间足够长的时候，世界黄金储备可能是内生的，但鉴于我们的数据时间跨度较短，将其视为外生的是一个合理的假设。表 4 是外生性的 Hausman 检测结果。对所有的国家和变量而言，我们都不能拒绝黄金为外生变量这一假设。[2] 我们用方程（9）和斜率系数 B_j 对面板 VAR 进行了估计，将各国黄金影响系数 γ_i 设置为相等的。表 1 中展示的是在面板数据中，方程（9）中各国黄金系数是否相同的 Wald 测试结果。检测结果的 p 值为 0.63，因此无法拒绝各国黄金系数相等这一假设。

表 4   黄金外生性检测结果

因变量	美国		英国		德国	
	统计值	P 值	统计值	P 值	统计值	P 值
物价	0.105	0.75	0.301	0.58	0.706	0.40
产出	0.108	0.74	0.018	0.89	0.483	0.49
货币	0.002	0.97	0.001	0.99	0.003	0.95

图 16 ~ 图 18 描述了利用方程（9）的估计值所计算出的结构脉冲响应函数。从定性角度上看，这些图形与此前未将黄金包含在 VAR 内所计算出

---

[1]　黄金数据来源于美国黄金委员会（1982），卷 1，表 SC - 6。

[2]　实际上，Hausman 法是对普通最小二乘法是否能给出方程（12）一致性估计的检验。为了进行 Hausman 检验，我们用 $\Delta gold_{t-2}$ 作为 $\Delta gold_t$ 的工具变量。

来的脉冲响应函数相似。[1] 图20～图22描述了历史分解。我们再一次看到，货币极大地影响了物价，而产出的变化大部分是由供给冲击引起的。有意思的是，在观测指标中，黄金未对物价与产出产生重要影响。

同时，我们还单独对通货紧缩时期（1880—1996年）的样本单独进行了估计，但由于篇幅限制，我们未报告估计结果。[2] 物价的历史分解表明，在没有黄金的时候，供给冲击与非货币性需求冲击对物价影响甚微。但现在，物价水平的变动部分受黄金冲击和国内货币冲击影响。然而，黄金冲击对产出波动几乎没有影响。

图19展示了黄金供给变动1%时，物价、产出以及货币供给的变动。黄金冲击的长期影响和我们最初的设想一样，即在金本位制下，长期内黄金供给每上升1%，物价与货币供给都会上升1%，而产出则不发生变化，这表明我们基于金本位所作出的假设并非不切实际。

然而，还有一个令人费解的结果：最初黄金冲击对物价的影响是负面的。一个可能的原因是我们看到的黄金冲击是由物价导致的，而非系统外生的。也就是说，低物价导致黄金流动，在数据中表现为正向的黄金冲击。这表明黄金并非完全外生，应当重新建立模型确定物价与黄金之间可能的内生关系。由于黄金可能兼具内生和外生的成分，模型的内生性问题较难解决，所以这个问题有待进一步研究。

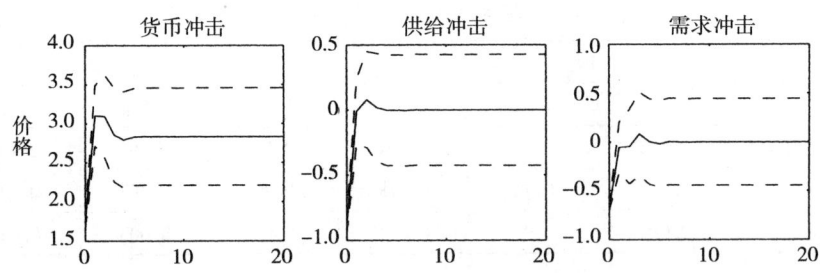

图16　结构性脉冲响应函数，美国（包含黄金的全样本）

---

① 唯一的定性区别是货币冲击对德国的产出有着较小的长期负面影响。当我们只估计通货紧缩时期的样本时，结果相反。

② 如有需要，作者可提供图表。

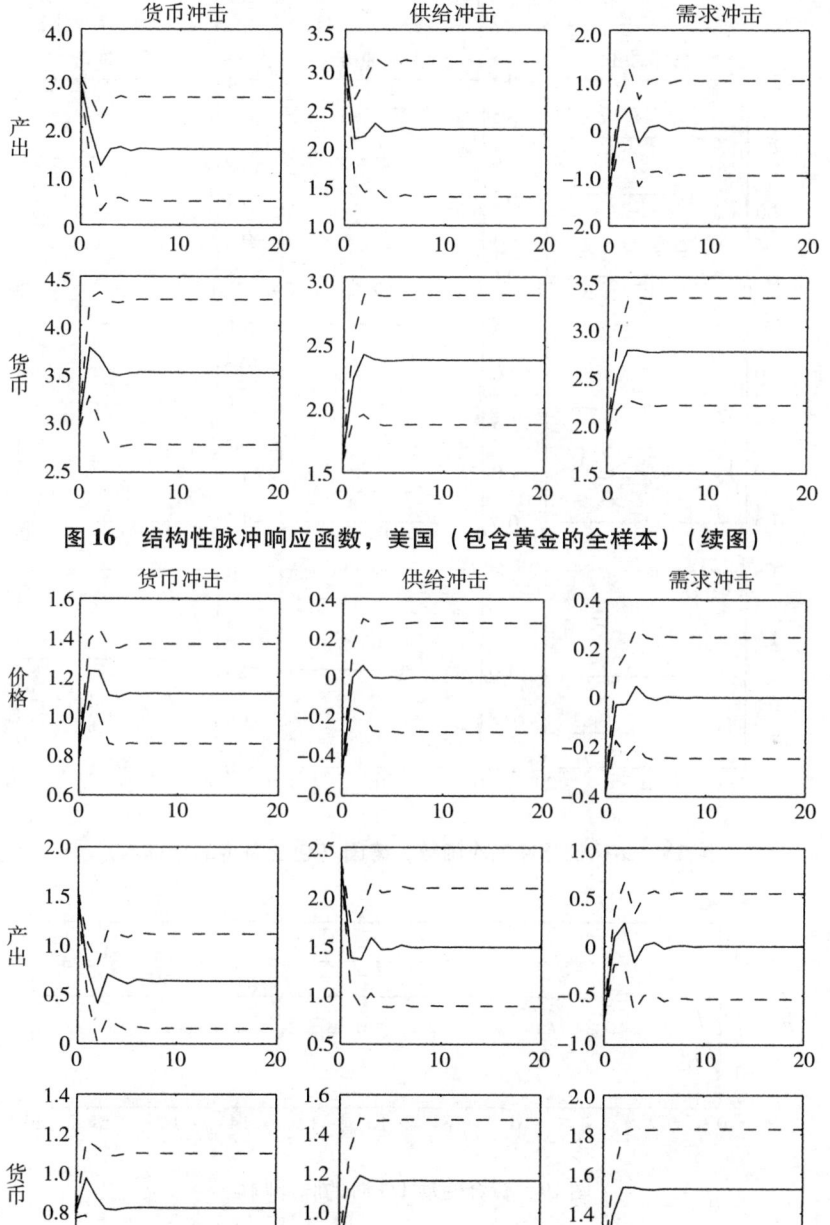

图 16　结构性脉冲响应函数，美国（包含黄金的全样本）（续图）

图 17　结构性脉冲响应函数，英国（包含黄金的全样本）

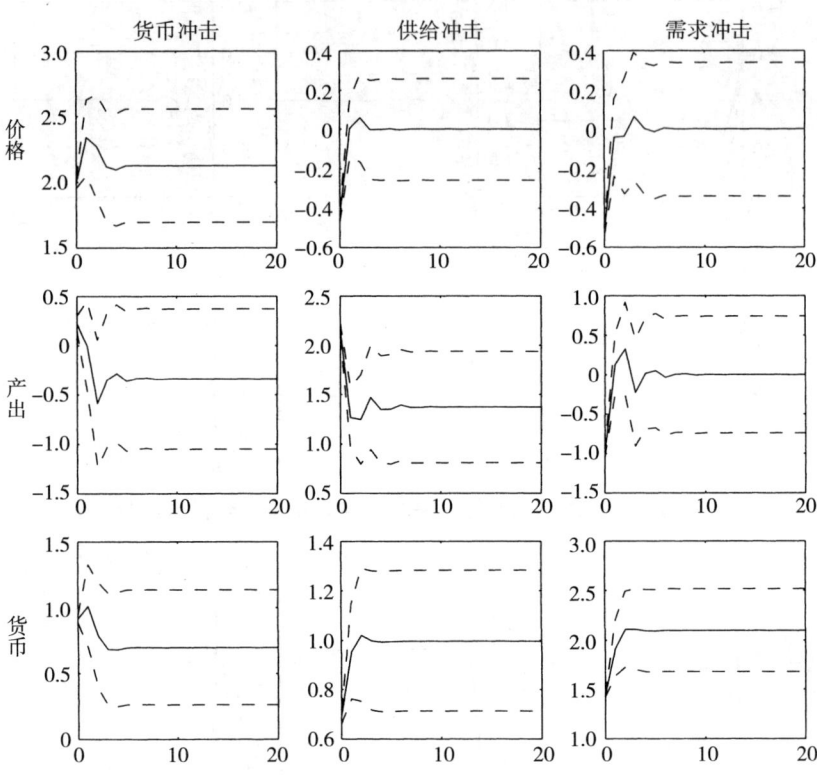

图18 结构性脉冲响应函数，德国（包含黄金的全样本）

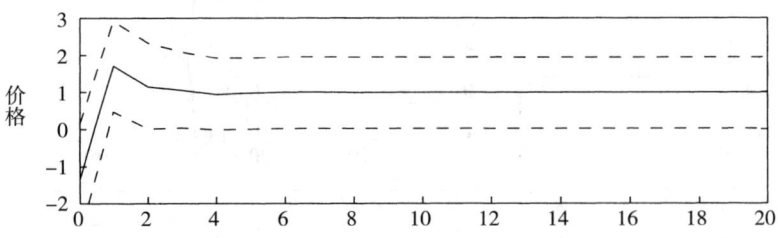

图19 黄金变动1%时的脉冲响应

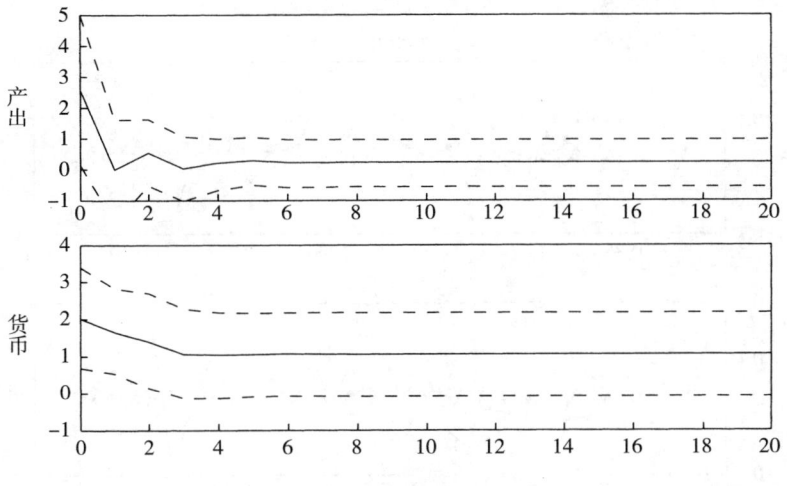

图 19 黄金变动 1% 时的脉冲响应（续图）

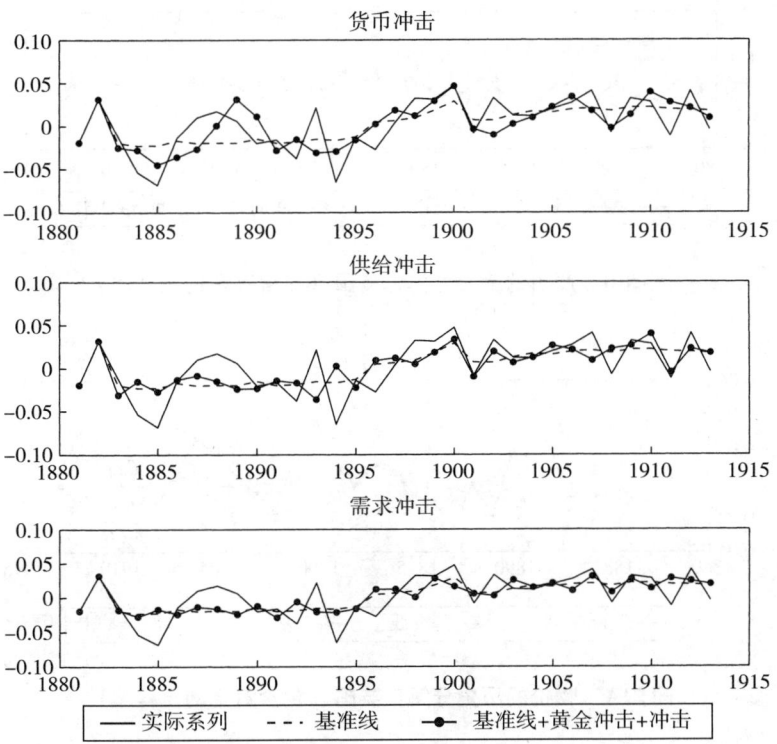

图 20A 物价的历史分解，美国（包含黄金的全样本）

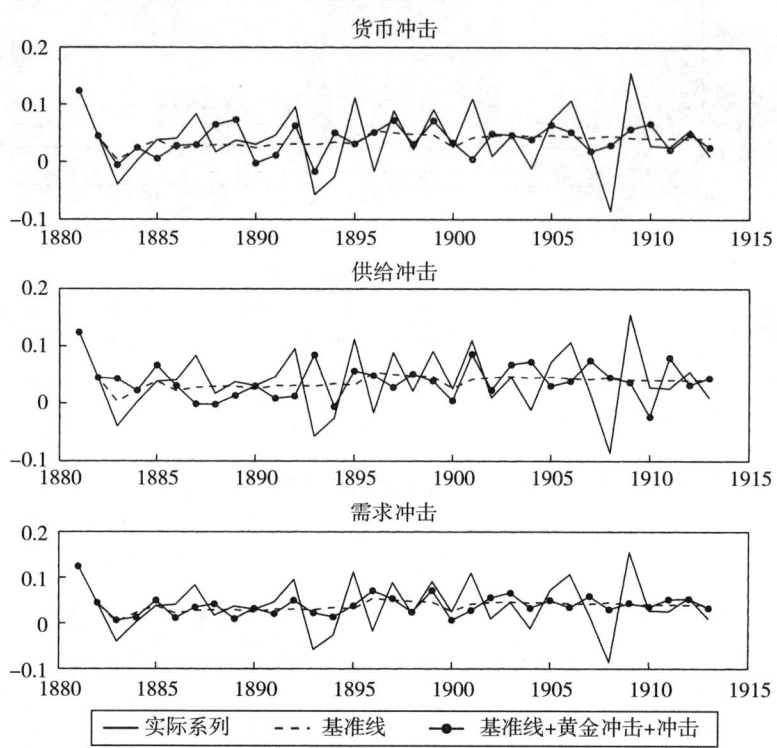

图 20B　产出的历史分解，美国（包含黄金的全样本）

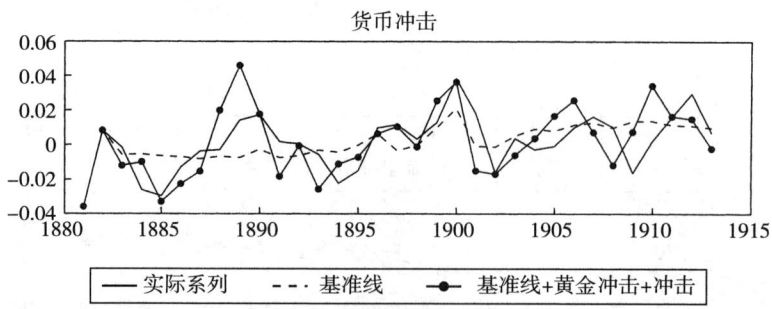

图 21A　物价的历史分解，英国（包含黄金的全样本）

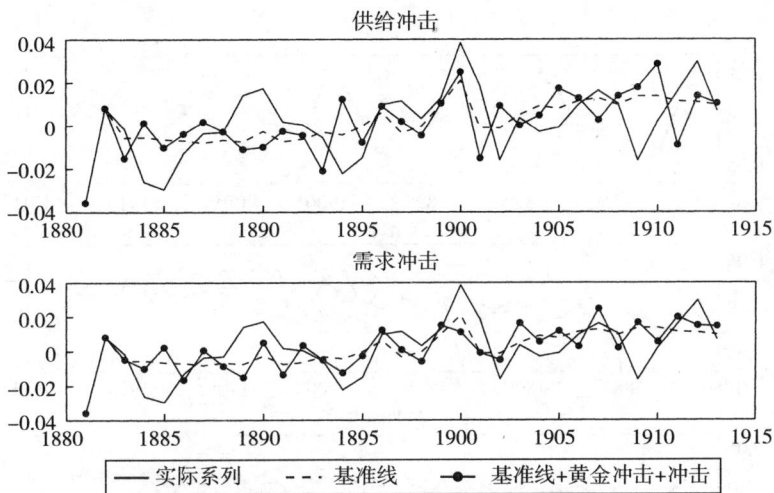

图 21A　物价的历史分解，英国（包含黄金的全样本）（续图）

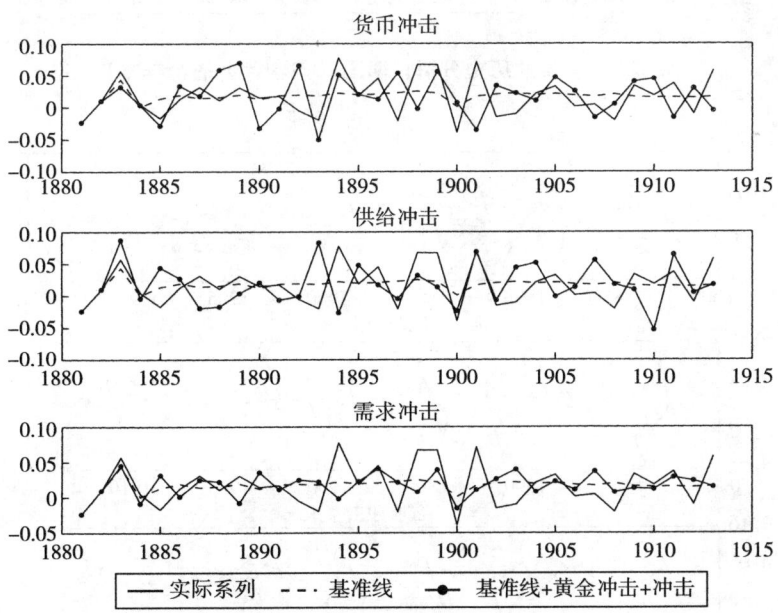

图 21B　产出的历史分解，英国（包含黄金的全样本）

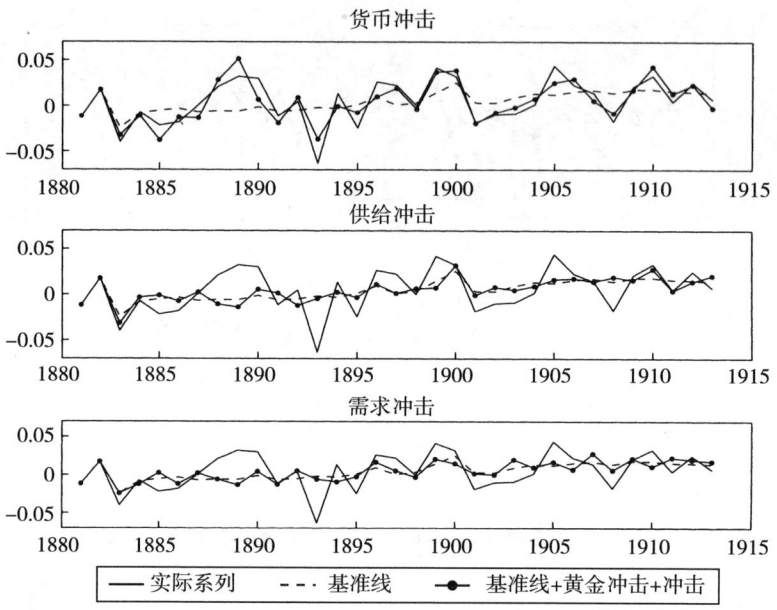

图 22A 物价的历史分解，德国（包含黄金的全样本）

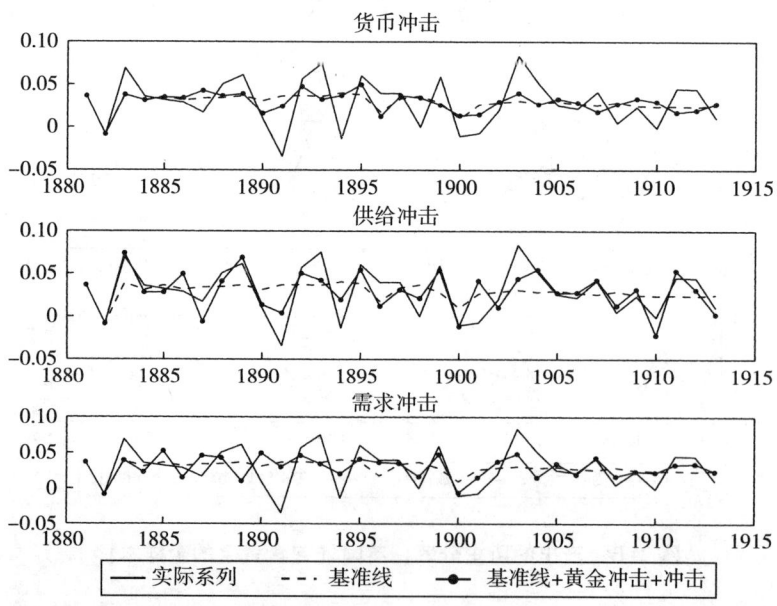

图 22B 产出的历史分解，德国（包含黄金的全样本）

7. 结论

　　20 世纪 70—80 年代以来，通胀率由史上高点开始下降，到 20 世纪末时已经趋近于零。实际上，一些国家经历了通货紧缩。然而这些经济体仍然保持了产出的正增长。由于一些国家在 19 世纪经历了伴随经济增长的通货紧缩，所以人们也自然会利用这段时期研究低通胀或者甚至研究在通货紧缩环境下宏观经济的表现。

　　通货紧缩能够反映正向总供给冲击（缺乏正向需求冲击）或者负向总需求冲击。在后一个情形中，如果总供给曲线非垂直，那么通货紧缩就会造成产出下降，进而成为负面的通货紧缩。

　　我们的结果表明在 19 世纪末的金本位时期的通货紧缩中，正面的总供给冲击与负面的货币冲击对三个主要国家的影响。其中，负面货币冲击对产出影响甚微，我们认为原因是短期内总供给曲线十分陡峭。因此，我们的实证结果表明 19 世纪末期的通货紧缩本质上是良性的。

　　我们的发现对当今社会有着重要的参考价值。我们应当明确 19 世纪末期与 21 世纪环境的差异。首先，我们分析的历史时期是古典金本位制度下，三个国家均遵守金本位制下黄金自由兑换规则，共同面临着金本位下变幻莫测的货币冲击。

　　其次，在我们识别冲击时，总供给看似扮演了重要的角色。这可能与 20 世纪其他主要通货紧缩时期相反，主要包括 1920—1921 年，1929—1933 年，还有 20 世纪 90 年代的日本，许多观察者认为这些通缩是严重的货币紧缩导致的。与 20 世纪初的情形相比，[①] 1914 年以前的情况与目前美国、加拿大和欧盟的情形更加相似。

　　再次，1913 年以前，短期的总供给曲线似乎非常陡峭，这意味着负面需求冲击不会造成较大的收缩效用，这与 1929—1933 年的情形形成了鲜明对比。许多人认为当时货币紧缩与名义刚性的存在，尤其是黏性工资，是造成产出灾难性下跌的元凶（Bordo，Erceg 和 Evans 2000）。

---

　　① 对立的观点请见 Kehoe 和 Precott 文章（2002）。

我们的分析并未涉及当今政治上对通货紧缩的争论。这些包括零名义约束问题——降低名义利率来维持低通胀率，这将导致难以通过传统手段执行货币政策（Orphanides 2001）。与今天不同，1914 年以前，在拥有中央银行的英国和德国，政策制定者几乎不重视利用货币政策促进经济实际增长。因此，零名义约束不是一个问题。

我们也没有明确区分实际与预期物价水平变动的影响，只有预料之外的通货紧缩才会造成负面影响。然而，在我们的研究中，陡峭的供给曲线表明物价水平变动带来的影响比预期要大。我们也没有考虑通货紧缩的效率的影响。根据 Friedman（1969）所说，当通货紧缩率与长期实际产出增长率相等时，便出现了最优货币持有量。

最后，尽管我们认为 1914 年以前的通货紧缩本质上是好的，但这并不等于人们喜欢通货紧缩。人们普遍认为 19 世纪 80—90 年代三国的通货紧缩是令人沮丧的。相应地，这也可能反映了这场通货紧缩大大出乎人们的预料，而通过劳资冲突与政治动荡，这同时也反映了货币幻觉。[1] 美国的农民认为贸易条款在与他们作对，三个国家的工人都抱怨自身工资的下降，而并未注意商品价格更大幅度的下降，这些都反映出人们当时的感受。值得怀疑的是，如今真正通货紧缩来临时，不受欢迎的情况是否会有所改观。

致谢

感谢 Tam Bayoumi，Jon Faust，Dale Henderson，Ulrich Kohli，Andy Levin，Marc Wiedenmeir 以及我们的商讨者 Larry Christiano 和 Francois Velde 提供的中肯建议。感谢 Sonal Dhingra 对研究的协助。

---

① Friedman 和 Schewartz（1963，41−42）比较了 19 世纪 70 年代和 19 世纪 80 年代美国的情形。在 19 世纪 70 年代，货币量增长速度超过了劳动力的增长速度，但低于真实产出的增长速度（因此名义工资在增长）；而在 19 世纪 80 年代，货币量增长速度低于劳动力的增长速度，同时实际增长和货币工资在下降。他们将这一结果归结为在货币本位制下劳动力增长的起伏不定。

参考文献

Amisano，G．，and C. Giannini. 1997. Topics in Structural VAR *Economet-rics*. Berlin：Springer – Verlag.

Balke，N．，and R. Gordon. 1986. Historical Data. In The *American Busi-ness Cycle*，ed. Robert J. Gordon. Chicago：University of Chicago Press.

Barro，R. 1979. Money and the Price Level under the Gold Stand-ard. *Economic Journal* 89：13 – 33.

Bergman，U．，M. Bordo，and L. Jonung. 1998. Historical Evidence on Business Cycles：The International Experience. In *Beyond Shocks*：*What Causes Business Cycles*? ed. J. Fuhrer and S. Schuh，65 – 113. Boston：Federal Reserve Bank of Boston.

Bernanke，B. 1983. Nonmonetary Effects of the Financial Crisis in Propaga-tion of the Great Depression. *American Economic Review* 73（3）：257 – 76.

Blanchard，O. J．，and D. Quah. 1989. The Dynamic Effect of Aggregate Demand and Supply Disturbances. *American Economic Review* 79（4）：655 – 3.

Bordo，M. 1981. The Classical Gold Standard：Some Lessons for To-day. *Federal Reserve Bank of St. Louis Review* 63（5）：2 – 17.

Bordo，M．，and R. W. Ellson. 1985. A Model of the Classical Gold Stand-ard with Depletion. *Journal of Monetary Economics* 16：109 – 20.

Bordo，M．，and A. Redish. 2004. is Deflation Depressing? In Deflation：*Current and Historical Perspectives*，ed. Richard Burdekin and Pierre Siklos. NewYork：Cambridge University Press.

Bordo，M．，C. Erceg，and C. Evans. 2000. Money，Sticky Wages and the Great Depression. *American Economic Review* 90（5）：1447 – 63.

Borio，C．，and A. J. Filardo. 2003. Back to the Future? Assessing the Threat of Deflation. Working Paper No. 152，Bank for International Settlements.

Canova，F．，and M. Ciccarealli. 1999. Forecasting and Turning Point Pre-dictions in a Bayesian Panel VAR Model. Unpublished manuscript.

Craig, L, and D. Fisher. 2000. *The European Macroeconomy*: *Growth and Integration*, 1500 – 1913. London: Edward Elgar.

Deutsche Bundesbank. 1976. *Deutsches Geld – and Bankwesen in Zahlen*, 1876 – 1975. Frankfurt: Herausgeber Deutsche Bundesbank.

Dowd, K. , and D. Chappell. 1997. A Simple Model of the Gold Standard *Journal of Money*, *Credit*, *and Banking* 29 (1): 94 – 105.

Friedman, M. 1969. The Optimum Quantity of Money. In *The Optimum Quantity of Money and Other Essays*, ed. Milton Friedman. Chicago: Aldine.

Friedman, M. , and A. Sehwartz. 1963. *A Monetary History of the United States*, 1867 – 1960. Princeton, NJ: Princeton University Press.

Holtz – Eakin, D. , W Newey, and H. S. Rosen. 1988. Estimating Vector Autoregressions with Panel Data. *Econometrics* 56 (6): 1371 – 95.

International Monetary Fund (IMF) . 2002. *World Economic Outlook*. Washington, DC: IMF.

Kehoe, T, and E. Prescott. 2002. Great Depressions of the 20th Century. *Review of Economic Dynamics* 5 (1): 1 – 18.

Kumar, M. , S. T. Baig, J. Decressin, C. Faulkner – MacDanagh, and Tarhan Feyziogulu. 2003. Deflation: Determinants, Rises, and Policy Options. Occasional Paper No. 221, International Monetary Fund.

McCloskey, D, and J. R. Zecher. 1976. I – Iow the Gold Standard Worked, 1880 – 1913. In *The Monetary Approach to the Balance of Payments*, ed. J. A. Frenkel and H. G. Johnson. Toronto: University of Toronto Press.

Mitchell, B. 1998. *International Historical Statistics*: *Europe*, 1750 – 1993. 4th ed. New York: Stockton Press.

Orphanides, A. 2001. Monetary Policy Rules, Macroeconomic Stability and Inflation: A View from the Trenches. Finance and Economics Discussion Paper No. 2001 – 62, Federal Reserve Board of Governors.

Pesaran, M. H. , and R. Smith. 1995. Estimating Long – Run Relationships from Dynamic Heterogeneous Panels. *Journal of Econometrics* 68: 78 – 113.

Rockoff, H. 1984. Some Evidence on the Real Price of Gold, Its Costs of Production, and Commodity Prices. In *A Retrospective on the Classical Gold*

Standard，1821 – 1931，ed. M. D. Bordo and A. J. Schwartz. Chicago：University of Chicago Press

Sommariva，A，and G. Tullio. 1987. *Gerfnan Macroeconomic History*，1880 – 1970：*A Study of the Effects of Economic Policy on Inflation*，*Currency Depreciation and Growth*. New York：St Martin's Press.

U. S. Gold Commission. 1982. *Report to the Congress of the Commission on the Role of Gold in the Domestic and International Monetary Systems*. Washington，DC：U. S. Gold Commission.

评　论

Francois R. Velde

1. 引言

中央银行常常向员工提出诸如"通货紧缩是好是坏？"这样的问题，经济学家也常常回应说这些问题问得不好。他们可能会说，就像产量一样，物价是内生的。物价下跌到底是好是坏取决于引发物价下跌的原因以及其对产量的影响是好是坏。因此，中央银行对通货紧缩的担忧应当调整为"什么引发了通货紧缩？这会对 GDP 造成什么影响？"。

为什么中央银行家（以及社会公众）如此担心通货紧缩？现代经济提供了几个例子，其中的两个颇负盛名。一个是 20 世纪 30 年代美国的大萧条，自 1929—1933 年，美国物价下跌了 24%，GDP 缩减了 25%。另一个是 1998—2002 年的日本，在此期间，日本物价平均下降 1.6%，经济仅增长了 1%。由于两点足以确定一条直线，这两个事件大概也能解释通货紧缩坏名声的由来。

即使不考虑那些缺乏数据的久远年代，我们也能找到其他的例子。如 1873—1913 年的古典金本位时期就向我们提供了世界性的通货膨胀和通货紧缩，尽管这不是一次受控的实验，但是在相邻的时间段里，经济体之间存在可比性。同时，至少从表面上看并没有证据表明，通货紧缩比通货膨胀造成了更为恶劣的影响。

2. 关于这篇论文

本文利用识别 VAR 方法对这段时期内表 1 中四个经济体进行了详细

的分析。VAR 模型中的三个变量分别为产出、货币与物价。具体方法包括识别 VAR 中预测误差的外源性偶然因素（线性组合），（通过观察脉冲响应）检测冲击对物价与产出的影响，并对产出变动中因冲击引起的比例进行估计（见历史分解）。

表 1　　　　　　　　　物价、GDP 与人均 GDP 的平均年增长率

	物价		GDP		人均 GDP	
	1880—1996 年	1897—1913 年	1880—1996 年	1897—1913 年	1880—1996 年	1897—1913 年
美国	−1.6%	1.9%	3.3%	4.5%	1.2%	2.6%
英国	−0.6%	0.8%	1.6%	1.7%	0.8%	0.9%
德国	−0.3%	1.2%	3.0%	2.7%	2.0%	1.3%
法国	−0.8%	0.8%	1.7%	1.8%	1.5%	1.6%

识别策略是基于金本位的本质和样本经济体中"小型开放经济体"这一观点。由此可见，在每个经济体当中，物价水平与世界黄金价格挂钩，并未受到国内产出或者货币供给的影响。这导致了对三变量 VAR 模型中三种冲击的识别：冲击 A 是造成 p 值长期预测误差的唯一原因；冲击 B 与 A 正交，A 和 B 是造成产出长期预测误差的唯一原因；冲击 C 与 A、B 都正交，并对物价和产出没有长期结构性影响。作者分别将"货币供给冲击""总供给冲击"和"总需求冲击"标记为 A、B 和 C。

将 Bordo，Landon – Lane 和 Redish 的发现总结如下：

● 冲击 A 在长期和短期都影响 p 值，因此我们可以称其为通货紧缩的成因。

● 即使在长期内，冲击 A 也会对 Y 造成影响。

● 冲击 A 会对 Y 造成影响，但从定量上说，冲击 A 几乎无法解释 Y 的变动。

因此，我们可以得出通货紧缩（通货膨胀也是一样，因为冲击的效果具有对称性）对产出来说是良性的这一结论。

3. 一些评论

出于展示的角度，我希望看到作者提供更多的数据。例如，作者说"三个国家之间的货币供给冲击和供给冲击是相互关联的，而需求冲击则

无关联"。表 2 表明这一论述有以偏概全之嫌。

表 2   识别冲击的相关系数

	货币供给	总供给	总需求
美国—英国	0.31	0.22	− 0.34
美国—德国	0.40	− 0.45	− 0.20
英国—德国	0.47	− 0.08	− 0.15

绘制实际平衡与 M/p 的脉冲响应函数具有启示作用，可以将其作为不同冲击的函数，同时可以提供一种定量衡量单个冲击影响大小的方法。同时，作者没有使用人均 GDP 也让人感到有点困惑。利用人均 GDP 可以进行一些稳健性检验，例如，利用人均系列，用 M0 代替 M2，从而估计每个国家的 VAR。然而，作者好心向我提供了他们的数据，虽然有一些定性变化（尤其是产出对货币供给与总需求冲击的反应），我还是说服自己检测结果在定性上是稳健的。

4. 识别

那么识别又进行得如何呢？对金本位时期小型开放经济体的基本假设意味着国内冲击（总供给与总需求冲击）在长期内不会影响物价水平：黄金的自由流动会使得物价稳定。这样的假设是否合理呢？第一个问题是经济体是否为小型。表 3 表明事实并非如此：1913 年，样本中三个国家的产出占世界总量的三分之一，而单是美国就占了五分之一。

他们是开放经济体吗？这仍然有待考证。最后，他们是否执行金本位制度？1900 年以前，美国在这方面有一段独特的历史。直到 1879 年（本文样本期间开始之前），它从美元的法定货币体制向金本位回归。1873 年，该国认为应当采取金本位制度，但 1878—1896 年的政治压力引发了一些关于能否将银也作为法定货币的不确定性，在同一时期（先是 Bland – Allison 法案，后来又出台了 Sherman 法案），美国开始积极采购和铸造银（或者发行以银为支持的纸币）。然而，除了 19 世纪 90 年代初期美元的流通，这些因素从根本上不大可能影响价格水平。

这些识别的危机是什么呢？

- A 是货币供给冲击
- B 是总供给冲击
- C 是非货币性需求冲击，总货币需求冲击以及临时性支出冲击，由经济增长速度冲击所导致（提高 M/p，Y 则保持不变）。

在识别冲击 C 的时候，这一冲击完全不能解释 1893 年和 1907 年的危机（见这篇文章的图 6B），这着实令人吃惊。

但最重要的冲击自然是第一种，也就是所谓的货币供给冲击。它是否会影响与人们预期金本位制度下货币冲击的相关变量，而这一冲击可能与黄金相关？

这一冲击在长期内使得美国与英国的 Y 有所上升，这一发现具有稳健性，即使对美国而言，在定性上也是如此，而对英国则不是这么明显。人们很难找到出现这种情况的原因。冲击也导致了 M/p 的下跌（美国除外）。但在商品本位制下，商品冲击不会对 M/p 产生长期影响，以现金形式持有的资源价值并非使用商品的本意。最后，面对此类冲击时，M 反应迅速，p 则变动得缓慢一些，而物价—现金流动机制则意味着相反的情形。

加入黄金供给冲击（通过使用 Ridgway 公认的可疑数据）并不能够解释这一神秘的冲击。但是用 M0 代替 M2，再加入黄金供给冲击确实使得 M/p 对冲击免疫。这表明冲击可能与黄金无关，而可能与货币体系的其他方面（也就是作者所谓的中介冲击）有关，或者金本位下的小型开放经济体这一假设需要作出调整。

表3　　　　　　　　　　各国在世界产出占比

	1870 年	1900 年	1913 年
美国	8.7%	15.8%	19.0%
英国	8.8%	9.3%	8.2%
德国	6.3%	8.5%	9.0%
总计	23.9%	33.6%	36.1%

5. 问题的答案

答案是物价预测误差的来源（基于 1896 年的趋势突破）不会影响产出的预测。这是一个有意思的回答：意料之外的通货膨胀或者通货紧缩不会导致意料之外的经济增长或衰退。我们不能确定这是否是中央银行家为通货紧缩担忧时所期待的那样（尽管他们可能不知道具体的程度）。目前也尚不清楚 William Jennings Bryan 和其他各种通货紧缩家所说的 19 世纪末期通货紧缩的负面影响是否来源于意料之外的通货紧缩。也就是说，作者给出了一个重要且实用的答案。

致谢

此处所表述的观点不一定代表芝加哥联邦储备银行或者美国联邦储蓄体系。我衷心感谢作者向我提供他们的数据与代码。

参考文献

Maddison，A. 1995. *Monitoring the World Economy*，1820 – 1992. Paris：Organisation for Economic Co – operation and Development.

第 6 章　低通货膨胀时期的货币政策导向

Jürgen von Hagen 和 Boris Hofmann

1. 简介

　　过去二十年，经合组织（经济合作与发展组织）成员国的通货膨胀率普遍降到非常低的水平。普遍（基本）实现物价稳定反映了货币政策理念的转变，即从通过积极利用菲利普斯曲线以管理宏观经济，到瞄准稳定的货币环境和低通货膨胀。在中央银行独立性增强并建立如通货膨胀目标制规则导向制度①的转型过程中，这一货币政策理念的转变产生了巨大的反响。在欧洲，它对 1997 年欧盟（EU）条约和欧洲中央银行（ECB）宪章有显著的影响。目前，欧央行已经把物价稳定作为货币政策的主要目标。

　　随着大多数经济学家对通胀过程和货币政策在其中角色的认识发生变化，货币政策的模式也在发生变化。二十年前，人们普遍认为通货膨胀的主要原因是货币增长过多，因此为了降低通胀，中央银行不得不控制货币增速。今天，新凯恩斯主义者对货币政策传导模型的共识甚至没有明确货币对确定通胀率的作用。相反，共识认为中央银行的主要作用是确定影响产出缺口的利率，这反过来通过菲利普斯曲线确定通胀率。这种货币政策传导机制共识的转变很大程度上是实证观察的结果。美国和欧洲的实证观察表明，货币增长与通货膨胀之间几乎不相关。因为欧央行最初的货币政策框架把货币增速作为货币分析首要的两大支柱，基于这一观察，很多经

---

① 回顾有关通货膨胀目标制方面的经验，参见 Neumann 和 von Hagen（2002）。

济学家批评这一货币政策框架过时了，因而不合适。① 回应这些批评，欧央行最近下调货币在其政策框架中的作用。②

然而，这一批评以及央行采取的行动，可能被视为急于得到无根据的结论。过去三十年通胀率的普遍下降也伴随着通胀波动性的普遍下降。如果这是货币增速下降以及增速波动率下降的结果，这也可能是瞄准较低通胀和较小波动通胀为目标货币政策的结果。此外，如下文所述，近年来，欧元区通货膨胀率和产出缺口之间的实证相关性也减弱。这意味着共识模型的实证表现也变差了。

这些观察结果的一个重要政策含义就是，当通货膨胀的水平较低时，中央银行用以评估未来通货膨胀的传统信号，即货币增长和产出缺口，就不那么有用。在本文中，我们将更详细地探讨这一观点及其影响。我们的主要观点是，在低通货膨胀时，中央银行应该把重点关注潜在的通胀趋势，而不是通货膨胀的高频变化。经验上说，这意味着他们应该使用与通货膨胀决定因素的长期变化趋势有关的信息。原则上，他们能通过观察货币量、实际产出、利率或产出缺口的长期变化趋势，实现这一目标。然而，产出缺口的长期变化没有意义，因为在商业周期中，我们通过构造使得产出缺口平均值为零。言下之意是，尽管货币增长与高频率通货膨胀之间的相关性较低，中央银行应该关注货币趋势，尤其是当通货膨胀率低的时候。

本文的其余部分安排如下：第二节回顾了过去三十年的货币和通胀趋势的发展。第三节提出了一个解释这些观测结果的共识模型的一种形式。第四节给出了实证估计。我们的实证估计表明由于通胀率，产出缺口和通货膨胀已经下降，货币增长与通货膨胀之间的实证相关性减弱。进一步地，我们建立了趋势通胀模型，并证明即使在低通货膨胀时，该模型仍能很好地预测通胀。第五节总结全文。

---

① 例如，参见 Alesina et al.（2001），De Grauwe 和 Polan（2001），Gali（2001）以及 Svensson（1999）。

② 具体而言，在 2003 年 5 月的声明中，欧央行（2003）颠倒了第一支柱和第二支柱，并宣布放弃未来货币基准的定期评估。

2. 通货膨胀和货币波动：实证趋势

在弗里德曼提出"通货膨胀无论何时何地都是一种货币现象"后，最近的一些研究重新考虑了货币增长和通货膨胀的实证相关性。McCandless 和 Weber（1995）以 110 个国家 1960—1990 年的数据作为样本，证明了货币增长和通货膨胀之间的高度相关性（图1）。根据他们的证据，高货币增长伴随着高通货膨胀率，而低货币增长伴随着低通货膨胀。针对货币定义的变化和样本国家的变化，他们的结果保持稳健。然而，图1表明，高通胀时货币增长和通货膨胀之间的相关性强于低通货膨胀率时。King（2001）使用 116 个国家 1968—1998 年的数据，重复了上述研究，结果基本一致。除此之外，他指出只有当通货膨胀和货币增长观察时间平均超过十年时，两者之间的相关性才是明显的。[1] Lucas（1980）发现美国年通胀率和年货币增长率之间存在很强的正相关关系，并指出在剔除短期波动后相关性进一步加强。Tanner（1993）指出，相比于 20 世纪 70 年代，美国 20 世纪 80 年代年通货膨胀和货币增长率之间的相关性有所下降。Christiano 和 Fitzgerald（2003）发现，这两个变量之间是正相关的，并且这种相关性对于美国横跨 20 世纪的长期数据是稳定的。1960 年以后，这种相关性在短期内下降了。

然而，从简单的相关性转向 Granger 因果关系检验，Friedman 和 Kuttner（1992）指出，1980 年以后，货币总量对美国通货膨胀没有边际信息价值。Estrella 和 Mishkin（1997）甚至问道，"货币总量在货币政策中有作用吗？"他们基于 VAR 模型证据得出结论：答案毫无疑问是否定的。同样，Stock 和 Watson（1999）指出，货币总量在通胀预测中的信息价值即使不是负值，也可忽略。对于欧元区，Gerlach（2004）和 Svensson（1999）证明，欧央行的广义货币总量 M3 的增长率（和通胀率）不存在 Granger 因果关系。

Nicoletti Altimari（2001）应用 Stock 和 Watson 的方法来估计货币对于

---

[1] 支持同样结论的进一步的研究结果见 Barro（1990），Dwyer 和 Hafer（1988，1999）以及 Poole（1994）。

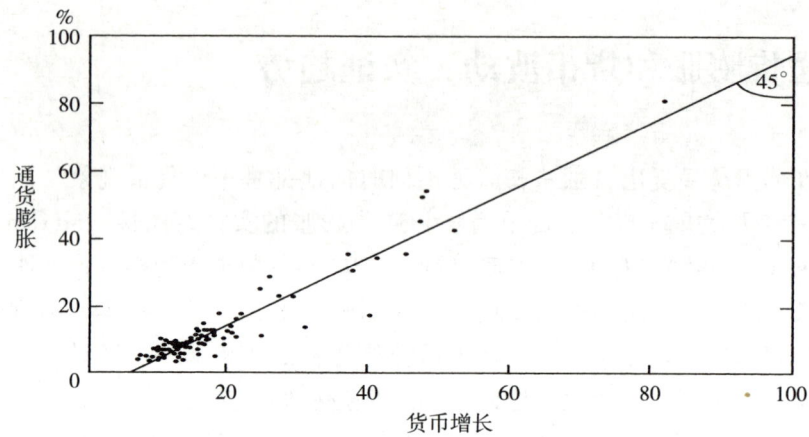

来源：国际货币基金组织。

图 1　1960—1990 年 110 个国家的 M2 和消费价格的平均年比率

欧元区通货膨胀的边际信息含量。他发现，从短期预测的视角来看，货币包含很少甚至没有信息价值。Trecroci 和 Vega（2002）用货币、产出、通货膨胀以及长短期利率来估计多变量 VAR 模型，没有发现货币增长对通货膨胀的 Granger 因果关系。

DeGrauwe 和 Polan（2001）是弗里德曼有关通货膨胀总是一种货币现象的格言最有力的批评者。他们使用了来自 165 个国家横跨三十年的数据，指出货币增长和通货膨胀之间的相关性的强度主要取决于通胀率的水平。他们指出，通货膨胀对货币增长的回归只在通胀率高于 17.4% 时是显著的。DeGrauwe 和 Polan 得出结论，只要通货膨胀较低或适中，中央银行没有必要关注货币的增长。同样，Svensson（1999）认为，在低通货膨胀时期，货币或货币增速与货币政策无关。

但这个结论似乎为时过早。考虑如下有关货币和价格水平的简单统计描述：

$$(1)\quad \begin{aligned} P_t &= P_t^* + \mu_t \\ P_t^* &= M_t^* \\ M_t &= M_t^* + \xi_t \\ \Delta M_t^* &= \pi^* + \varepsilon_t \end{aligned}$$

这里，P 是价格水平的对数，M 是货币供应量的对数。价格水平围绕其趋势值 P* 随机波动，例如食品价格的暂时性冲击或成本冲击。同样，货币供应量围绕其趋势值 M* 波动。这里，假定价格水平趋势和货币趋势互相呈比例。货币趋势随着永久项 π^* 和随机冲击项 ε 增加。

简单起见，假设两个暂时性波动项 μ 和 ε 是不相关的。那么在 T 时期内平均通货膨胀率和平均货币增长率之间的相关性是：

$$(2)\ \rho_t = \frac{var(\varepsilon)}{\sqrt{var(\varepsilon) + 2T^{-1}var(\xi)}\ \sqrt{var(\varepsilon) + 2T^{-1}var(\mu)}}$$

首先，这表示相关系数的估计值随着我们计算均值的时间长度 T 增加而增加。当我们考虑更长的时间，临时性冲击被剔除，这再现了前面提到的 King（2001）的观察结果。其次，在货币扩张冲击 ε 较大的时间段，货币增长和通货膨胀之间存在较大的相关性。相反，货币增长的冲击较小时，这种相关性较弱。因此，如果货币增速降低并且处于低水平的货币增速已经减小了波动性，货币增速和通货膨胀之间的相关性变弱。最后，假设中央银行追求恒定的货币供应政策，在这种意义上，货币增长冲击消失了。在这种情况下，货币增长和通货膨胀之间的相关性也完全消失了。然而，中央银行设定通胀率趋势为 π^*。显然，在这种情况下，认为货币增长没有包含通货膨胀的信息，是完全无根据的。

表 1 中，我们为这一推理提供了一些背景数据。该表的第一部分收集了 OECD14 个国家 1966—2002 年每月年均通胀率的标准差和均值。我们用消费者价格指数为基础衡量通货膨胀。我们划分了五个子时间段：布雷顿森林体系的最后几年，1966—1972 年；石油危机和欧洲的"蛇形"（几个欧洲国家盯住德国马克的汇率），1973—1978 年；欧洲货币体系期间，1979—1991 年；20 世纪 90 年代早期，1992—1996 年；20 世纪 90 年代后期，1997—2002 年。20 世纪 90 年代较为有趣，这一时期几个 OECD 国家开始实行新的通胀目标制。该表显示，在布雷顿森林体系结束后，通胀率变得更加不稳定。同时，通胀率平均值上升。20 世纪 80 年代，通货膨胀波动率达到峰值，这一时期所有通胀率都在下降。20 世纪 90 年代表现为低通胀率和低波动性。

该表的第二部分收集了同一国家月年度货币增长率的标准差和均值。在这里，平均增长率的变化趋势并不明显。但至于波动性，我们观察到一个非常相似的趋势。货币增速的波动性在 20 世纪 70 年代普遍大幅增加，而在20世纪90年代大幅减少。有趣的是，这一结论对于通货膨胀目标制的国家，比如瑞士、英国、加拿大和澳大利亚，同样成立。因此，乍一看，由于货币增速冲击和通货膨胀两者波动性的下降，货币增长和通货膨胀之间观测到的相关性可能减弱，数据与这一想法是一致的。稍后我们将进一步探讨这种关系。现在，我们仅仅注意到，数据并没有证明货币总量变化和货币政策无关。

表1　　　　　　第1部分：通货膨胀：均值和波动性

时间 （年）	平均通胀					通胀的标准差				
	1966— 1972	1973— 1978	1979— 1991	1992— 1996	1997— 2002	1966— 1972	1973— 1978	1979— 1991	1992— 1996	1997— 2002
美国	4.1	7.7	5.9	2.9	2.3	1.2	2.2	3.5	0.3	0.8
加拿大	3.8	9.0	6.5	1.5	2.0	0.9	1.7	3.0	0.8	0.9
日本	5.5	11.4	2.7	0.8	0.0	1.5	6.2	2.0	0.8	1.1
澳大利亚	3.9	7.0	3.7	2.9	1.6	1.6	2.1	1.8	0.9	0.8
奥地利*	3.9	12.2	10.9	2.2	0.8	1.6	3.2	2.5	1.4	2.0
瑞士	4.4	4.9	3.7	2.2	0.8	1.8	3.8	1.9	1.4	0.6
D	3.3	5.1	2.9	3.1	1.5	1.6	1.7	2.0	1.6	0.8
丹麦*	6.5	10.7	6.5	1.9	2.4	2.4	3.0	3.5	0.4	0.4
E	6.0	17.7	10.1	4.7	2.7	2.3	4.6	4.3	0.8	0.8
I	3.3	15.7	10.9	4.6	2.2	2.0	4.5	5.7	0.8	0.4
爱尔兰*	6.2	14.8	8.7	2.2	3.4	2.6	4.9	6.5	0.7	1.8
荷兰	5.6	7.9	3.4	2.8	2.0	2.2	10.1	0.6	1.0	
新西兰*	6.0	12.9	10.9	2.2	1.7	2.5	3.1	5.4	1.4	2.0
瑞典	5.1	9.7	8.2	2.5	1.1	2.1	2.1	2.9	1.5	1.1
英国	5.7	15.0	7.9	2.7	2.4	2.3	5.7	4.4	0.8	0.9

*基于季度数据。

资料来源：国际金融统计。

表 1　　　　　　　　第 2 部分：货币增长：均值和波动性

时间（年）	平均通胀					通胀的标准差				
	1966—1972	1973—1978	1979—1991	1992—1996	1997—2002	1966—1972	1973—1978	1979—1991	1992—1996	1997—2002
美国	4.1	7.7	5.9	2.9	2.3	1.2	2.2	3.5	0.3	0.8
加拿大	5.3	8.3	10.0	8.3	10.0	8.1	3.8	9.1	3.5	3.9
日本	18.6	13.8	5.4	7.4	11.7	5.0	6.7	4.3	4.6	7.6
澳大利亚	7.4	12.0	11.5	13.7	11.9	2.9	7.8	7.9	5.9	4.1
奥地利	8.9	9.1	5.2	8.8	5.3	4.4	3.4	5.6	2.8	0.8
瑞士	11.6	3.4	2.6	5.7	6.0	5.1	7.9	8.1	5.4	5.4
D	8.7	9.6	7.4	8.1	7.4	3.9	4.7	5.9	2.8	2.0
丹麦	9.5	10.7	12.1	4.4	6.1	4.9	6.9	7.3	6.8	3.2
E	14.1	20.4	14.3	4.1	12.3	6.5	3.4	4.4	4.1	2.0
I	19.2	17.8	12.2	4.3	10.0	5.0	7.3	4.6	3.8	2.4
爱尔兰	10.3	19.4	16.3	18.1	0.5	9.2	22.5	27.6	25.9	20.5
荷兰	11.6	10.3	5.9	7.7	9.9	4.4	7.7	3.3	4.2	1.6
新西兰	5.2	12.7	13.1	3.7	8.6	6.9	11.0	12.6	4.4	6.7
瑞典	12.3	10.7	10.1	3.4	4.4 ***	3.1	3.2	6.6	4.4	3.0 ***
英国	10.3	21.4	14.3 ***	6.3 **	7.8 **	6.7	7.2	4.1 ***	3.2 **	3.4 **

＊1982—1991 年；＊＊来自英格兰银行的年度化的六个月增长率；＊＊＊1999—2000 年。

资料来源：国际金融统计。

判断货币对通货膨胀率的指标属性的一个简便方法是 Hallman，Porter 和 Small（1991）① 提出的 P^* 方法。它逆用数量方程得到长期均衡价格水平，$P_t^* = M_t - y_t - v_t$，其中 v_t 是货币流通速度的对数，y_t 是产出的对数。P^* 方法假定存在稳定的长期货币需求函数，我们将其解释为价格水平、货币供应量和实际产出之间存在协整关系。货币流通速度的主要决定因素是持有货币的机会成本，我们用政府债券收益率近似这一机会成本。② 我们基于 1980 年第一季度到 2002 年第四季度的协整 VAR 模型，估计欧元区的

---

① Von Hagen 和 Hayo（1999）首次指出，这种方法用于欧元区 20 世纪 80 年代和 90 年代能够得到好的实证结果。

② 用短期利率作为机会成本变量的欧元区货币需求模型，在实际收入方面往往表现出参数不稳定和非齐次。

长期货币需求函数。该 VAR 模型包括实际 M3（流通货币；支票存款、定期存款和储蓄存款以及由银行发行的存单），实际国内生产总值（GDP）以及十年期间政府债券名义收益率 Rl。实际 M3 由名义 M3 经欧元区消费者价格调和指数（HICP）平减得到。该 VAR 模型包含一个以 1990 年第三季度为中心的虚拟冲击，剔除了德国统一导致的货币方程异常值。

结果见表 2。Johansen 迹测试表明我们通过使实际货币系数标准化而识别出一个长期关系。该系数对实际 GDP 的限制是不能被拒绝的，因此是存在的。估计的协整向量表明，长期的货币需求对于实际 GDP 和价格水平是齐次的，且与政府债券收益率负相关。因此，长期的货币流通速度是长期利率的增函数。

求解长期货币需求关系得到 P＊：

（3）$P_t^* = M_t - y_t + 0.038 Rl_t$

P＊模型是通货膨胀的一个前瞻性模型，它认为长期价格水平 P＊是物价根据当期产出、货币供应量和利率充分调整后的价格。该模型假设实际价格水平逐渐调整到此均衡价格水平，因此，如果价格差即 P＊和 P 之差是正值，通货膨胀率将上升，如果价格差是负的，则通货膨胀率将下降。

无限制的协整迹检验

表 2   估计欧元区的长期货币需求函数

假设的协整向量数量	特征值	迹统计量	5% 关键值	1% 关键值
无 *	0.206156	33.07013	29.68	35.65
最大为 1	0.134700	12.75370	15.41	20.04
最大为 2	0.000249	0.021905	3.76	6.65

＊（＊＊）在 5%（1%）的水平上拒绝假设。

迹检验表明在 5% 的显著性水平至少存在一个协整方程。

迹检验表明在 1% 显著性水平上不存在协整。

估计的协整向量：

$M/P = Y - 0.038 irl$
$\quad\quad\quad\quad\quad (-9.24)$

齐次限制检验：卡方 1 ＝2.19（0.14）

错误纠正	D（LNRM3）	D（LNGDPR）	D（IRL）
CointEq1	−0.033403	−0.041891	−0.897962
	(0.01332)	(0.01231)	(0.78605)
	[−2.50849]	[−3.40401]	[−1.14238]
D（LNRM3（−1））	0.155890	−0.063314	−5.359175
	(0.10103)	(0.09337)	(5.96373)
	[1.54305]	[−0.67812]	[−0.89863]
D（LNRM3（−2））	0.055251	−0.016947	3.990832
	(0.09891)	(0.09142)	(5.83904)
	[0.55857]	[−0.18539]	[0.68347]
D（LNGDPR（−1））	−0.018760	−0.059016	11.16043
	(0.12519)	(0.11570)	(7.39029)
	[−0.14985]	[−0.51007]	[1.51015]
D（LNGDPR（−2））	0.190490	−0.101837	−0.641314
	(0.12261)	(0.11332)	(7.23802)
	[1.55357]	[−0.89869]	[−0.08860]
D（IRL（−1））	−0.001410	0.003980	0.632798
	(0.00182)	(0.00168)	(0.10728)
	[−0.77591]	[2.36977]	[5.89841]
D（IRL（−2））	0.000396	−0.000785	−0.180336
	(0.00193)	(0.00178)	(0.11372)
	[0.20572]	[−0.44074]	[−1.58577]
C	0.005555	0.007162	−0.101495
	(0.00146)	(0.00135)	(0.08595)
	[3.81507]	[5.32224]	[−1.18082]
D903	0.024250	0.006176	0.352946

（4）$P_t - P_{t-1} = \lambda_0 + \lambda_1(P_t^* - P_t)$

其中，$0 < \lambda_1 \leqslant 1$。$\lambda_0$ 是价格水平等于长期均衡值以及长期利率恒定的通货膨胀率趋势值，模型的一致性要求 λ_0 等于货币和产出的增速趋势之差。[1]

---

[1] Hallman，Porter 和 Small（1991）参考 Mussa（1982）的研究作为他们的模型的理论基础。Mussa 提出价格调整公式，$P_1 - P_{t-1} = \alpha(p_t^* - p_t) + \pi_t^*$，其中 π^* 是通胀率趋势的前瞻性预期。在 P^* 模型的实证检验中，包括 Hallman，Porter 和 Small 的研究，这一条件通常被省略。

图 2 显示了 1980—2002 年价格差和通胀率在欧元区的发展。三个现象比较突出。第一，在 20 世纪 80 年代通胀率相对高且波动的期间，价格差很好地符合欧元区的通货膨胀趋势。20 世纪 80 年代后期当通货膨胀再次加速时，价格差增大了很多，但这与价格差导致了观察到的通货膨胀的观点不矛盾，两者之间逐步产生调整。第二，在 20 世纪 90 年代，当通货膨胀达到低水平，且比以前更加稳定时，价格差和通货膨胀之间的关系似乎变得更弱。第三，在整个样本期间，通货膨胀在长期内表现为长期，这在价格差中没有观察到。价格差从货币、产出和价格之间的协整关系中构建出来的，这一点表明其不符合长期趋势。

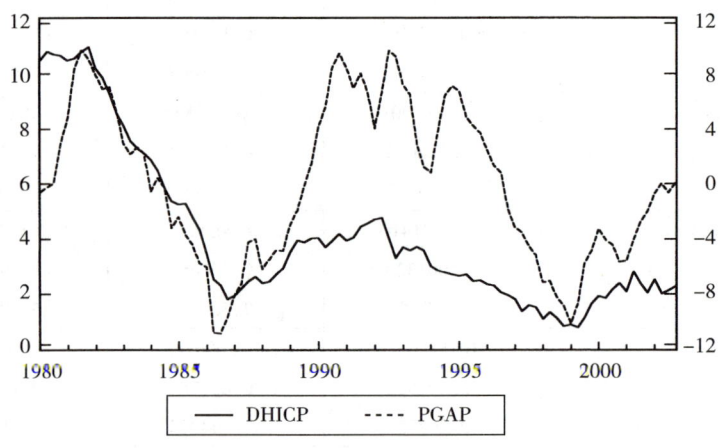

图 2　欧元区的通货膨胀和价格差

货币传导机制的新凯恩斯模型侧重于通货膨胀和产出缺口之间的菲利普斯曲线关系。图 3 中，我们展示了欧元区 1980—2002 年针对这种关系的两个关键变量，该图显示了消费者价格调和指数（消费价格）的通胀率和产出缺口。这里，产出用实际 GDP 的对数来衡量，产出缺口是实际产出与从传统的 HP 滤波器得出的趋势产出的对数差。该图也揭示了三个主要的现象。第一，直到 20 世纪 80 年代中期，忽略一些异常点，甚至到 20 世纪 90 年代早期，产出缺口很好地符合通货膨胀趋势。第二，1990 年以后，当欧元区的通货膨胀相对低且更加稳定时，产出缺口和通胀率之间的关系似乎变弱了。第三，就像价格差，在这个时期，产出缺口无法再现通货膨胀长期下降的趋势，这也是因为这个指标的周期性。因此，该图展示了通货膨胀和产出缺口之间非常相似的典型事实：当通货膨胀低且稳定时，产出缺口的变化对于通胀的变化来说具有更少的信息。

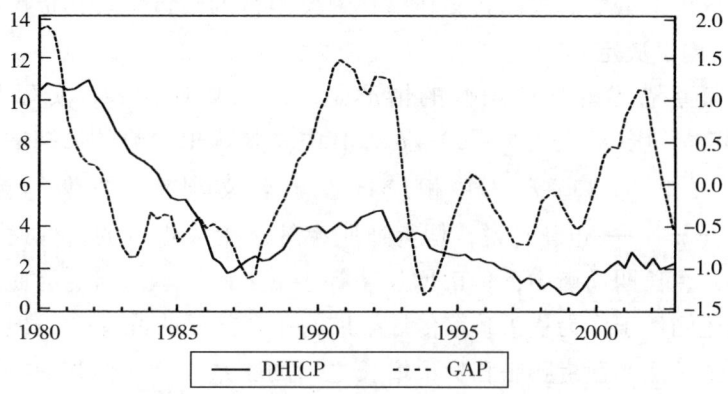

图 3　欧元区的通货膨胀和产出缺口

3. 通货膨胀、产出和货币：模型

货币政策传导机制的共识模型可以归纳为以下方程：[1]

(5) $y_t = b_0 - b_1(R_t - E_t \Delta P_{t+1}) + E_t y_{t+1} + v_t$

(6) $\Delta P_t = (1 - c_1)\Delta P_{t-1} + c_1 E_t \Delta P_{t+1} + c_2(y_t - y^*) + \varphi_t$
$\qquad 0 < c_1 < 1$

(7) $R_t = r^* + E_t \Delta P_{t+1} + d_1(E_t \Delta P_{t+1} - \pi^*) + d_2(y_t - y^*) + \theta_t$

(8) $M_t - P_t = y_t - a_1 R_t + \zeta_t$

这里，y_t 是实际产出的对数，y^* 是其趋势值，$(y_t - y^*)$ 是产出缺口，变量 P_t 表示价格水平的对数，R_t 表示利率，r^* 表示均衡的实际利率，M_t 表示货币存量的对数，π^* 表示中央银行的目标通胀率，E_t 表示基于时刻信息的期望，v_t、ϕ_t、θ_t 和 ζ_t 是期望为 0 的随机冲击。等式 (5) 是从最优消费者行为中得出的前瞻性投资储蓄关系，等式 (6) 是从不完全竞争下的公司设定的 Calvo 价格中得出的新凯恩斯菲利普斯曲线，等式 (7) 是标

---

[1]　例如，见 McCallum（2001），Nelson（2003a，2003b）或者 King（2001）。

准的泰勒规则，而等式（8）是标准的货币需求函数。尽管现在大多数模型的表达式跳过后者，但是保留它能够与模型的其余部分相容，这对我们后续的分析很重要。假设名义利率是中央银行的政策工具，货币存量由等式（8）内生决定。

该模型描述的长期均衡的情形是，产出缺口为零，实际利率等于 Wicksellian 利率 $r^* = (b_0 + \mu)/b_1$，其中 μ 是产出趋势的长期增长率。考虑到中央银行知道 r^*，并相应地设定名义利率，长期均衡下得到 $E_t \Delta P_{t+1} = \pi^*$——也就是说，均衡通胀率等于中央银行的目标通胀率。这意味着，在长期均衡中，货币增长率等于 $E_t \Delta M_{t+1} = \mu + \pi$。因此，尽管大多数阐述侧重于作为货币政策传导渠道的菲利普斯曲线（6），但是共识模型嵌入了长期的通货膨胀和货币增长之间的联系，这与传统的数量方程完全一致。在该模型的背景下，下列说法是等价的：中央银行将长期的通货膨胀率保持在 π^*，或者中央银行将长期货币增长率保持在 $\mu + \pi^*$，且已经产生了通胀率 π^*。它们只是从两个不同的角度观察长期均衡。此外，比较低通胀率下的长期均衡和高通胀率下的长期均衡，与比较低货币增长下的长期均衡和高货币增长下的长期均衡相同。因此，货币增长率趋势包含关于通胀率趋势的信息，这显然对所有长期均衡为零的产出缺口不适用。

此外，该模型还嵌入了短期货币存量变化和通胀的关系，这通过货币政策的变化对总需求和菲利普斯曲线的影响起作用。考虑一个负利率冲击 $\theta_t < 0$，这将立即增大产出缺口，并使通货膨胀率上升，同时货币存量增加。因此，通货膨胀和货币增长是正相关的。然而，货币需求冲击 ζ_t 使这种相关性减弱。近来的货币政策冲击的方差相对于货币需求冲击的方差越小，货币增长和通货膨胀之间的短期相关性就越小。其结果是，该模型解释了前一节中所做的统计论证。布雷顿森林体系瓦解后，在 OECD 国家中，货币政策变得更具扩张性且更不稳定，导致了货币增长和通货膨胀更高的方差以及更高的通货膨胀率。相比之下，20 世纪 90 年代回归到更稳定的货币政策。虽然第一次变化增强了货币增长和通货膨胀之间的相关性，但第二次变化降低了这种相关性。

为了进一步证明这一论点，我们调整了模型的解法。通过把公式（7）代入公式（5）和（6），并在稳态附近取线性近似，我们得到：

（9）$b_1 d_1 E_t \tilde{\pi}_{t+1} - E_t \tilde{y}_{t+1} + (1 + b_1 d_2) \tilde{y}_t = v_t - b_1 \theta_t$

（10）$- c_1 E_t \tilde{\pi}_{t+1} + \tilde{\pi}_t - c_2 \tilde{y}_t - (1 - c_1) \tilde{\pi}_{t-1} = \phi_t$

其中波浪线表示相对于稳态的很小的百分比偏差。注意，这个系统不依赖于货币需求冲击。把（10）代入（9），我们可以从系统中消去产出，并解出通货膨胀：

（11）$AE\tilde{\pi}_{t+2} + BE\tilde{\pi}_{t+1} + C\tilde{\pi}_t + D\tilde{\pi}_{t-1} = v_t - b_1 \theta_t + \dfrac{1 + b_1 d_2}{c_2}\phi_t$

其中，A、B、C 和 D 是复合参数。这就产生了一个通货膨胀的理性预期解，我们可以用它解出总产出。然后，我们将这两个解代入货币需求函数来得出货币需求的均衡解。

为了调整该模型，我们选择了季度模型里的一组常规参数。参数 b_1 是无关紧要的，可以忽略。我们令风险厌恶参数的倒数 $b_1 = 1/6$（Woodford 2003）、$c_1 = 0.8$（Gali 和 Gertler 1999；Steinsson 2003）和 $c_2 = 0.04$。对于泰勒规则，我们令标准参数 $d_1 = d_2 = 0.5$（Taylor 1993；Woodford 2001），也让 $d_1 = 0.01$（弱通货膨胀目标制）或 $d_1 = 10$（激进的通货膨胀目标制）。最后，我们设置货币需求的利率弹性，$a_1 = 0.1$（Hayo 1999）。

我们使用此调整来模拟 IS 曲线的"味道冲击"、菲利普斯曲线的成本推动冲击和泰勒规则的货币政策冲击。尽管前两个冲击被认为是积极的，政策冲击却是消极的。图4A～图4D 画出了名义利率、通货膨胀、产出和名义均衡在标准泰勒规则下的脉冲响应函数。"味道冲击"，相当于产出总需求的外生增长，提高产出和通货膨胀。中央银行的反应是提高名义利率，名义货币供应随着货币需求的增加而增加。伴随着成本推动的冲击，我们发现通胀大幅上升，同时产出水平有所下降。利率上升。如图所示，名义均衡也随之上升。伴随着货币政策冲击，产出、通货膨胀和名义货币供应量均有所下降。最后，我们还可以模拟货币需求冲击的影响。当然，除了造成名义均衡增加以外，这一冲击对经济并无影响。这个基本模式对政策参数 d_1 的所有选择是相同的，即弱的、标准的和强的通货膨胀目标制。

在表3中，我们展示了在各种情况下，货币和通货膨胀、货币和产出之间的相关性及通货膨胀、产出和货币的标准差。在这里，我们设定"味道冲击"的标准差等于0.316，且成本推动的冲击的标准差等于0.1。简化

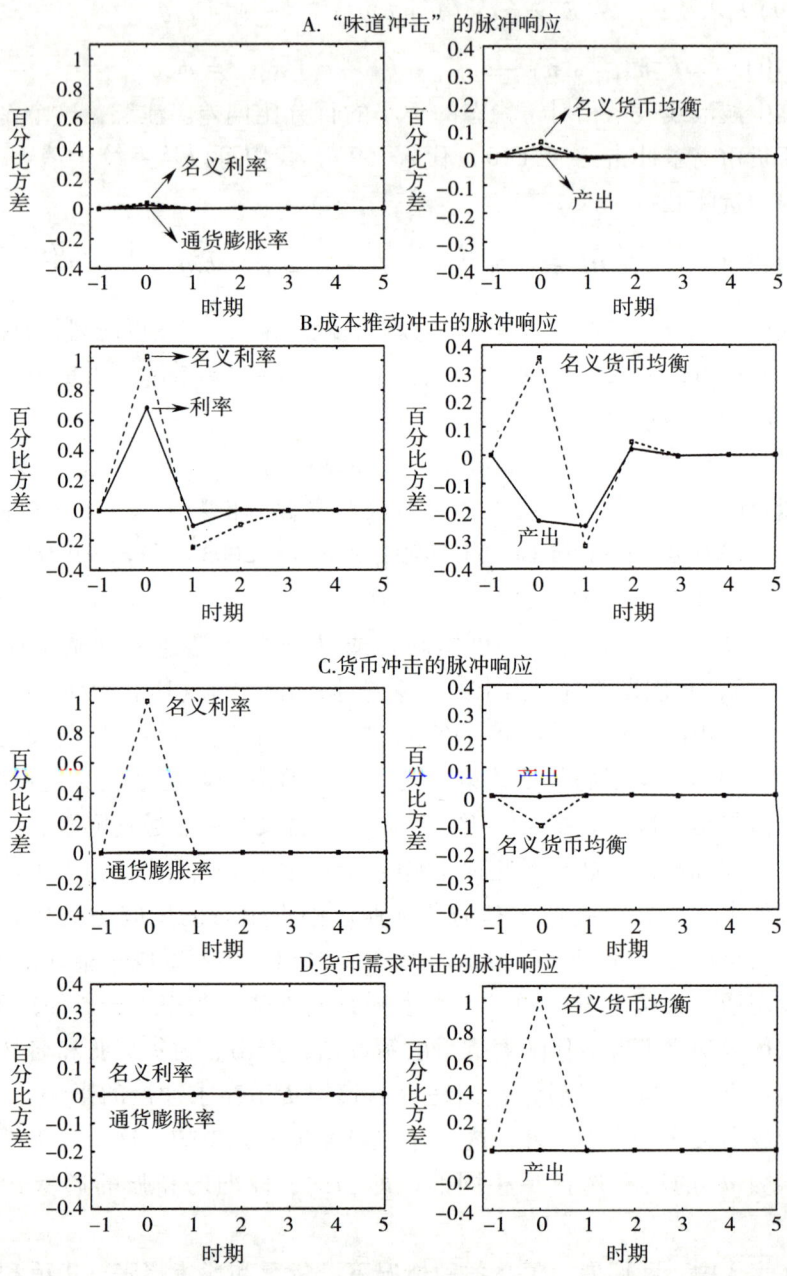

图4　标准泰勒规则，$d_1 = 0.5$

起见，我们忽略货币需求的冲击。我们比较标准差为 10 的极不稳定的政策冲击结果与标准差为 3.16 的波动较小的政策冲击结果。我们在弱的通货膨胀目标制和极不稳定的政策下得到了货币与通货膨胀具有最强的相关性，以及在强通货膨胀目标制和低政策波动下其具有最弱的相关性。类似地，在弱通货膨胀目标制和极不稳定的货币政策下的货币和通货膨胀的波动性高于强通货膨胀目标制和较小政策波动下的货币和通货膨胀的波动。最后，表 3 表明政策上的转变也能影响产出和通货膨胀之间的相关性。在高政策波动的情况下，呈正相关。随着政策变得更稳定，由成本推动冲击引起的负相关占主导地位。

表 3   在共识模型中货币、通货膨胀和产出的关系

	$\sigma_\theta = 10$	$\sigma_\theta = 10^{1/2}$
弱通货膨胀目标制		
货币和通货膨胀的相关系数	0.56	0.31
货币和产出的相关系数	0.88	0.17
产出和通货膨胀的相关系数	0.12	− 0.62
通货膨胀标准差	0.0821	0.0704
产出标准差	0.0539	0.0259
货币标准差	1.0868	0.1978
标准泰勒规则		
货币和通货膨胀的相关系数	0.55	0.30
货币和产出的相关系数	0.89	0.19
产出和通货膨胀的相关系数	0.13	− 0.63
通货膨胀标准差	0.0872	0.0704
产出标准差	0.0539	0.0259
货币标准差	1.0847	0.1968
强通货膨胀目标制		
货币和通货膨胀的相关系数	0.50	− 0.04
货币和产出的相关系数	0.91	0.48
产出和通货膨胀的相关系数	0.13	− 0.62
通货膨胀标准差	0.0824	0.0707
产出标准差	0.0537	0.0256
货币标准差	1.0444	0.1881

这些模拟表明，新的共识模型可以再现前面提到的实证观察。除了货

币政策变化，我们假设模型结构参数不变。也就是说，我们不需要假设货币政策传导机制中的结构性变化来理解为什么货币包含更少有关通货膨胀的信息。相反，这可以解释为更稳定的货币政策和更强的低通胀承诺。

4. 欧元区的通货膨胀、产出缺口和货币

在本节中，我们发展出了欧元区通货膨胀的实证模型。我们以新凯恩斯菲利普斯曲线作为出发点，并表明在低通货膨胀时期它不会产生令人满意的实证模型。然后，我们随后指出，把用通胀趋势增强的菲利普斯曲线，作为 M3 增长的低频成分的函数来建模，效果更好。[①]

我们的新凯恩斯菲利普斯曲线的实证形式如下：

$$(12) \quad \pi_t = \sum_{i=1}^{4} \alpha_i \pi_{t-i} + \beta y_{t-1} + \delta \Delta p_t^{oil}$$

在这里，p^{oil} 是原油的世界价格。实证的表达式通过过去通胀率的滞后分布来近似式（6）中的预期通胀项，且包括一项滞后的而不是当前的产出缺口。产出缺口源于实际 GDP 减去 HP 滤波器确定的产出趋势。用 1980—2002 年的季度数据估计实证菲利普斯曲线得到表 4 中的模型，整个时间内，通货膨胀相对于产出缺口的系数是 0.36，t 统计量是 2.59。

表4   欧元区的新凯恩斯菲利普斯曲线

变量	系数	标准误	T 统计量	概率
DHICP（−1）	0.354826	0.096669	3.670518	0.0004
DHICP（−2）	−0.053469	0.099889	−0.535282	0.5939
DHICP（−3）	0.173041	0.103339	1.674492	0.0977
DHICP（−4）	0.435977	0.100113	4.354859	0.0000
DOIL	0.006531	0.002198	2.972039	0.0038
GAP（−1）	0.356075	0.137298	2.593442	0.0112
C	0.161383	0.205422	0.785619	0.4343
调整后的 R^2	0.861676		DW	1.880418

---

① 同样的方法，见 Gerlach（2004）和 Neumann（2003）。

为了评估通胀率与产出缺口之间的关系是否如图3所示减弱了，我们以递推方式在样本期间内估计菲利普斯曲线。图5标绘了产出缺口的系数，连同它的两个标准差的置信区间。该图表明，产出缺口弹性在20世纪80年代下半叶大幅下降。此外，在样本末期，置信区间的下限几乎触及到了零。因此，相比于样本早期，估计已经失去了意义。这证明在低通货膨胀的20世纪90年代，欧元区产出缺口已经丢失了有关通胀的信息。

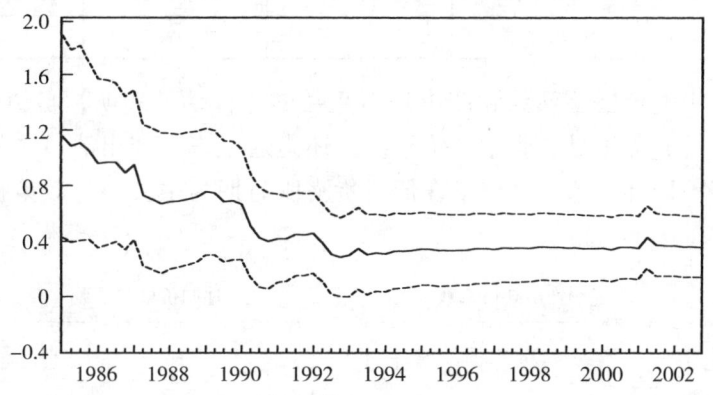

图5　产出缺口系数的递归估计

这种结果的一种解释是，包含在等式（12）中自回归项的短期的、周期性的信息不足以很好地预测低通货膨胀时期的通货膨胀率。因此，我们下一步将价格差作为更具前瞻性的通胀预测添加到新凯恩斯菲利普斯曲线中，这产生了如下形式的通胀调整等式：

$$（13）\pi_t = \sum_{i=1}^{n} \alpha_i \pi_{t-i} + \beta y_{t-1} + \lambda (p^* - p)_{t-1} + \delta \Delta p_t^{oil}$$

对从1980—2002年期间新的通胀调整等式的估计结果见表5。整个时间段内，价格差的估计系数为0.003，t统计量为0.16，产出缺口的估计系数为0.24，t统计量为1.84。

表5　　　　　　　　包含价格差的实证的新凯恩斯菲利普斯曲线

变量	系数	标准误	t统计量	概率
DHICP（−1）	0.354874	0.097044	3.656855	0.0004
DHICP（−2）	−0.049181	0.100540	−0.489168	0.6260
DHICP（−3）	0.175791	0.103845	1.692821	0.0942

续表

变量	系数	标准误	t统计量	概率
DHICP（-4）	0.441757	0.100980	4.374680	0.0000
DOIL	0.006497	0.002207	2.943992	0.0042
GAP（-1）	0.368721	0.139499	2.643178	0.0098
PGAP（-1）	-0.013933	0.023705	-0.587774	0.5583
C	0.106213	0.226575	0.468776	0.6404
调整后的 R^2	0.871325		DW	1.892062

图 6 中的价格差系数和产出缺口系数的递推估计表明，自 20 世纪 80 年代下半叶，无论是通胀率和价格差，还是通胀率和产出缺口之间的关系都减弱了。因此，这两个变量在低通货膨胀时期为中央银行政策提供的引导较少。

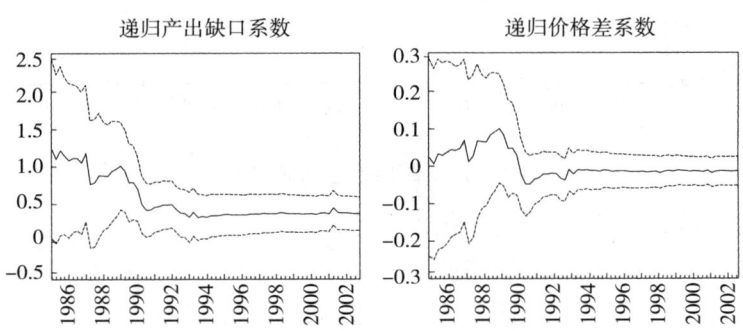

图6 价格差模型的递归系数

相比于上述的理论模型，目前考虑的菲利普斯曲线的实证表达式没有使用到通胀率趋势 π^*。如前所述，这一趋势通胀率必须与长期货币需求函数一致。通过一阶差分数量等式并引入趋势值，我们得到趋势通胀率如下：

$$（14） \pi^* = \Delta M^* - \Delta Y^* - \Delta v^*$$

因此，趋势通胀率是由货币增速趋势减去产出增长趋势，再减去货币流通速度趋势得到，速度趋势可以从财富效应或者长期货币需求函数中大于 1 的收入弹性中得到。用这种思路，欧央行认为欧元区的货币流通速度呈现约每年 -1.0% 的负趋势。然而，注意，考虑的 23 年样本期内，我们观察到长期利率不断下降，这是欧元区内逐渐反通胀的结果。考虑到我们对长期货币需求函数的估计，这也会导致长期货币流通速度下降。在样本期内，长期名义利率平均每季度下降 7 个基点。根据估计的长期货币需求等式，这意味着货币流通速度每年持续下降约 1%。因此，估计的货币需求函数同基于货币流通速度中确定性趋势的假设而计算出的通胀趋势相同。[1]

图 7 标绘了样本期间的货币流通速度和长期名义利率。该图表明，类似于长期利率，确定性趋势将跟随货币流通速度的长期发展。然而，20 世纪 90 年代有几个插曲，那时长期利率上升，货币流通速度也随之上升。因此，我们发现，用利率的表达式比用确定性趋势的表达式更令人满意。我们得到了对趋势通胀的估计：

$$(15)\ \pi^* = \Delta M^* - \Delta Y^* + 0.0387^* \Delta i^*$$

其中，货币增长趋势和 GDP 增长趋势是用标准 HP 滤波器计算的。此外，Δi^* 是样本期内长期名义利率的趋势。长期利率平均每季度下降 7 个基点，这意味着每年货币流通速度的趋势下降约 1%。

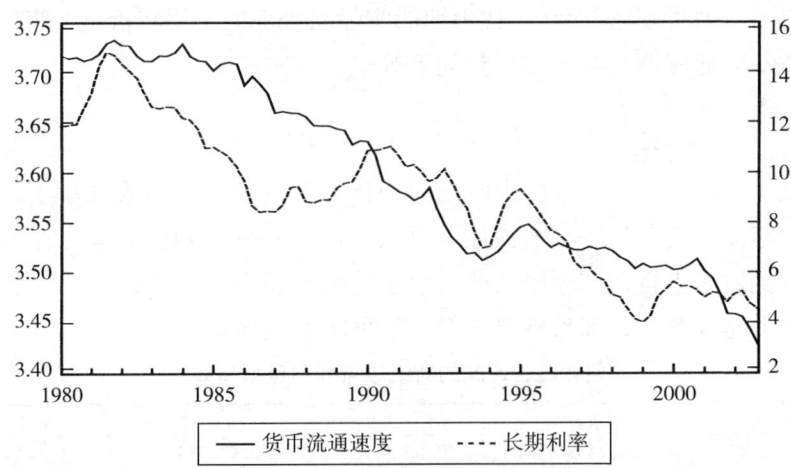

图7　欧元区的货币流通速度和长期利率

在图 8 中，我们展示了通胀率的发展和以这种方法估计的趋势通胀率

---

[1]　欧央行认为欧元区的货币流通速度呈现每年大约 1% 左右的下降趋势，欧央行把这个趋势归因于实际收入对货币长期需求的弹性大于 1%。如果我们按照欧央行的方法，假设货币流通速度每年下降约 1%，通胀率趋势 $\pi^* = \Delta M^* - \Delta Y^* - 1.0$。

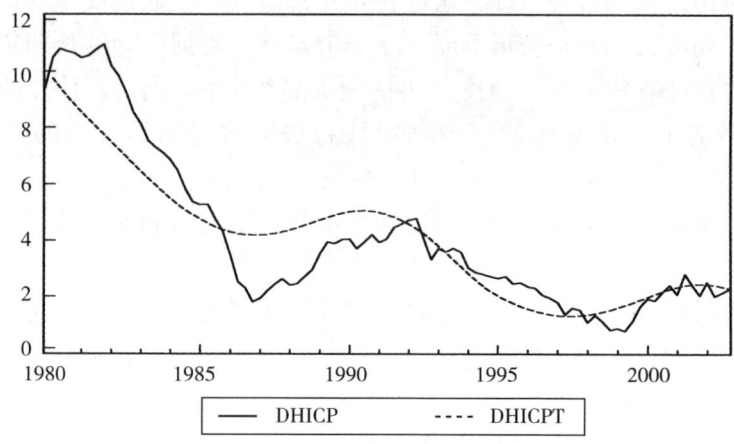

图 8　欧元区通货膨胀和趋势通货膨胀

π^{*}。数量等式所隐含的趋势通胀率很好地描述了实际通胀率的长期发展趋势。重要的是，我们估计的趋势通胀率是 20 世纪 80 年代中叶、90 年代早期以及低通货膨胀的 90 年代中期的实际通胀率的主要转折点。将通胀率趋势添加到通胀调整等式中得到如下等式：

$$(16)\ \pi_i = \sum_{i=1}^{n} \alpha_i \pi_{i\ i} + \beta \pi_{i\ 1} + \lambda\ (p^* - p)_{i\ 1} + \gamma \pi^*$$

表 6 中，我们展示了整个时间段内该方程的估计。该表显示了产出缺口、价格差和趋势通胀率的弹性，以及它们的长期乘数，计算方法为估计弹性的倒数减去自回归通胀项的系数和。结果表明，产出缺口弹性在 10% 的水平上是显著的，而价格差异对于零再次不显著。

表 6　　　　　　　　包含趋势通胀的新凯恩斯菲利普斯曲线

变量	系数	标准误	t 统计量	概率
DHICP（-1）	0.243801	0.098591	2.472844	0.0154
DHICP（-2）	-0.123969	0.098364	-1.260311	0.2111
DHICP（-3）	0.109658	0.100816	1.087698	0.2799
DHICP（-4）	0.384609	0.097595	3.940866	0.0002
DOIL	0.006305	0.002097	3.006309	0.0035
GAP（-1）	0.235438	0.138995	1.693855	0.0940
PGAP（-1）	0.013050	0.024066	0.542264	0.5891
DHICPT	0.429297	0.135137	3.176752	0.0021
C	-0.334095	0.255994	-1.305087	0.1955
调整后的 R^2	0.885274		DW	1.859912

长期乘数：

变量	长期乘数	标准误差
GAP （−1）	0.60	0.43
PGAP （−1）	0.01	0.04
DHICPT	1.11	0.15

表7　　包含趋势通胀的新凯恩斯菲利普斯曲线，1990—2002年

变量	系数	标准误	t统计量	概率
DHICP （−1）	− 0.190740	0.142574	− 1.337832	0.1880
DHICP （−2）	− 0.328433	0.144873	− 2.267043	0.0285
DHICP （−3）	− 0.035015	0.136486	− 0.256545	0.7988
DHICP （−4）	0.165337	0.138752	1.191604	0.2400
DOIL	0.003406	0.002281	1.493398	0.1426
GAP （−1）	0.127286	0.184329	0.690536	0.4936
PGAP （−1）	0.096774	0.044196	2.189665	0.0340
DHICPT	0.763268	0.237746	3.210435	0.0025
C	1.448568	0.0633744	2.285731	0.0273
调整后的 R^2	0.605176		DW	2.052629

长期乘数：

变量	长期乘数	标准误差
GAP （−1）	0.09	0.13
PGAP （−1）	0.07	0.02
DHICPT	0.55	0.12

　　通胀率趋势在1%的水平上是显著的。因此，货币趋势通胀率似乎是通胀率的最重要的决定因素。产出缺口和价格差的长期乘数异于零均不显著；货币趋势通胀率的长期乘数在1%的水平上是显著的，且不能拒绝如下假设：通胀率在长期完全调整到趋势通胀率，也就是说，趋势通胀率的长期乘数不能显著地异于通胀率长期乘数。

　　图9给出了该模型对产出缺口、价格差和通货膨胀趋势系数的递推估

计。产出缺口和价格差的系数在 20 世纪 80 年代是正的，但是在 90 年代接近于零，从而变得不显著。通胀趋势的系数在下降，但它整体上仍然是正的，且是显著的。趋势系数的下降与如下观点一致：相比于样本后期，趋势冲击在样本早期更重要。因此，这两个更具周期性的方向指标对通货膨胀失去了信息价值，而通胀趋势在低通货膨胀时期仍然是重要的。作为这一发现的稳健性测试，我们仅用了 1990 年后低通货膨胀时期的数据，再次估计了等式模型。如表 6 所示，产出缺口不足以解释这一时期欧元区的通货膨胀。相比之下，通胀的趋势是重要的，且十分显著。

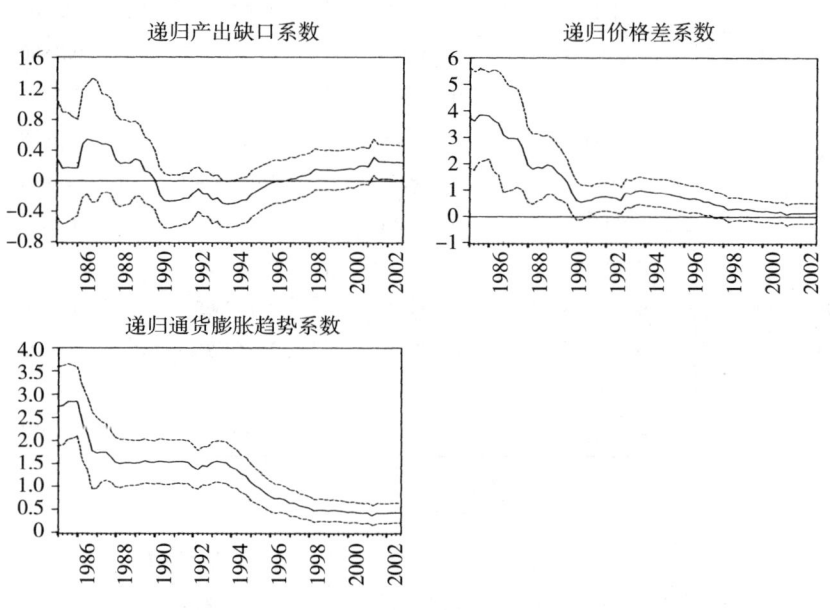

图 9　通货膨胀趋势模型的递归系数

5. 结论

许多作者声称，在低通货膨胀的条件下，货币性的增长和货币增长与通货膨胀是不相关的。这种说法是基于如下观察：近年来，货币增长和通货膨胀之间的相关性即便没有消失，也已经变弱了。

本文中，我们认为，从这一观察得出的政策结论是不可靠的。向低通货膨胀转变的一个普遍特点是，通货膨胀的波动性也下降了。我们的解释是，这反映了向更不激进且更稳定的货币政策行为的转变。随着货币政策冲击变得更不重要，其他暂时影响通货膨胀的冲击出现眼前，并抑制了货币和通货膨胀之间的相关性。我们发现，类似的说法对产出缺口也成立。

因此，伴随着低且稳定的通货膨胀，央行用以评价通货膨胀前景的传统指标包含的信息量更少了，这使得中央银行方向性变差。然而，我们发现，在低通货膨胀的条件下，趋势通胀仍然能为货币政策提供很好的指导。对于欧元区，可以从货币趋势和产出趋势估计通胀趋势。因此，尽管在高频率下货币增长率和通货膨胀的相关性是下降的，作为货币政策的方向的货币总量仍然是重要的。

声明

本文中表达的观点不一定代表了作者所属机构的观点。

参考文献

Alesina, A., O. Blanchard, J. Galí, F. Giavazzi, and H. Uhlig. 2001. *Defining a Macroeconomic Framework for the Euro Area*. Monitoring the European Central Bank 3. London: Centre for Economic Policy Research.

Altimari, Nicoletti S. 2001. Does Money Lead Inflation in the Euro Area? Working Paper No. 63, European Central Bank.

Barro, R. J. 1990. Macroeconomics. 3rd ed. New York: Wiley.

Christiano, L. J., and T. Fitzgerald. 2003. Inflation and Monetary Policy in the 20th Century. *Federal Reserve Bank of Chicago Economic Perspectives* 27 (1): 21 – 45.

De Grauwe, P., and M. Polan. 2001. Is Inflation Always and Everywhere a Monetary Phenomenon? Discussion Paper No. 2841, Centre for Economic Policy Research.

Dwyer, G. , and R. W Hafer. 1988. Is Money Irrelevant? *Federal Reserve Bank of St. Louis Review* 70: 3 – 17.

Dwyer, G. , and R. W. Hafer. 1999. Are Money Growth and Inflation Still Related? *Federal Reserve Bank of Atlanta Economic Review* 84 (2): 32 –43.

Estrella, A. , and F. Mishkin. 1997. Is There a Role for Money in Monetary Policy? *Journal of Monetary Economics* 40: 279 – 304.

European Central Bank (ECB) . 2003. The ECB's Monetary Policy Strategy. News release, May 2003.

Friedman, B. M. , and K. N. Kuftner. 1992. Money, Income, Prices, and Interest Rates. *American Economic Review* 82: 772 – 92.

Galí. J. 2001. Monetary Policy in the Early Years of EMU. In *The Functioning of EMU: Challenges of the Early Years*, edited by M. Buti and A. Sapir. Oxford: Oxford University Press.

Galí, J. , and M. Gertler. 1999. Inflation Dynamics: A Structural Econometric Analysis. *Journal of Monetary Economics* 44: 195 – 222.

Gerlach, S. 2004. *The ECB's Two Pillars. Economic Policy* 40: 389139.

Hallman, J. J. , R. D. Porter, and D. H. Small. 1991. Is the Price Level Tied to the M2 Monetary Aggregate in the Long Run? *American Economic Review* 81: 841 – 58.

Hayo, B. 1999. Estimating a European Demand for Money. *Scottish Journal of Political Economy* 46: 221 – 44.

King, M. 2001. No Money, No Inflation – The Role of Money in the Economy. *Bank of England Quarterly Bulletin Summer*: 162 – 77.

Lucas, R. E. 1980. Two Illustrations of the Quantity Theory of Money. *American Ecnomic Review* 70: 1005 – 14.

McCallum, B. T. 2001. Monetary Policy Analysis in Models Without Money. *Federal Reserve Bank of St. Louis Review* 83 (4): 145 – 64.

McCandless, G. T. Jr. , and W. E. Weber. 1995. Some Monetary Facts. *Federal Reserve Bank of Minneapolis Quarterly Review* 19 (3): 2 – 11.

Mussa, M. 1982. A Model of Exchange Rate Dynamics. *Journal of Political Economy* 90: 74 – 104.

Nelson, E. 2003a. The Future of Monetary Aggregates in Monetary Policy A-nalysis. Discussion Paper No. 3897, Centre for Economic Policy Research.

Nelson, E. 2003b. Money and the Transmission Mechanism in the Optimizing IS – LM Specification. Unpublished manuscript, Bank of England.

Neumann, M. J. M. 2003. The European Central Bank's First Pillar Reassessed. Working paper, IIW Bonn University.

Poole, B. 1994. Keep the M in Monetary Policy. *Jobs and Capital* 3: 2 – 5.

Steinsson, J. 2003. Optimal Monetary Policy in an Economy with Inflation Persistence. *Journal of Monetary Economics* 50: 1425 – 56.

Stock, J. , and M. Watson. 1999. Forecasting Inflation. *Journal of Monetary Economics* 44: 293 – 335.

Svensson, L. E. O. 1999. How Should Monetary Policy Be Conducted in an Era of Price Stability? In *New Challenges for Monetary Policy*, 195 – 259. Kansas City, MO: Federal Reserve Bank of Kansas City.

Tanner, J. E. 1993. Did Monetarism Die in the 1980s? *Journal of Economics and Business* 45: 213 – 29.

Taylor, J. B. . 1993. Discretion Versus Policy Rules in Practice. *Carnegie – Rochester Conference Series on Public Policy* 39: 195 – 214.

Trecroci, C. , and J. L. Vega. 2002. The Information Content of M3 for Future Inflation. *Weltwirtschaftliches Archiv* 138: 22 – 53.

Von Hagen, J. 2004. Hat die Geldmenge ausgedient? *Perspektiven der Wirtschaftspolitik* 5 (4): 423 – 53.

Von Hagen, J. , and B. Hayo. 1999. Monetary Conditions in the Euro Area. EMU Monitor Working Paper, ZEI University of Bonn.

Woodford, M. 2001. The Taylor Rule and Optimal Monetary Policy. Working paper, Princeton University.

Woodford, M. 2003. Optimal Interest – Rate Smoothing. *Review of Economic Studies* 70 (4): 861 – 86.

评　论

Jack Selody

众所周知，作为控制系统主体的变量——在这种情况下，是指通货膨胀——不能通过操控相应变量来影响该控制系统进而预测控制主体。控制变量要么是产出缺口，要么是围绕其趋势值的货币波动，这取决于偏好的模型。换句话说，控制的过程破坏了两个变量之间的相关性。

这个原因很简单。如果没有控制，导致产出缺口或货币变动的冲击将导致通货膨胀随后的变动。如果有控制，导致产出缺口或货币变动的冲击将要么被前述货币政策行为抵消，从而使通货膨胀和产出缺口（或货币）均保持不变，要么被政策诱发的产出缺口或货币变动抵消，使得仅仅通货膨胀保持不变。在任一情况下，通货膨胀将与货币或产出缺口不相关，因为它在很大程度上未受影响。

对这种相关性的消失，有两点要说明。第一，产出缺口、货币和通货膨胀将表现出货币政策对冲击的不完全抵消。如果这种政策误差是频繁的，该相关性会被减弱，但不会消失。第二，货币的趋势增长率的变化仍将反映在趋势通胀率中。

在他们的论文中，Jürgen von Hagen 和 Boris Hofmann 用现实中欧洲的例子很好地展示了这种相关性的减少。他们建立了两个货币传导过程的标准模型，在一个模型中货币是通货膨胀的直接原因，在另一个模型中，产出缺口是通货膨胀的直接原因，并指出，通货膨胀和货币之间的相关性以及通货膨胀和产出缺口之间的相关性在有效控制通货膨胀时均消失了。他们很谨慎地参数化模型，因而结果令人信服。

他们还展示了 14 个 OECD（经济合作和发展组织）国家的数据，表明在严格控制通货膨胀时期，通货膨胀和货币的波动性更低，这与模型模拟的结果是一致的。然而，更重要的是，他们指出在严格控制通货膨胀期间，货币和价格之间的长期关系保持不变。这种长期关系的稳定性是重要的，因为它表明即使在严格的通货膨胀目标制下，货币趋势的变化将表现为价格趋势的变化。

这篇论文是重要的，因为它提醒我们，向通胀控制制度的转变将改变货币政策指标的属性。因此，货币政策必须寻找新的指标或以新的方式使用传统指标。

这很重要，近年来，货币政策传统上使用的用来预测未来通货膨胀的指标已经失去了它们的预测能力。尽管有这种损失，这一时期通胀仍然作为政策目标，这是对当前货币政策框架稳健性的证明。但传统指标中信息含量的损失应该让货币政策制定者有些不安。

作者认为，在低通货膨胀下，趋势通胀仍能为货币政策提供良好的指引。这在理论上是正确的。然而，在实践中，我发现这仅仅起到安慰作用，因为如果趋势通胀由过去的通胀构造而成，当明确确认了一个新趋势时，通货膨胀无疑将失去控制。

另一方面，通胀预期可能是趋势通胀的一个可靠指标，且这些预期或许能给货币政策所需的前置时间。事实上，货币政策制定者在越来越多的关注通胀预期，也许这可以解释为什么近年来货币政策如此成功。对这一问题的进一步研究是必要的。

或许，中央银行的经济学家正在使用的模型能够识别冲击，并足够超前以影响通货膨胀，从而货币政策可以有效地抵消冲击。如果是这样，中央银行应该继续大力投资于这些模型，因为他们必须跟上经济发展的步伐。进一步研究是什么让这些模型能有效地识别有关冲击，将是有益的。

最后，当货币政策犯错误时，货币和产出缺口可能是通货膨胀的良好指标；但近几年我们一直很幸运，货币政策并不容易出错。在这种情况下，它如往常一样仍属于货币政策的前沿范畴，传统指标的信息含量将在需要时再现。然而，进一步研究完善货币和产出缺口的测量方法，将是有益的。

毫无疑问，所有前面的内容都是如下故事的一部分：为什么近年来传统指标的信息含量下降了，但货币政策仍如此成功。因此，我鼓励大家在各个前沿上继续研究。

评 论

Pierre L. Siklos

我十分赞同 Von Hagen 和 Hofmann 论文中的主要观点，即改述 Laidler（1988）的观点，中央银行应该认真对待货币。作者指出，近年来，在关于货币政策实施的讨论中，货币的作用越来越不受重视，很大程度上是因为关于货币增长的短期变化与通货膨胀之间相关性大小的实证证据表现为总体上不高。对"货币主义者"来说可能更糟的是，当通货膨胀水平及其波动性降到"低"水平时，货币增长和通货膨胀之间的相关性消失了。结果，甚至新的欧洲中央银行（ECB）也已把货币总量的作用降到货币政策执行中的背景部分了。①

事实上，关于通货膨胀在何种程度上是一种货币现象的讨论的总结表明，至少四个因素已表现出通货膨胀货币指标价值的不满。未按任何特定的重要性顺序，这些因素包括：

- 样本期间的选择
- 各国特定的因素
- 数据频率和数据集的跨度
- 实证中货币总量的定义

虽然人们普遍认为，伴随着很长的且不确定的滞后，货币政策的全部影响才发生，但是市场自然地预期中央银行认为：从长期看，通货膨胀主要是一种货币现象。

对于他们的观点，即人们不应忽视货币量，人们可能认为很少或根本无须争议。然而，正如作者正确指出得那样，即使在一些中央银行家的眼

---

① 把货币目标降为较小的角色，只是远期通货膨胀作为指标表现不佳的部分结果。我认为，主要的推动力是如下的一般看法：欧央行并不清楚欧元区过去如何执行货币政策以及应该如何执行货币政策。

中，货币似乎从货币政策中消失了。因此，尝试恢复货币在货币政策中的作用是受欢迎的。然而，Von Hagen 和 Hofmann 所做的使货币再次成为货币政策"支柱"的实例并不总是令人信服。我的评论将集中在从文中结果提出的概念问题和实证问题。

首先，正如 Laidler（1999）所指出的那样，通过把货币作为模型中的因变量，例如在作者的等式（5）～等式（8）中，人们不太可能得出结论：货币实证上发挥了有意义的作用。然而，这基本上就是作者所做的，以避免与由 IS 曲线、菲利普斯曲线和泰勒规则组成的模型不一致。相反，作者应该强调：货币在宏观模型中的作用应该是"主动的"。然而，甚至 Laidler（1999）也可能会承认，这说起来容易，做起来难。例如，他指出，货币总量定义的不断变化提出了严肃的问题，但是监控并修正这些定义的解决方法是适当的。[①] 这意味着，由货币总量行为驱动的 P^* 方法，尽管作者认为它是衡量货币指标属性的有效途径，却最终成为回顾性的通胀指标，即使至少在理论上，它本应是前瞻性的指标。事实上，大量文献已经指出了 P^* 模型的缺陷（如 Christiano 1989；Gerlach 和 Svensson 2003）。von Hagen 和 Hofmann 的式（3）中的 P^*，源于实际 M3、实际 GDP 和长期利率的协整关系的检测，它远比作者所说的更脆弱。[②] 事实上，除非在协整关系中忽略长期利率，这一协整发现很容易被推翻。因此，可以被比作误差修正项的价格差，对假设的表达式很敏感。一个例子如图 1 所示。

图 1 画出了 Von Hagen 和 Hofmann 得到的我能够复制的价格差，以及另一基于长期基础关系的估计值的价格差。事实上，价格差的另一种测量展示了在消费者价格调和指数（HICP）和通胀间非常不同的关系，如图 2 所示。因此，作为长期指标，P^* 模型能非常好地跟踪，但还不清楚 von Hagen 和 Hofmann 使用的形式是否在一定的统计意义上来说是"最好的"。例如，我会争辩说，下面介绍的形式是欧元区内价格差和通货膨胀之间关系相对 von Hagen 和 Hofmann 的图 2 中的更好表现形式。

---

① 一旦我们创建了现存货币总量的线性组合（见 Feldstein 和 Stock 1996；Siklos 和 Barton 2001），即"复合"货币总量，货币总量在例如美国和加拿大这样的国家中的预测能力就会提高。货币供给的定义在北美（以及其他地方）的扩散，反映了频繁的金融创新的影响。据我所知，这些创新的角色并不像欧元区那样重要，是 von Hagen 和 Hofmann 没有明确提出但未来可能有问题的一点。

② Süderlind 和 Vredin（1996）已提出的一个观点。

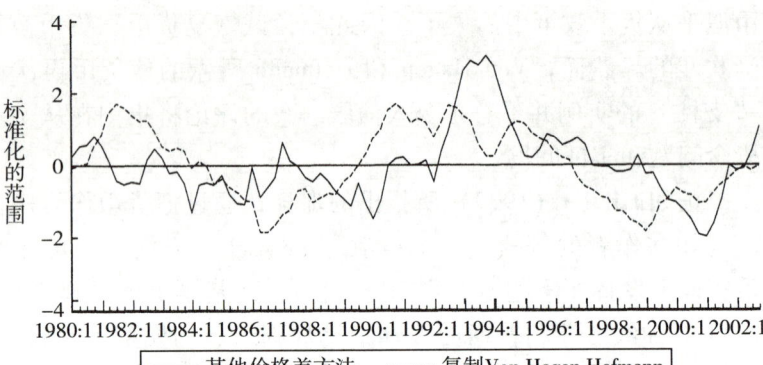

注：虚线使用 Von Hagen 和 Hofmann 的数据，复制他们给出的价格差。实线是基于欧元区 M3 和实际 GDP 对数协整关系估计的价格差，协整关系中包括常量以及一个表示德国统一后时期的外生虚变量。

图1 其他价格差方法

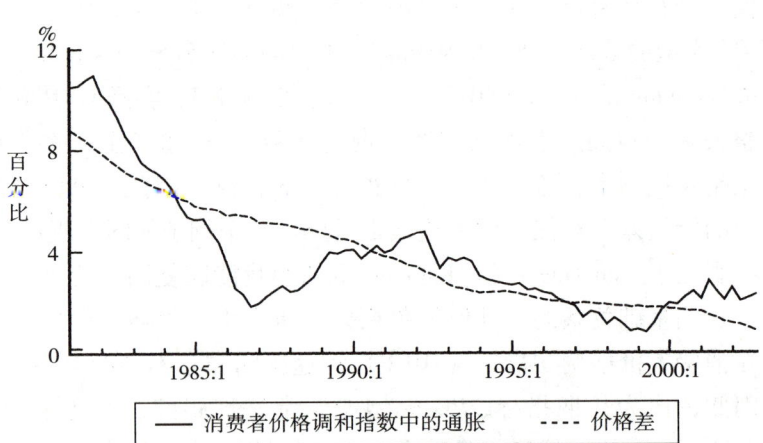

注：如 Von Hagen 和 Hofmann 所定义的那样，价格差是 P 和 P^* 的差值，P^* 使用前文得到的值。

图2 实际通货膨胀和价格差

Von Hagen 和 Hofmann 不仅试图得到有利于提高货币总量轮廓的证据，他们还进一步提出：20 世纪 90 年代，对货币政策而言，产出缺口失去了信息量。然而，他们的结论只是基于在他们特定的菲利普斯曲线中产出缺口的影响（用普通最小二乘法估计），而不是基于它解释货币当局反应函数的能力。如果我们认真对待货币的作用，那么检验这一假设的其他方法的一个例子是，考虑货币增长是否代表了在泰勒规则下的一种有用工具。如表1所示，使用他们的数据，对过度识别限制条件的检验表明，尽管在包含传统系列工具的特定情形下，p值表现也很好，随着货币增长加入到系列工具中，p值得到了改善。① 当然，一部分困难源于，我们不清楚用1999年欧央行成立以前欧元区的数据能做出什么。此外，在泰勒规则中的系数表明了一个潜在偏差，当添加货币增长为工具时，两个样本的名义利率中明显有接近单位根的情况出现，尤其是在1990年德国统一后。因此，目前还远不能确定他们的等式（7）是适当的。另外，注意到产出缺口在所有特定情形下普遍是显著的，再次除去1990年后的样本，这时通货膨胀较显著（尽管小于用泰勒原理的预测），但产出缺口不显著。当然，这一证据只是暗示了结构上的突破或者这些特定事项加入货币总量的敏感度。因此，Von Hagen 和 Hofmann 声称结构上的突破不会影响他们的结论的说法并不完全令人信服。② 另一种选择会把 McCallum 型规则（请参阅 McCallum 2001）纳入共识模型。

尽管上面提出了反对意见，但是 Von Hagen 和 Hofmann 在强调应该认真对待"货币"上是正确的，否则将忽视了货币史中几个显而易见的教训。

表1　　　　　　　　　　　欧元区泰勒原则的估计

Variables	Samples			
	1982—2001	1990—201	1982—2001	1990—2001
Constant	0.005（0.033）*	0.14（1.51）	−0.29（−1.94）	0.02（23）
One – period lagged nominal interest rate	0.92（18.04）	0.99（31.40）*	0.88（15.27）*	0.94（25.27）*
One – year – ahead inflation rate	0.11（1.06）	−0.05（−0.74）	0.45（2.45）*	0.14（1.09）
One – year – ahead output gap	0.55（5.28）*	0.41（8.36）*	0.08（0.81）	0.29（3.26）*
J statistic	7.20（0.78）	10.40（0.49）	7.15（0.79）	9.46（0.58）

---

① 基于使用的工具数量，结果是十分稳健的。当我把提前一年的货币增长加入到泰勒规则中时，尽管预期货币增长非常不显著，但是 J 检验无法拒绝任一样本的过度限制条件。

② 事实上，如果用 GMM 估计他们的新凯恩斯主义菲利普斯曲线，产出缺口是显著的，同样的，P^* 也是显著的，尽管系数很小在经济学上有争议。

续表

Variables	Samples			
	1982—2001	1990—201	1982—2001	1990—2001
Instrument list includes lagged money growth?	No	Yes	No	Yes

Note: Estimated using GMM with fixed bandwidth. Inflation is the HICP, and the output gap is the HP – filtered real GDP for the euro area. Data are from von Hagen and Hofmann. The J statistic is the test for overidentifying restrictions with p values in parenthesis. Four lags of each of the right – side variables (except the constant) and includes money growth (M3 growth) only in the cases shown. The t statistic for each coefficient is shown in parenthesis.

声明

非常感谢 Jürgen von Hagen 和 Boris Hofmann 提供他们论文中使用的数据。

参考文献

Christiano, L. 1989. P^*: Not the Inflation Forecaster's Holy Grail. *Federal Reserve Bank of Minneapolis Quarterly Review* 13: 3 – I8.

Feldstein, M., and J. H. Stock. 1996. Measuring Money Growth When Financial Markets Are Changing. *Journal of Monetary Economics* 37: 3 – 27.

Gerlach, S., and L. E. O. Svensson. 2003. Money and Inflation in the Euro Area: A Case for Monetary Indicators? *Journal of Monetary Economics* 50: 1649 – 72.

Laidler, D. E. W. 1988. Taking Money Seriously. *Canadian Journal of Economics* 21: 687 – 713.

Laidler, D. E. W. 1999. The Quantity of Money and Monetary Policy. Working Paper No. 99 – 1, Bank of Canada.

McCallum, B. T. 2001. Monetary Policy Analysis in Models without Money. Federal Reserve Bank of St. Louis, *Review* 83 (4): 145 – 64.

Siklos, P L. , and A. Barton. 2001. Monetary Aggregates as Indicators of Economic Activity in Canada: Empirical Evidence. *Canadian*; *Journal of Economics* 34: 1 – 17.

Soderlind, P, and A. Vredin. 1996. Applied Cointegration Analysis in the Mirror of Macroeconomic Theory. *Journal of Applied Econometrics* 11: 363 – 81.

第7章 转型经济体反通胀观察

Paul Wachtel 和 Iikka Korhonen

就在十几年前，27 个中欧和前苏联国家开始了向市场经济转型。在 20 世纪 90 年代早些时候，大部分观察家认为转型过程将会是冗长乏味的。早先的转型经验似乎支持这样的预期。绝大部分的转型经济体经历了最初严重的产出下降、高速的通胀（包括相当多的恶性通胀）以及改革中的巨大政治障碍。我们有充分的理由相信：未来相当长时间内，转型会是经济学家关注的一个专门领域。然而，对大部分国家而言，独特的转型经历已经过去，转型经济学这个术语甚至可能从我们的视线中消失。虽然它仍然适用于前苏联国家，也可能适用于中国，但至少，它已经和中欧大部分地区没什么关系了。这不是说这些国家没有问题，而是说他们也面临着其他新兴经济体普遍存在的问题。然而，一些发达的转型国家正在快速脱离这种状态，波罗的海、中欧和巴尔干半岛 8 个前计划经济体 2004 年春季加入欧盟不外乎象征着这一点。

通胀的路径很好地阐释了这些国家转型经验的速度。毫不奇怪，转型过程最早的一个特征就是高通胀，引起通胀爆发的原因非常典型。首先，取消抑制需求的价格管制和数量分配，导致价格快速调整到自由市场均衡价格。然后，随着政府依赖铸币税来支撑财政预算和国有企业运营，财政和金融危机导致了货币快速扩张。20 世纪 90 年代早期，超过一半的转型国家至少拥有了一年超过或者接近 1000% 的年通胀率。然而，1995 年之前几乎每个转型国家都出台了稳定政策，且这些政策都相当成功。从 1997 年开始，只有 3 个国家的年通胀率超过了 100%。截至 2002 年，除 5 个国家外，所有转型经济国家的年通胀率下降到 15% 以下，刚好一半国家的年通胀率降到 5% 以下。[①] 伴随着通胀的转型经历非常引人注目。

---

① 根据欧洲复兴开发银行的年均消费者价格指数计算，见表1。

为什么这些转型经济体在控制通胀方面如此成功呢？一个答案是，20世纪 90 年代前政策领域形成了关于稳定政策的一致观点。在 20 世纪 60 年代到 80 年代，宏观经济学方法和决策方法对于欠发达地区的领导人和知识阶层并非十分了解，但是到了 90 年代，转型经济体快速学习了这些方法。因此，拉丁美洲那种缺乏宏观经济现状的政治共识导致通胀反复的状况，而在中欧并没有发生。

Havrylyshyn（1997）提出了另一个基于转型政治经济学的解释，政策制定者能够采纳符合寡头利益的反通胀政策。转型的初期，精英阶层利用通胀、低利率以及糟糕的制度体制，将资本从国家部门转移到私人部门。一旦精英阶层成为资本家，反通胀就会引起他们的兴趣。有些国家的反通胀没能快速生效。俄罗斯 20 世纪 90 年代大部分时间似乎重蹈拉美覆辙：持续的巨大财政赤字最终导致财政危机，1998 年再度出现高通胀。然而，俄罗斯政府和寡头间利益关系的持续紧张或许能解释这一现象。

反通胀的经历并不意味着转型经济学完全成功。尽管稳定政策的经验得到了广泛学习，仍然存在其他转型经济问题。特别是，医疗、教育和养老金系统在很大程度上没有改变，对国有企业的补贴仍然普遍。重要的制度改革仍然有待继续——例如，清楚界定财产权利并公平执行财产权。法制亟待完善，企业管理水平有待提高。进一步地，经济自由化和强化市场竞争可能会面临私人部门垄断利益的反对。

西方投资者和机构的影响可能是转型经济体能够快速采取稳定政策的另一个重要原因。转型一开始，相当大的外国直接和间接投资流入到高速转型的欧洲经济体（波兰、匈牙利和捷克共和国）。制度改革的压力伴随而来。此外，为了启动转型，这些国家的改革群体给社会环境打下了市场机制和人力资源的烙印。进一步地，一些国家，尤其是匈牙利，在 20 世纪80 年代已经开始了试验性的市场化改革，使得接下来的转型过程更加轻松。因此，在这些国家，政策和管理的滥用非常短暂。在 20 世纪 90 年代中期之前，高速转型的经济体已经改革了金融部门并建立健全的货币政策制度结构。在此基础上，稳定政策有条不紊就不奇怪了。

另一个重要的原因是欧洲的推动。由于一系列政治、社会原因，中欧国家强烈希望成为欧洲和欧共体机制的一部分。因此，融入欧洲的承诺使得这些国家愿意严格执行经济政策以及实施体制改革，这也影响了其他不想被排除在第二次浪潮之外的巴尔干国家和一些不想表现出排斥欧洲的国家（例如乌克兰）的政策。

我们从概述转型中的通胀经历开始相关讨论。我们只需要简洁的浏览，因为本文早已不是首篇关注该地区引人注目通胀历史的文献了。Koen 和 De Masi（1997）研究了转型的初期情况，Dabrowski（1999）、Cottarelli 和 Doyle（1999）关注了 20 世纪 90 年代后期的转型现象。表 1 将转型的国家分成三个组，列出了它们的年消费者价格指数的上涨比率。在所有的组中，通胀率的中位数稳定下降。对于中东欧国家（CEE），1993 年通胀的中位数降到了每年 50% 以下；独联体国家（CIS）1996 年达到了这个里程碑。中东欧国家 1997 年越过了中位数通胀 10% 的门槛，前苏联国家（FSU）1998 年和 2001 年中位数通胀率接近 10%，但是直到 2002 年才降到 10% 以下。选择加入欧盟的国家尽了最大努力将通胀水平控制到欧洲国家的水平。2000—2002 年，使用马斯特里赫特趋同标准的参照通胀率是 3% ~ 3.5%。[①] 欧盟成员国的中位数通胀率在 2002 年达到了这个标准。2002 年，8 个于 2004 年加入欧盟的国家的中位数通胀率是 2.6%，并不比欧元区 2.3% 的通胀率高太多。

持续的低通胀是度量成功反通胀的好方法，对此我们使用 1998—2002 年五年的平均通胀率来衡量。波罗的海国家、克罗地亚、捷克共和国和另外三个数据质量可能受到观察员质疑的国家（马其顿、亚美尼亚、阿塞拜疆）在这五年期间的平均通胀率低于 5%。罗马尼亚、塞尔维亚、较大的前苏联国家（俄罗斯、白俄罗斯和乌克兰）、大部分中亚国家（哈萨克斯坦除外）和一些其他小前苏联国家在这五年期间的平均通胀率高于 10%。

当然，表 1 中所示的 26 个国家的通胀经历会有所不同。一些国家在政治转型之前已经开始了经济改革，因而能够避免超速通胀（匈牙利、捷克共和国和斯洛伐克共和国）。一些国家的反通胀现象充满戏剧性：克罗地亚在两年之内通胀率从 1000% 下降到了几乎为零。其他国家的反通胀过程更多是渐进的：匈牙利通胀率从 35% 下降到 10% 经历了十年时间。[②] 还有

---

① 马斯特里赫特条约规定通胀率的参考标准为欧盟三个通胀率最低国家的通胀率均值加上 1.5%。如果把这个规则应用到欧元区国家，那么 2000—2002 年的通胀参考标准为 3.2%、3.5% 和 3.0%。

② 关于匈牙利反通胀率有非常多的争论，见 Olivier Blanchard（赞成更快的反通胀）和 Kornai（反对）在 Cottarelli 和 Szapary（1998）论文中。

一些国家的改革并未马上取得成功：保加利亚最初的改革是失败的，通胀率报复性的恢复到了 1997 年的水平，然而，货币政策委员会和伴随的财政政策调整相当迅速地降低了通胀率。

很多转型国家通胀率很低，因而把所有国家的数据加总可能掩盖这样一个事实：在财政纪律、金融改革、广泛的重组和真正的私有化延迟了的几个大而重要的国家，通胀仍然是个问题。特别是，2002 年，俄罗斯、罗马尼亚、乌兹别克斯坦和白俄罗斯的通胀率分别为 16%、22%、28% 和 43%，2003 年预期也仅能产生较小的反通胀。

另一个有效调查反通胀的方法就是观察稳定政策之后的表现。Cottarelli 和 Doyle（1999）Fischer、Shay 和 Vegh（1998）的转型稳定数据，说明了达到反通胀里程碑所需的时间。表 2 根据欧洲复兴开发银行的月度通胀率更新了表格。表格反映了两方面的观察结果。首先，稳定计划通常生效非常快。其次，在最初爆发式的反通胀之后，反通胀的速度会下降。稳定计划在大约一年内使得通胀下降到 60% 以下（成功稳定通胀所需时间的中位数是 13 个月）。通胀从 60% 下降到 30% 所需时间的中位数大约 4 个月。然而，进一步降低通胀需要更多时间。通胀从 30% 下降到 15%，从 15% 下降到 7.5% 所需时间的中位数分别是 8 个月和一年。几乎所有最初的反通胀经历都非常快。稳定计划通常在两年或者更短时间内使通胀下降到 60% 以下。进一步的降级通胀有时会被延迟。白俄罗斯、保加利亚、罗马尼亚和俄罗斯进一步的稳定计划失败了，而波兰花费了差不多四年时间使通胀降低到 30% 以下。匈牙利最初成功的稳定政策使得通胀缓慢降低，随后花费了八年时间将通胀控制到 15% 以下。直到发展中国家的通胀率一致降低到 7.5% 以下，这些转型国家的通胀才降到 7.5% 以下。因此，达到通胀控制最终目标的时间很大程度上取决于将通胀控制到 15% 所花费时间。

Cottarelli 和 Doyle（1999）在国际货币基金组织（IMF）发表的工作报告和 Dabrwoski（1999）年发表的案例（华沙）广泛地总结了转型国家的通胀经历。这两篇论文都对反通胀计划的成功感到惊异。从更长时间的视角，我们同样惊异于这些反通胀计划的成果，同时注意到全球范围内反通胀计划的成功经常被认为是理所当然的。除了为这些数据提供相关的最新的观察结果，为反通胀经验和为低通胀率是否具有可持续性等一些相关问题的观点提供评估同样会有价值。

表1

中欧、东欧和独联体国家通胀

年份	1991	1992	1993	1994	1995	1996	1997	1998	1999	2000	2001	2002	2003
中欧、东欧和波罗的海国家													
克罗地亚	123	665.5	1517.5	97.6	2	3.5	3.6	5.7	4.2	6.2	4.9	2.4	2.4
捷克共和国	52	11.1	20.8	9.9	9.1	8.8	8.5	10.7	2.1	3.9	4.7	1.8	0.2
爱沙尼亚	210.5	1076	89.8	47.7	29	23.1	11.2	8.1	3.3	4	5.8	2.6	1.4
匈牙利	35	23	22.5	18.8	28.2	23.6	18.3	14.3	10	9.8	9.2	4.8	4.7
拉脱维亚	172.2	951.2	109.2	35.9	25	17.6	8.4	4.7	2.4	2.6	2.5	1.9	3.3
立陶宛	224.7	1020.5	410.4	72.1	39.6	24.6	8.9	5.1	0.8	1	1.3	0.3	-0.8
波兰	70.3	43	35.3	32.2	27.8	19.9	14.9	11.8	7.3	10.1	5.5	1.7	0.5
斯洛伐克共和国	61.2	10	23.2	13.4	9.9	5.8	6.1	6.7	10.6	12	7.1	3.3	8.5
斯洛文尼亚	117.7	207.3	32.9	21	13.5	9.9	8.4	7.9	6.1	8.9	8.4	7.5	6.1
中位数	117.7	207.3	35.3	32.2	25	17.6	8.5	7.9	4.2	6.2	5.5	2.4	2.4
东南欧													
阿尔巴尼亚	35.5	226	85	22.6	7.8	12.7	33.2	20.6	0.4	0.1	3.1	5.4	3.5
保加利亚	333.5	82	73	96.3	62	123	1082	22.2	0.7	9.9	7.4	5.9	2
马其顿共和国	114.9	1664.4	338.4	126.5	16.4	2.5	0.8	2.3	-1.3	6.5	5.3	24	1.5
罗马尼亚	170.2	210.4	256.1	136.7	32.3	38.8	154.8	59.1	45.8	45.7	34.5	22.5	14.5
塞尔维亚黑山和和国	121	9237	16.5×10^{12}	3.3	78.6	94.3	32.3	29.5	37.1	60.4	91.3	21.4	12
中位数	121	226	170.6*	96.3	32.3	38.3	33.2	22.2	0.7	9.9	7.4	5.9	3.5
独联体国家													
亚美尼亚	274	1346.00	1822.00	4962.00	175.8	18.7	14	8.7	0.7	-0.8	3.2	1.2	6.1

续表

年份	1991	1992	1993	1994	1995	1996	1997	1998	1999	2000	2001	2002	2003
阿塞拜疆	107	912	1129.00	1664.00	412	19.7	3.5	-0.8	-8.5	1.8	1.5	2.8	2.1
白俄罗斯	94.1	970.8	1190.20	2221.00	709.3	52.7	63.8	73.2	293.8	168.9	51.4	42.6	29
格鲁吉亚	79	887.4	3125.40	15606.50	162.7	39.4	7.1	3.6	19.2	4.1	4.6	5.6	5
哈萨克斯坦	78.8	1381.00	1662.30	1892.00	176.3	39.1	17.4	7.1	8.3	13.2	8.4	5.8	6.1
吉尔吉斯斯坦共和国	85	855	772.4	180.7	43.5	31.9	23.4	10.5	35.9	19.7	6.9	2.1	2.4
摩尔多瓦	98	1276.40	1184.00	487	30.2	23.5	11.8	7.7	39.3	31.1	9.6	5.2	10
俄罗斯	92.7	1526.00	875	311.4	197.7	47.8	14.7	27.6	86.1	20.8	21.6	15.7	13.9
塔吉克斯坦	112	1157.00	2195.00	350	609	41888	43.2	27.6	32.9	38.6	12.2	16	
土库曼斯坦	103	493	3102.00	1748	1005.3	992.4	83.7	16.8	24.2	8.3	11.6	10.6	9.6
乌克兰	91	1210.00	4734.00	891	377	80	15.9	10.6	22.7	28.2	12	0.8	5.1
乌兹别克斯坦	109.7	645.2	534.2	1568.30	304.6	54	70.9	29	29.1	25	27.2	27.6	12.4
中位数	96.1	1063.90	1426.3	1616.20	2512	43.6	16.6	10.5	25.9	19.8	10.6	5.7	7.9
2004—2007年加入欧盟国家													
中位数	144	62.5	54.2	34.1	28	21.5	8.9	9.4	4.7	9.4	6.5	3.4	2.7

注：数据是零售品消费价格水平年平均变化百分比。1991—2001年的数据代表最新官方估计结果，分别从政府当局，国际货币基金组织，世界银行和OECD的出版物收集得到。2002年数据是初步的实际值，大多是官方估计结果。2003年数据是基于复兴开发银行的估计。2004年加入欧盟的八个国家是中欧、东欧和波罗的海国家（表格上部）。2007年，罗马尼亚和保加利亚加入欧盟。阿尔巴尼亚的1997年数据是基于可得的有限的国家数据。克罗地亚除外。

数据来源：EBRD，转型报告2003，表格A.3.3，p.58。

表 2 反通胀阶段

国家	通胀峰值（1990—2002年）	通胀峰值时间	稳定计划时间	月数	通胀<60	月数（实现）	通胀<30	月数	通胀<15	月数	通胀<7
阿尔巴尼亚	336.8	1992.1	1992.8	14	1993.1	3	1994.1	15	1995.4	2	1995.6
亚美尼亚	29600.9	1994.5	1994.12	13	1996.1	4	1996.5	25	1998.6	2	1998.8
阿塞拜疆	1899	1994.11	1995.1	13	1996.2	3	1996.5	5	1996.1	4	1997.2
白俄罗斯	2809.6	1994.8	1994.11	18	1996.5	NA	NA	NA	NA	NA	NA
保加利亚（I）	304.5	1992.1	1994.12	8	1995.8	NA	NA	NA	NA	NA	NA
保加利亚（II）	2040.4	1997.3	1997.4	12	1998.4	0	1998.4	3	1998.7	2	1998.8
克罗地亚	1944.9	1993.1	1993.1	12	1994.1	1	1994.11	1	1994.12	0	1994.12
捷克共和国	67.6	1991.6	1991.1	3	1991.4	1	1991.7	2	1991.1	86	1998.12
爱沙尼亚	1241.9	1992.8	1992.6	16	1993.1	18	1995.4	21	1997.1	20	1998.8
格鲁吉亚	50654	1994.8	1994.8	14	1995.11	12	1996.11	2	1997.1	4	1997.5
匈牙利	31	1995.6	1990.3	10	1991.1	13	1992.2	77	1998.7	41	2001.12
哈萨克斯坦	3033.3	1994.6	1994.1	25	1996.2	11	1997.1	9	1997.1	10	1998.8
吉尔吉斯斯坦	1257	1992.12	1993.5	23	1995.4	23	1997.3	10	1998.1	44	2001.8
拉脱维亚	1444.6	1992.11	1992.6	16	1993.1	15	1995.1	23	1996.12	12	1997.12
立陶宛	1412.6	1992.11	1992.6	28	1994.1	20	1996.6	7	1997.1	13	1998.2

续表

国家	通胀峰值（1990—2002 年）	通胀峰值时间	稳定计划时间	月数	通胀 <60	月数（实现）	通胀 <30	月数	通胀 <15	月数	通胀 <7
马其顿	2100.3	1992.1	1994.1	12	1995.1	2	1995.3	4	1995.7	7	1996.2
摩尔多瓦	2198.4	1992.12	1993.8	9	1994.6	9	1995.3	14	1996.6	62	2001.8
波兰	1173	1990.2	1990.1	24	1992.1	43	1995.8	23	1997.7	44	2001.3
罗马尼亚（I）	317	1993.11	1993.1	16	1995.2	NA	NA	NA	NA	NA	NA
罗马尼亚（II）	177.41	1997.6	1998.3	3	1998.6	19	2002.1	NA	NA	NA	NA
俄罗斯（I）	2321.6	1992.12	1995.4	14	1996.6	5	1996.11	7	1997.6	N.A	NA
俄罗斯（II）	126.52	1997.7	1999.9	2	1999.11	4	2000.3	NA	NA	NA	NA
斯洛伐克共和国	73.7	1991.6	1991.1	3	1991.5	1	1991.6	2	1991.1	51	1996.1
斯洛文尼亚	8820	1992.12	1992.2	NA	NA	3	1992.1	32	1995.6	39	1998.8
乌克兰	10155	1993.12	1994.11	24	1996.11	4	1997.3	6	1997.8	50	2001.11

注：表 2 使用最新数据，复制并扩展了 Cottarelli 和 Doyle（1999）所得的结果。我们使用三个月移动平均年化月通胀率来定义符合阈值的时间段。当一个国家通胀首次低于阈值，并保持一年时，我们认为这个国家已经突破阈值。

资料来源：Cottarelli 和 Doyle（1999）；欧洲复兴开发银行。

在接下来的几节中，首先我们将描述转型国家怎样实现反通胀。随后，我们认为通胀可能有助于相对价格的必要调整。第三节论证了记录的通胀率可能高估实际通胀率的问题在转型的前几年非常严重。第四节分别研究了一个高速反通胀的国家——爱沙尼亚，一个逐渐反通胀的高速转型国家——波兰，一个不那么成功反通胀的国家——罗马尼亚，最大的转型国家——俄罗斯，反通胀强调汇率体制和财政政策。我们得出结论：成功的反通胀可以通过不同的汇率政策实现，但是财政纪律是反通胀成功的必要条件。第五节，我们调查转型国家巴拉萨—萨缪尔森效应的证据。实证研究表明转型国家收入水平提高的同时，其实际汇率上升。然而，和世界其他地区的最终的通胀差异不会非常大。第六节给出了总结性的评论。

1. 转型国家是如何反通胀的？

关于转型国家反通胀的讨论分成两个部分：高通胀的结束和温和通胀的结束。就像我们已经提及的那样，有一些关于高通胀的结束的研究。毫不奇怪，在高通胀阶段的计量研究和案例分析中，财政赤字的控制最被认可和信任。除了 Brada 和 Kutan （2002）著名的研究外，关于更近时期的反通胀的分析并不多。

最初的转型阶段往往伴随着巨大的财政赤字。在发达的转型国家中，一般财政收支赤字的峰值通常超过了国内生产总值（GDP）的 5%，前苏联国家通常更高。[①] 例如，保加利亚 1993 年和 1996 年财政赤字超过 GDP 的 10%，匈牙利 1994 年超过 7.5%，斯洛伐克共和国 1992 年超过了 11.9%。在产出大幅下降、征税不力的前苏联国家，财政赤字甚至更大。俄罗斯 1992 年财政赤字几乎是 GDP 的 20%，而乌克兰更高。也有一些例外：捷克共和国财政赤字 1992 年达到峰值，占 GDP 的 3.1%，斯洛文尼亚在转型的早期维持了财政盈余。所有这些数字低估了实际的财政负担，因为政府通过中央银行信贷支持企业产生的准财政赤字同样巨大。然而，反

---

① 财政赤字的计量通常不太精确，特别是转型的早期会计规则变化的时候。例如，1991 年和 1992 年波兰政府收支差额报告为 − 6.7%。直到最近，两项数据分别被修改为 − 2.1% 和 − 4.9%。

通胀时期的特点就是财政赤字大幅下降。除了匈牙利，大部分国家在 1997 年之前的几年财政赤字低于 GDP 的 3%。

20 世纪 90 年代中期财政收支的改善降低了货币发行弥补财政赤字的预期，进而降低了通胀预期。由于准财政赤字没有计入赤字统计，财政赤字数据低估了财政改革的进展程度。通过直接信贷和价格扭曲（尤其是能源价格）实现的补贴也消失了。政府发行货币外的其他融资能力的改善可能同样重要，国库券分别在 90 年代早期和中期引入发达的转型国家和前苏联国家。此外，一些国家能够发行超过十年期的国债。私有化的收益也成为了一个重要的融资来源。很多转型国家即使在 90 年代中期前完成了大规模私有化，大型基础设施公司和银行在之后仍然在进行私有化。

尽管转型国家发行货币之外吸收财政赤字的能力有所提高，这些国家的财政赤字也在增加。90 年代末期之前，大部分中欧国家财政赤字超过 GDP 的 5%。2003 年，波兰、捷克共和国的财政赤字占 GDP 的 6.7%，而匈牙利达到了 9.2%。尽管没有明显的通胀影响，通胀可能突然强烈发生。前苏联没有产生巨大的财政赤字，这得益于全球商品和能源价格提高以及政策的改变，俄罗斯产生了财政盈余。

反通胀的另一个支柱就是货币政策本身。当然，财政政策和货币政策是相关联的。一份关于转型时期反通胀的回顾（Begg，1997）注意到在稳健的财政政策建立起来之前，货币政策几乎不能成功。以货币供应为基础的反通胀措施能够制止超速通胀的原因在于，当铸币税是政府最主要的财政收入时，这种反通胀同时也是财政基础的反通胀。

更不用说，反通胀伴随着货币扩张的削减。一个有趣的问题是货币扩张是怎样被控制住的。在前稳定时期，宏观经济状况太混乱，不能采用货币总量目标或者利率目标。巨额的强制储蓄意味着最初的货币存量非常大。尽管早期的高速通胀侵蚀了这些存量的价值，政府和企业通过创造货币支持了货币量的快速扩张。进一步地，成功的反通胀导致了实际货币需求的反弹和中介活动的增加。因此，货币乘数可变，并且难以预测。在这种环境中盯住货币总量目标不可能，任何试图盯住货币总量的行为都不可靠。类似地，高速变化的通胀使得利率目标同样不现实。此外，运用利率目标的货币市场机构和工具一开始并不存在。

因此，汇率是最明显的货币政策选择目标。尽管政策制定者将汇率作为成功实现反通胀的唯一指标而仔细观察，仅仅少数国家采用官方汇率目标。例如，波兰为了影响政策和预期，采用了小幅调整汇率制度。俄罗斯1996—1998年尝试使用小幅调整汇率制度维持高估的货币，但是并未成功。爱沙尼亚是个例外：它采用了严格盯住汇率（1992年6月），另两个波罗的海国家拉脱维亚和立陶宛1994年沿用了这项制度。许多国家避免了官方盯住汇率，也有许多国家转向浮动汇率。

公开并能通过通胀传导路径直接影响价格的官方汇率目标在执行可信的反通胀政策方面非常有用，因而上述情况是令人惊讶的。很难选择合适的汇率路径，使得官方汇率目标的使用变得复杂。首先，资本流动能够影响名义汇率。其次，转型结构调整导致实际汇率的变化。因此，明确的汇率目标可能会有很多优点，同时也有很多缺点。90年代，采用浮动汇率政策的转型国家数量增加了。

资本流动使得转型国家通胀率的货币政策管理变得更加复杂。中央银行通常吸收资本流入以避免货币升值，并且对冲这对国内货币基数的影响。然而，中央银行对冲的能力有限。首先，对于那些持有低利率外汇资产的央行来说，对冲成本较大。其次，对冲约束了央行的资产负债表，同时可能使得央行难以应对国内金融部门的动荡。

匈牙利、波兰和捷克共和国90年代的比较十分有意义（见 Roubin 和 Wachtel，1999）。对联系汇率的承诺在捷克共和国是最强的（克朗在1991—1997年被固定住）；匈牙利最弱，货币一直贬值；波兰强一点，谨慎的管理小幅调整的汇率制度。匈牙利的通胀率最高，捷克通胀率最低。捷克共和国使用了固定汇率作为最初稳定计划的名义锚和基石。然而，实际货币升值和为外部失衡融资的困难制约了捷克90年代末期的增长。1997年，捷克在面临投机性的攻击后放弃了联系汇率制度。

因此，结论令人十分惊讶，转型经济体反通胀发生在货币目标的主要形式是政策判断的时候。同时，一种新的政策目标在发达国家固定下来。90年代，通胀目标成为时尚，转型国家也采用了这一目标。最初，通胀目标的使用是非正式的，但是在90年代末期之前，一些转型国家已经正式采用了通胀目标。只有当通胀率已经回落时，采用通胀目标才是可能的，因为只有那样，中期的通胀预测才能被认真对待。Jones 和 Mishkin（2003）描述了匈牙利、波兰和捷克共和国通胀目标的使用状况。捷克1997年放弃了名义锚改为浮动汇率制度。无目标的货币政策降低了通胀率，当年末，中央银行正式采用通胀目标。

通胀目标在避免传统货币政策目标——利率、汇率或者货币总量的缺陷上有着明显的优点。此外，全球范围内采用通胀目标的几年是成功的。再者，采用通胀目标能够使中央银行政策更加透明和连贯的沟通，这有助于建立政策的公信力。然而，有两个问题需要注意：首先，错误的通胀目标能够导致骤然甚至可能是欠考虑的政策变化。① 尽管每个人都认为通胀目标不应该是紧身衣，但是如果转型国家中央银行无视超出其规定的政策范围的通胀可能会损害央行信誉。其次，所有采用通胀目标的转型国家都是欧盟成员国，因此转型国家通胀目标在表面上的成功和其加入欧盟的影响很难区分开来。

转型中央银行，特别是波兰，可能很快遭遇错误而僵硬的目标带来的问题。波兰 1998 年采用了通胀目标，然后采用小范围浮动的汇率政策直至 2004 年 4 月，之后宣布采用浮动汇率制度。最初的短期通胀目标是 2% 幅度，但是 2002 年央行明确通胀目标为 5% 以及悲观的 1% 波动范围。经济合作与发展组织（OECD）认为"央行希望通过强调其实现明确而不是一定范围内通胀水平的愿望，它传达的信息能够更好地影响市场预期"（2002a，41）。对于存在继续影响通胀的非市场结构力量的转型国家和外部冲击有巨大影响的小型开放经济体，这似乎是一个危险的策略（尽管波兰无疑是最大和最不开放的加入国）。央行确实说明在目标有偏差的条件下，政策会转向中期而不是短期目标。

如上所述，所有采用通胀目标的转型国家都是欧盟候选成员国，在过去几年里，加入欧盟的期望比使用特别的政策途径更加重要。理解这些同时进行的发展为时过早。加入欧盟的成功可能是实行通胀目标的先决条件，这就是制度的能力。要使通胀目标有效，央行必须能够预测和测量自身行为的影响。这需要大量高技术人才，而这在转型早期完全不可实现，但是加入欧盟获得国际机构支持并避免国内政治阻力使得这种制度能力高速发展。

多年来，人们往往把宏观经济的良好运行归因于央行的独立性。尽管

---

① 这是格林斯潘抵制正式使用通胀目标的基本原因。

最初的计量证据受到批评，央行的独立性依然是一项有趣的指示器。Cuki-erman、Miller 和 Neyapti（2002）关注转型国家央行的特征。80 年代，相较于其他发展中国家甚至发达国家，转型经济体建立的央行在制度、政策和法律独立性的多种指数上得分很高。此外，后建立的央行在制度上更强。一些早期的研究认为央行的独立性和低通胀率相关联（Dabrowski，1999），但是 Cukierman，Miller 和 Neyapti 指出在转型的早期，物价取消管制占主导地位时，央行的独立性和低通胀的关系较弱。然而，在之后的阶段，当自由化得到支撑，一个更加独立的央行更能在一定程度上降低通胀，制度结构的改善和反通胀同时发生。在转型国家（可能其他国家也一样），中央银行的独立性是内生的。

1999 年以来，大多数转型国家的通胀降到了发达国家的水平。一个解释就是货币和财政纪律以及体制结构的改善（例如通胀目标和独立的央行）使得转型决策者反通胀的诚意令人信服，另一个解释则将其归因于这个阶段有针对性的积极的外部冲击。Brade 和 Kutan（2002）认为大部分近期的反通胀是积极冲击的结果，而不是稳健的货币和财政体制和政策的结果。

从这个角度上说，贯穿 90 年代的紧缩货币政策仅仅有助于抵消缺乏真正财政改革进步的影响。即使测量到的财政赤字减少了，表外补贴和短期债务导致了巨大的更长时间的财政问题。此外，90 年代中后期发达转型国家的货币政策存在内在不稳定性。如前所述，捷克共和国在探索有效的政策工具时，快速地从固定汇率目标转向浮动汇率目标，再到通胀目标，这使得 90 年代后期通胀的降低不能归功于可信而稳定的货币政策。Brada 和 Kutan 认为外部冲击——进口价格的下降，特别是能源价格——而不是货币体制的变化是后来反通胀的根源。因为贸易品占 CPI 组成的三分之二，冲击对通胀能够产生重大影响。

这个讨论有助于缓和我们关于转型过程中反通胀程度的惊讶。基于一些原因，发达转型国家宣告反通胀胜利可能还为时尚早。首先，进口价格的外部冲击是暂时的。其次，这些国家的财政赤字已经恶化了，在很多国家，赤字已经达到了原来的水平。最后，还没有足够长的通胀目标管理时间以创造静态的通胀预期环境。

然而，在我们的讨论中有一个通配符：加入欧盟的影响。1993 年，欧盟哥本哈根宣言规定了"非常想加入欧盟的中东欧转型国家可以加入欧盟"。1998 年，加入欧盟的谈判开始了，这个模糊的扩张承诺成为现实，2002 年 10 月最终宣布了第一轮加入的成员国。8 个转型国家将于 2004 年 5 月成为欧盟的一部分，还有另外两个国家希望结束谈判，并于 2007 年之前加入欧盟。此外，这些国家大部分也希望加入欧元区。① 一些中欧国家被排除在第一轮谈判之外（例如克罗地亚），一些前苏联国家（例如乌克兰）希望进入欧盟第二轮扩张。在已经转型和准备转型的国家中，一致的观点是欧盟经济和货币一体化将会快速推进。货币一体化引发了新的问题，因为价格水平的趋同可能在部分欧元区内产生通胀。

欧洲一体化的预期对于通胀有重大影响，特别是 1998 年谈判开始后。首先，加入欧盟的可能性增加，使得人们的预期通胀会达到欧洲水平。欧洲一体化可能对通胀产生最重要的影响。其次，加入欧盟十分重要，这使得决策者保持紧缩的货币政策，以便调整通胀到欧元区水平，任何推迟加入欧盟的计划或者决定都会给这些受影响的国家带来通胀问题。类似地，俄罗斯和其他不希望加入欧盟以及仍然有两位数通胀的前苏联国家将不得不依靠国内政策和体制降低通胀预期。另外，这些国家可能没有同样的将通胀降低至个位数的动机，也可能选择优先解决其他国内问题。

一次成功的反通胀不应该仅仅产生低通胀，反通胀同时应该是可信的，并产生通胀不会发生的长期预期。一项具有长期可信度的指示器是持有国内货币的意愿，即流动资产在当地货币中占主要地位。因为金融体系发展滞后，整个地区货币化率很低（Bonin 和 Wachetel，2003），但是货币化率的提高是金融体系信心和价格稳定的指示器。表 3 给出了转型国家 1995 年和 2001 年的货币化率（M_2/GDP）。货币化率在提高，除了 1995 年前尚未实现稳定的国家（保加利亚、白俄罗斯和罗马尼亚）。虽然 90 年代后期货币化率的增加值不同，但是更早实现稳定的发达转型国家监测到的货币化率更高，捷克共和国货币化率下降了一点，匈牙利的货币化率增加了大约十分之一，爱沙尼亚和斯洛文尼亚货币化率增加非常大。

---

① 例如，爱沙尼亚 2007 年已经表明它希望尽快加入货币联盟。捷克官方已经承认由于当前的高财政赤字，它们在货币联盟的成员国地位将会被延迟。

2. 通胀有作用吗？

可能计划经济体从前最重要和显著的特征之一就是价格扭曲的程度。国内贸易和分配机制的限制使得包括国际贸易商品在内的商品价格无法达到世界市场价格。国内生产商品的价格由政府制定，并严重背离市场均衡价格。因此，取消管制和定价安排导致价格快速变化，价格限制的取消和严重过剩流动性导致通胀立刻爆发。

表3 货币化率

	1995 年	2001 年
阿尔巴尼亚	46.8	64.4
亚美尼亚（M3）	7.7	13.4
阿塞拜疆	12.3	12.9
白俄罗斯	15.0	15.2
波斯尼亚	14.8	44.6
保加利亚	65.4	40.9
克罗地亚（M4）	25.0	65.1
捷克共和国	75.3	73.4
爱沙尼亚	26.5	41.7
马其顿	11.0	29.8
格鲁吉亚（M3）	5.0	11.1
匈牙利	41.9	46.9
哈萨克斯坦	11.4	17.7
吉尔吉斯斯坦	17.2	11.1
拉脱维亚	22.5	32.0
立陶宛	22.7	26.7
摩尔多瓦（M3）	16.5	23.3
波兰	36.1	43.8
罗马尼亚	25.3	23.2
俄罗斯	15.5	17.7
塞尔维亚	—	14.0
斯洛伐克共和国	65.4	70.5
斯洛文尼亚	27.8	41.2
塔吉克斯坦	19.1	9.5
土库曼斯坦（M3）	18.9	17.6
乌克兰（M3）	12.7	22.3
乌兹别克斯坦（M3）	18.2	12.4

注：除括号内注明以外，货币化率为 M2 与 GDP 的百分比。

数据来源：欧洲复兴开发银行。

通常，通胀最初爆发是以下因素的结果：

- 取消价格管制、约束和政府定价
- 政府铸币融资
- 信用扩张以支持国有企业
- 强制储蓄的支出，即货币过剩

最初高通胀的爆发，通常是以超速通胀的比率产生，造成了巨大的经济成本。首先，金融储蓄的价值被侵蚀。其次，对低效率企业的支持没有改变。再次，超速通胀阻碍了支付系统的高效运行。但是，在某种可能的情况下，即使是相当高的通胀可能也是有益的。通胀允许并鼓励相对价格调整。在讨论发达国家的温和通胀时，通胀的成本和收益分别被称为"沙子"和"油脂"效应（Groshen 和 Schweitzer，1997）。通胀是价格车轮里的沙子，因为通胀和预测错误是相关的，通胀使得即使在竞争体系之下，定价错误和相对价格扭曲依然存在。"润滑效应"是指当价格存在刚性时，通胀减少了价格调整的成本，并有利于相对价格的变化。通胀在转型中的作用就是作为价格调整的润滑剂，并引起相对价格的调整。存在相对价格调整发生和价格结构扭曲改善的证据吗？通胀真的起到作用了吗？

只有少量的研究通过检查价格变化程度或者价格趋同的程度间接地关注了这个问题。证据表明大量的价格调整发生在转型过程的早期，但是价格调整的速度下降。而且，转型国家和发达国家价格体系之间仍然存在巨大的差异，这些差异的存在和非市场定价有关，同时也和贸易品和不可贸易品部门间生产率的差异有关（巴拉萨·萨缪尔森效应，见下文）。

Coorey、Mecagni 和 Offerdal（1998b）在价格指数成分之间观察相对价格波动率指标，例如通胀率的方差和偏度。他们发现相对价格变化率和通胀的水平相关联，这一发现在发达国家已经被证实。尽管很难弄清通胀率和相对价格变化率之间因果关系的方向，我们依然可以针对转型经济体得出一些推论。首先，数据表明：转型国家价格指数成分之间的方差相对于发达国家特别高，在转型的早期更高。特别是，最初价格自由化出现时，相对价格变化率达到峰值。我们有证据表明相对价格变化是通胀的原因。[1]

---

[1] 关于波兰物价变化的分解分析（Wozniak，1998）证实了这一点。

虽然转型国家通胀显然是常规因素（货币增长，工资压力等）的结果，自由化产生的价格冲击似乎依然影响重大。

Wozniak（Dabrowski 第 10 章，2003）观察波兰、匈牙利、捷克共和国分解价格变动，得到了非常相似的结论。相对价格的变化对最初通胀率有影响，尤其是最初价格扭曲最大的波兰更是如此。整个 90 年代中期，管制价格调整的逐步放松影响了所有国家的通胀率，其中对匈牙利的影响最大。决策者之间关于价格自由化的最佳速度和幅度仍有相当大的争论。

自由化导致的价格突变和整体通胀率之间的联系有一个有趣的含义。如果低通胀将延迟相对价格的变化，这表明转型经济体降低通胀率有一个额外的成本，也就是如果延迟相对价格调整降低通胀率紧缩可能产生实际的成本时，使用常规政策工具反通胀可能是一个错误。回想一下，大多数转型经济体很快结束恶性通胀，但花费了好几年将通胀控制到 10% 以下。当时，这被指责为不愿保持可信的从紧的货币政策和财政政策。然而，现在看来这很有可能是应当采用的正确策略，因为适度的高通胀率允许相对价格继续调整。因此，回顾过去，相比一些国家非常快速地降低通胀，许多发达的转型国家（例如波兰、匈牙利和波罗的海国家）在较长时间内把年通胀率从 60% 控制到 15% 可能是一个更好的政策，当然，这个论点假设至少有一些价格难以下降。

从表 4 中，我们可以发现反通胀速度更慢的国家经历更大程度的整体价格调整。与经合组织成员国平均水平价格比较，尽管捷克共和国人均 GDP 最高，波兰和匈牙利物价水平高于捷克和斯洛伐克共和国。[①] 后两个国家没有经历足够程度的通胀使整体价格调整。然而，表 4B 表明转型国家的价格水平在很大程度上仍然不同于经合组织国家平均水平。特别地，商品价格调整幅度大于服务价格，尤其是政府服务价格。在调整幅度上，国与国之间也存在巨大差异。

---

① 2002 年，以购买力平价计算的捷克人均 GDP 是欧盟 15 国平均水平的 62%，匈牙利、斯洛伐克共和国和波兰的分别是 53%，47% 和 41%。相对价格水平和人均收入通常紧密相关。

表 4A　　　　　　　　　相对于经合组织或者美国的物价水平

	相对于经合组织 29 国				相对于经合组织 30 国			相对于美国
	1990 年	1993 年	1996 年	1998 年	1999 年	2000 年	2001 年	2003 年
捷克共和国	23	30	39	41	39	36	39	55
匈牙利	38	43	44	45	42	39	43	54
波兰	29	38	46	49	45	45	51	53
斯洛伐克共和国	NA	NA	NA	NA	33	32	33	37

数据来源：经合组织《主要经济指标》，1999.1 及 2003.10。

表 4B　　　　　　1999 年按商品种类相对于经合组织的价格水平

	Bu	Cr	Cz	Es	Hu	La	Li	Po	Ro	Ru	Sk	Sl	Uk
非耐用消费品	42	77	58	60	60	63	59	61	43	40	51	87	34
半耐用消费品	43	90	65	72	62	93	74	68	32	53	54	85	45
耐用消费品	48	90	70	64	73	79	69	81	63	69	63	79	71
生产资料	40	66	60	77	66	74	71	64	43	31	59	80	37
消费服务	19	39	26	31	30	29	24	34	24	13	20	51	11
政府服务	12	39	23	23	24	19	19	27	13	8	17	47	5
GDP	24	54	39	43	42	42	38	45	29	22	33	64	17

数据来源：经合组织，购买力平价和实际支出，表 11，2002。

因此，"通胀有作用吗？"这个问题的答案可能是"有点作用"。虽然早期价格管制的自由化导致了通胀，但并非所有价格在初始阶段放开，许多价格尚未放开。为此，为实施通胀目标政策，捷克国家银行使用一个叫做"净通胀"的指标来移除那些被管制的价格的影响，直到这些被管制的价格被放开。即使在捷克这个发达的转型经济体，也有大约五分之一的 CPI 被排除掉。最终，价格水平仍然离发达国家的水平非常远。所以，即使在最发达的转型国家，仍然有大量的价格需要调整。

分解转型期国家价格变动明显与理解转型国家温和通胀的未来有关。稳定政策很重要，但它们并不是问题的全部。90 年代中期，传统的稳定政策降低了阿尔巴尼亚通胀率。然而，近期一些针对阿尔巴尼亚的研究敲响了警钟（Domac 和 Elbirt，1998；Rother，2000）。货币紧缩、汇率传递导致了快速反通胀，同时也较小程度上得益于财政紧缩（Domac、Elbirt，1998）。然而，反通胀的路径并不顺利。由于 1996 年实施宽松政策带来的政治压力和传销对金融业的影响，1997 年通胀几乎再次变为恶性通胀。阿尔巴尼亚同时还受到价格管制和分解价格变动的影响。尽管 1992 年放开了大约一半的价格，许多价格管制仍然存在。Rother 的向量自回归分析表明：价格分布的偏度强化了通胀的影响。因此，即使通胀率很低，价格进一步自由化也可能会引发巨大的通胀冲击。因此，阿尔巴尼亚可能会发现自己面临两难的困境：它要么保持低通胀（1999—2002 年的平均值大约是 2%），要么完成市场化过程，但不能兼顾低通胀和市场化改革。

如果通胀目标没有为自由化或其他因素导致的通胀留下调整空间，那么通胀目标可能会过低，这个观察结果适用于很多反通胀可能太成功的不那么发达的转型经济体。总体的政策和外部冲击可能已经使得通胀率达到一个较低的水平，这个水平的通胀率不能容纳仍需发生的价格自由化。

3. 我们能相信数字吗？

通胀率计算中的偏差是发达国家频繁讨论的话题。1996 年，美国 Boskin 委员会的报告明确给出了 CPI 偏差的估计值。从此，美国劳工统计局改进了物价和通胀率的计算，改进措施包括使用从新的贴现路径获得的价格。此外，现在物价指数的计算也考虑了支出权重的正常变化。欧元区国家也存在类似的担忧，进而在建立调和消费者价格指数（HICP）的基础上改善物价统计。然而，欠发达经济体的价格统计误差很少被人们谈论。只要我们感兴趣的焦点仍然是反通胀，例如使通胀率从 1000% 下降到 10%，数据的质量并不是核心问题。但是当通胀率持续低于 10%，且我们关注国家间通胀率比较和通胀趋势的细微变化时，研究数据的质量就值得考虑。此外，可靠的物价指数测算对判断实际收入变化至关重要。

毫不奇怪，一些重要的原因使得转型经济体通胀率测算可能存在严重误差。Filer 和 Hanousek（2003）总结了他们关于捷克共和国和其他一些转型国家通胀偏差的大量研究。捷克共和国通胀偏差的主要来源是未能考虑到市场上销售商品质量的提高和新产品的进入，固定权重指数产生的替代误差和新市场产生的路径误差也导致测量偏差，它们的估计值随着时间的推移和不同的假设有所改变，但似乎相当稳健。捷克共和国至少三分之一的通胀统计平均值（每年大约 10%）是测量误差。① 这非常重要。捷克 10 年内经济的实际增长（GDP 扣除测量的 CPI 涨幅）年均值是 -0.7%，但随着通胀率按照估计的误差调整，年均增长率为 3.6%。

测量转型进步的一种常见方法是观察其实际 GDP 相对于转型前（1989）的水平。1999 年，欧洲复兴开发银行的数据显示，只有三个转型国家恢复到了其 1989 年的水平：波兰、斯洛伐克共和国和斯洛文尼亚。截至 2001 年，捷克共和国、匈牙利、阿尔巴尼亚、乌兹别克斯坦已经恢复到转型前的水平。由于大量的价格变化累积 10 年甚至更久，指数计算中微小的错误会导致截然不同的结论。对价格变化更精确的测量可能产生完全不同的结论。②

Filerand 和 Hanousek 提供的一些直接证据表明：因为通胀被夸大了，经济状况的改善要比实际 GDP 数据显示的那样更好。他们通过小组讨论来确定消费者如何在通胀与质量变化间分配价格变化，他们通过询问捷克消费者目前会为一个全新的和 1990 年可比的商品付多少钱。观察的结果表明，相较于官方的 CPI 指标，相当多的价格变化应该归因于商品质量的变化。例如，服装价格在 10 年内上涨超过 2.5 倍，指数把约 30% 的价格变化归因于质量变化，因此服装 CPI 上涨了 1 倍多。然而，当用消费者的感觉来衡量质量的改善，物价涨幅只有大约 50%。

随着各国当局遵循国际公认的规范并改善数据收集过程，测量问题可能逐渐减小。此外，在温和通胀的情况下，测量误差不会产生这么大的扭曲。然而，回顾 10 年转型的经济史学家们最好记住这些讨论。

4. 反通胀：案例研究

同一个 10 年中，二十几个转型国家反通胀的经验提供了一个研究反通胀政策十分有用的实验室。存在更有效的政策吗？哪些政策似乎已经成功

---

① 美国 Boskin 委员会报告提供了类似的结果。平均通胀率为 2.8%，而通胀率的整体误差大约是每年 1.2%。

② 当然，实际 GDP 的测量也是困难重重。在前转型时期，实际 GDP 可能被夸大了。而在转型初期，非正规部门活动被忽视，因而产出大幅下滑。

地降低了通胀率？换言之，它们是如何降低通胀率的呢？

解决这些问题的便捷方法是研究一些国家的政策历史。我们将跟随着 De Menil（2003）观察波兰、罗马尼亚、爱沙尼亚和俄罗斯的政策历史。

4.1 波兰反通胀

1990 年元旦，波兰政府将稳定措施——Balcerowicz 计划引入到已经饱受高通胀之苦的经济体（1989 年月通胀率达到了约 50%）。波兰兹罗提相较于最初汇率贬值一半并同美元挂钩。货币和财政政策大幅紧缩，信用创造随即停止。政府补贴和价格管制取消，鼓励外国直接投资并开始私有化计划。随之而来的是产出大幅下降，迫使波兰国家银行（NBP）在 1990 年晚些时候放松货币政策，仅仅几个月后又重新紧缩货币政策。通胀飙升，经济衰退加剧。兹罗提再次贬值并采用小幅调整的汇率制度。恶性通胀减轻，但通胀率仍然很高。政府的意图是逐渐减小汇率调整以控制通胀预期。

接下来的几年中，由于政府试图处理失业问题，对政府和企业实施硬预算约束以及进行银行体系重组，货币和财政政策交替性扩张和收缩。尽管稳定政策时断时续，小幅调整汇率制度的承诺作为通胀目标的一种方式既是深思熟虑的，也是志在必得的。从 1991 年到 1998 年，月调整幅度从 1.8% 减少到 0.5%，汇率浮动范围被扩大，通胀逐渐下降。由于波动区间的扩大，固定名义汇率的重要性下降，1998 年波兰国家银行采用通胀目标，目标通胀率 7% 左右。1998 年和 1999 年通胀目标未能实现，波兰国家银行险些失去来之不易的信誉。货币政策略有放缓，随着通胀达到两位数，反通胀的成果消失了。

2000 年 4 月，货币局采取了浮动汇率制度并计划在 2003 年底前将通胀率降到 4% 以下。2000 年下半年，由于兹罗提相对欧元和美元升值，实际利率上升，2001 年针对美国的"9·11"恐怖袭击进一步推动了兹罗提升值。强劲的实际汇率升值让中央银行大幅紧缩货币政策，紧缩的货币环境加上欧洲需求放缓导致投资急剧下降，进而导致整体经济放缓，这使得 2001 年的通胀率下降到大约 5%。

我们可以从几个方面解读波兰转型和稳定的过程。第一，反通胀非常慢，波兰花了整整十年使通胀降到5%以下。第二，波兰虽然近些年大部分时间经济增长强劲，也通常被视为最成功的转型国家，其失业率仍居高不下。尽管最近的 GDP 增速很高，波兰经济长期存在问题，例如国有企业的高工资和持续的高失业率。波兰国家银行十多年一直采用名义锚，名义锚最初是固定汇率，后来改为小幅调整的汇率制度，最后转向通胀目标。90 年代末通胀率的快速下降可能是波兰国家银行通胀目标制信誉增强的结果，或者是加入欧盟对通胀预期的影响。

通胀经验的评估目标必须是多方面的。采用通胀目标后，通胀会超出目标水平，然后在接下来的两年中低于目标水平。正如经合组织指出的那样："通胀目标制相对于其他货币政策名义锚的主要优点在于其影响预期的能力"（2002a，43）。波兰国家银行通过货币政策委员会的定期通胀报告支撑通胀目标制，整个过程非常透明。

通胀预期很可能大幅降低，但近期宏观经济的发展不支持持续的极低的通胀率。为了应对经济疲软，2002 年的货币政策明显比之前宽松。短期利率从 2001 年年初的 19% 的峰值下降到 2002 年中期时的 8%，与此同时通胀率从大约从 7% 下降到 2%。此外，财政赤字几乎达到了 GDP 的 7%，改变财政立场必须体制改革减速。最后，兹罗提相对欧元贬值，这在未来将不可避免地影响通胀率。尽管 90 年代中期波兰已经加入国际金融市场，其 2000 年以来标准普尔长期外汇信用评级一直是 BBB+。宏观经济基本面强劲到足以使波兰未来的通胀面临较大不确定性。

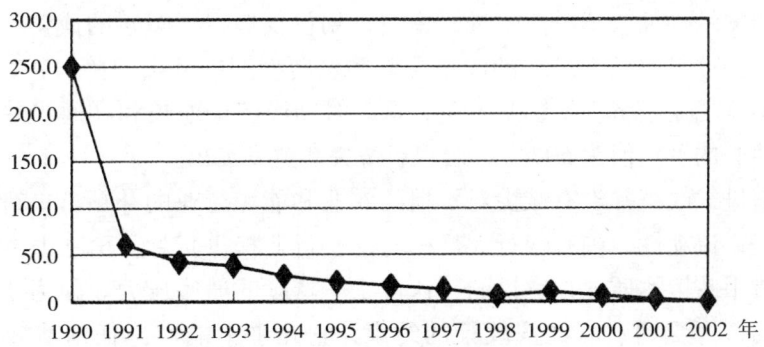

图1　1990—2002 年波兰通胀率

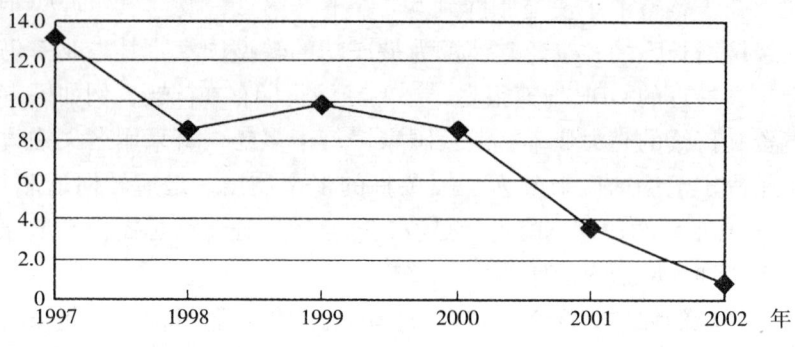

图 2　1997—2002 年波兰通胀率

4.2　罗马尼亚反通胀

罗马尼亚转型的历史与波兰形成鲜明对比。正如 De Menil 的评论，"罗马尼亚转型前十年非常艰难。这段时间危机接踵而至"（2003，283）。罗马尼亚是唯一还没能有效实现反通胀的中欧转型国家。宏观政策的两个特点导致了这一结果。第一，尽管银行体系的改革可以追溯到 1991 年，罗马尼亚货币银行政策却使得银行自动为国有企业提供金融资源。第二，这十年内，国内物价和外汇交易管制保持了巨大影响力。

1993 年，通胀率达到 290%，总产出下降了 30%，罗马尼亚正式实施稳定措施。尽管货币政策收紧，汇率贬值以及价格管制大幅减少，但由于进一步的结构性改革没能跟进，稳定计划仅仅取得了短暂的成功。罗马尼亚有目的地采取了渐进式的改革，以确保转型期的社会保障。1994—1996 年，罗马尼亚经济环境阴晴不定，这一时期经济正增长和高通胀并存（三年内通胀的平均值为 50%），宏观经济失衡愈发突出。

渐进式改革并没有减少对亏损的农业和能源行业的补贴。央行为国有银行提供流动性，国有银行大规模为这些行业提供贷款。由于财务状况恶化，货币政策本质上是宽松的，这带来了持续的通胀压力。因为罗马尼亚央行的行为受到政府经济政策的约束，它几乎不能实施任何有效的货币政策。

由于缺乏任何有效抑制通胀的工具，政府试图通过物价管制和外汇交易管制控制通胀。虽然它帮助通胀率在 1994 年至 1995 年之间从 61% 下降到 27%，推迟必要的价格调整来遏制通胀被证明在长期内是不可持续的。在缺乏关键性企业重组和银行行为改变的情况下，不可持续的财政赤字未能得到改善，1996 年罗马尼亚重返危机。

1996 年年底，新一届政府上台，启动了更大胆的改革。新的改革打破了渐进主义路径，同时明显加快结构性改革的进程。价格和外汇交易完全自由化，降低关税，取消对亏损的国有企业的补贴，改革也逐步减少农业部门的专项贷款。政府在一年内出售国有基金中 60% 的公司以便大幅度加快私有化，把中央银行作为实体部门主要的信用提供者的政策立即结束。

罗马尼亚转型冲击在 1997 年早些时候真的来临了。总产出急剧下降，通胀率飙升至 150%。之前受益于便利的融资的大型国有企业受冲击最大，政府推迟其大型国有企业的大规模重组计划，罗马尼亚国家银行（NBR）放松了的货币政策。

尽管 1997 年的稳定计划没能完成其基本目标，但它确实放开了物价并纠正了汇率。国债发行波动导致利率剧烈波动，中央银行偶尔需要为国有银行充当最后贷款人，脆弱的国际收支状况以及建立外汇储备的需要使得货币政策传导机制愈加复杂。罗马尼亚国家银行追求适度的实际汇率升值，希望这能够有利于暂时控制通胀。

截至 1998 年年底，通胀率降至 41%，这在很大程度上得益于实际汇率升值。然而，东亚金融危机和俄罗斯金融危机抑制了反通胀进一步的成功。罗马尼亚为其外债融资面临困难，1999 年年初，由于外汇储备过低，同时无法对债务进行再融资，罗马尼亚差点导致支付危机。汇率贬值和主权债务违约的担忧推高了市场利率。

2000 年，罗马尼亚国家银行继续关注汇率政策，因为它担心生产率的提高将被过多的实际汇率升值所抵消。通胀低于 1998 年的水平，但依然高达到 40%。7 月，中央银行最终摆脱了预算和实体部门融资功能，并表明了更紧的货币政策立场。财政改革降低了预算外支出并提高税收，财政赤字占 GDP 的比例在 2002 年仅为 GDP 的 3%，在转型国家中相对较低。截至 2002 年底，通胀率下降到了 17%，并持续缓慢下降。罗马尼亚是转型改革的后发国家，因为稳定政策需要两个方面的尝试。结果，基本面进一步降低了通胀率。

罗马尼亚的经历表明了改革三心二意的缺陷。因为财政政策没有得到控制，罗马尼亚的企业补贴比其他国家持续了更长的时间，反通胀的速度既缓慢又不均匀。

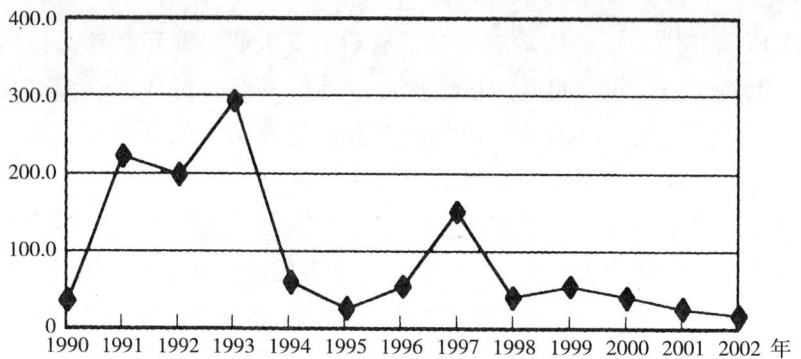

图 3　1990—2002 年罗马尼亚通胀率

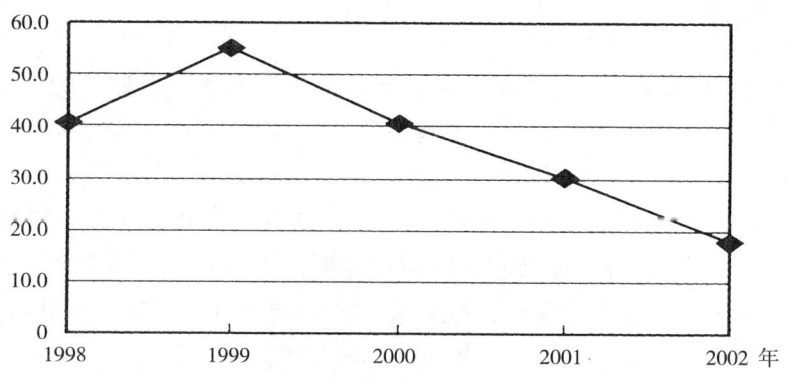

图 4　1998—2002 年罗马尼亚通胀率

4.3　爱沙尼亚反通胀

爱沙尼亚 1991 年 10 月宣布脱离苏联独立，开始其非常不稳定的国家状况后不久，通胀达到 1000％。1992 年 6 月，爱沙尼亚启用了主权货币克朗，货币局正式就位。与此同时，一项雄心勃勃的价格自由化计划开始实施。此外，该国 80％ 的小型国有企业在两年内被出售，还有三轮外资参与的针对主要企业的大规模私有化。

货币局固定了克朗同德国马克之间的汇率。克朗完全可兑换，中央银行负债完全由外汇储备支撑。爱沙尼亚银行禁止向政府提供贷款，中央银行不承担国家的债务。货币局的制度安排的目的是获得信誉并为重组提供一个稳固的名义锚。

货币改革后，在改革发挥作用并使通胀水平大幅下降之前，恶性通胀持续了几个月。截至 1993 年年底，通胀在一年内已从四位数大幅下降至41%。通胀率在接下来五年内持续稳步下降，但直到 1998 年 5 月，通胀才达到个位数。过去五年内通胀率平均不到 4%。

货币局提供了可靠的名义锚并严格执行财政措施。因此，它成功地实现了反通胀。然而，实际汇率升值，这可能使固定汇率制度产生问题。巨大的经常账户赤字可能威胁到政权的稳定，尽管经济体能够轻松为此融资。

因为巴拉萨—萨缪尔森效应，与发达经济体相比，爱沙尼亚物价上涨稍高一些。爱沙尼亚实际趋同导致了更高的生产率增速，进而导致体制和价格水平的趋同。因此，相对于发达经济体的通胀，巴拉萨—萨缪尔森效应估计造成了大约 2% 的通胀差异（Randveer，2000）。因此，目前尚不清楚实际汇率是否升值过多。此外，克朗的最初汇率可能被刻意低估了。

货币局制度是爱沙尼亚成功反通胀的基石。然而，固定汇率制度抑制了对冲击的反应，众所周知，退出固定汇率制度的最佳时机是在冲击发生之前。到目前为止，爱沙尼亚经济被证明非常灵活。例如，1998 年俄罗斯危机仅仅暂时导致了产出的下降。

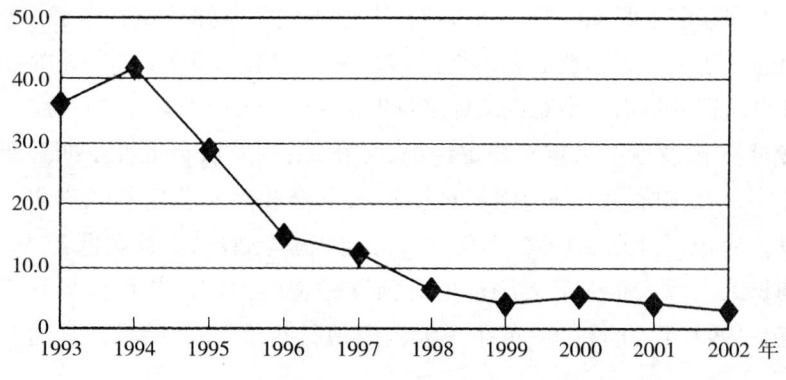

图 5　1993—2002 年爱沙尼亚通胀率

4.4　俄罗斯反通胀

随着苏联解体，旧的经济管理体制恶化。这导致供应和分配的中断，使得产出在戈尔巴乔夫时代就已经开始下降。1991 年"八月政变"失败，苏联解体后，产出下降的情况进一步恶化。俄罗斯开始大规模价格自由化的经济稳定计划，希望能借此迅速提高生产者积极性。私有化等其他改革措施，也计划随后推出。

1992 年 1 月初，当大多数的消费品价格自由化时，[①] 俄罗斯价格水平立即上涨。这并不奇怪，因为苏联时代许多消费品价格甚至低于生产成本，俄罗斯消费者也愿意花费其从苏联时代的强制储蓄中积累的大量货币资产。自由化像预测的那样发挥作用：消费品重新出现，价格上涨，倒挂的货币价值下跌。

1992 年月通胀率在 10% 到 35% 之间震荡，相对价格大幅变化。各种各样的稳定措施似乎发挥了作用。1992 年夏季，月通胀率下降到 10% 以下。然而，与此同时，产出继续下降，公共财政混乱。

阻止产出继续下滑的政治压力加大。此外，新的中央银行管理部门更加支持给公共赤字融资，提供给政府和企业的信用大幅扩张。这对通胀几乎立即产生了影响，到 1992 年年底，月通胀率再次超过 25%。

俄罗斯货币政策由于卢布区的存在变得复杂。苏联解体后，卢布在一段时间内继续成为其大部分成员国的货币，其货币的发行规则也不清楚。在实践中，大多数前苏联加盟共和国迅速扩大卢布供应以弥补预算赤字，整个卢布区的通胀水平受到影响。大体是在 1993 年，当时大部分的前苏联成员国采用了各自国家的货币，卢布区解体（Odling – Smeeand Pastor，2001）。

1994 年俄罗斯努力重新稳定经济，当时俄罗斯议会批准了明显更小的预算赤字，在国际货币基金组织预期通胀下降和卢布稳定的条件下，俄罗斯得以重启稳定计划。1994 年夏季，月通胀率转型以来首次低于 5%。然而，到秋天，政府很明显无法抗拒对预算融资的渴求。货币市场认识到了这一点，1994 年 10 月，卢布在一天内贬值接近 20%。结果，月通胀再次

---

① 大部分公共物品（例如能源）的价格没有自由化，地租由官方设定。

升至15%以上。最终，联邦政府1994年财政赤字超过10%，比1993年大得多。尽管通胀率降低，但全年的通胀率依然高达大约300%。

1995年年初，俄罗斯当局开始了又一次尝试稳定通胀。结构性改革启动，当局愿意削减政府开支以减少公共部门赤字。此外，国际货币基金组织同意在新的框架下提供融资。俄罗斯中央银行采用非正式的爬行盯住汇率制度，确定的货币贬值速度小于当前的通胀率。因此，卢布逐步的实际升值将被用作反通胀工具。因为俄罗斯美元化的程度非常高，外部锚被认为对影响通胀预期至关重要。1995年，俄罗斯联邦政府削减了一半的政府赤字。1995年年底，月通胀率持续低于5%。然而，在1996年夏天总统选举准备阶段，公共支出再次增加，逃税加剧。但是，这一次，俄罗斯政府已经能够通过资本市场融资，中央银行并未给财政赤字融资，俄罗斯能够向国内外投资者出售以卢布和美元计价的债券。1996年，尽管联邦政府赤字是GDP的9.4%，通胀率已经下降到50%以下，1997年降到20%以下。转型调整似乎成功了。

1998年，俄罗斯再次发生财政困难，主要有两方面原因。第一，国内改革步履蹒跚导致税收拖欠。第二，亚洲新兴市场危机使投资者更加谨慎，财政赤字融资越来越困难。俄罗斯债务在国际债券市场的风险溢价大幅上升，虽然在7月与国际货币基金组织就一个新的方案达成一致，但是很快这个方案就被证明远远不能满足需要。8月，俄罗斯不得不让卢布自由浮动，宣布暂停偿还债务。因为财政政策不可持续，货币政策和汇率政策已经无法遏制通胀。在卢布大幅贬值之后，通胀再次暴涨，危机之后月通胀率立即超过了35%。

然而，通胀的反转是暂时的，令人惊讶的是，1999年年初，月通胀又显著低于5%。几方面原因导致了这个有利的变化。货币贬值后，俄罗斯当局较快地稳定了卢布的外部价值，这部分得益于资本管制。资本管制阻止外国投资者向俄罗斯银行贷款，从而抑制了国内信贷的增长。同时，因为俄罗斯已经停止偿还几乎所有的债务，财政赤字大幅缩减。1999年晚些时候（及以后），油价大幅上涨很大地改善了俄罗斯的贸易状况。因为俄罗斯政府相当一部分的税收来自能源行业，[①] 这次贸易条件冲击对俄罗斯

---

① 逃税在此领域比其他部门更加困难，因为输油管道属于Transneft公司，换言之，输油管道由俄罗斯政府所有。

的财政状况有非常积极的影响。近年来，始于 2000 年的财政盈余有助于把通胀率控制在 20% 以下。此外，俄罗斯已经回到爬行盯住汇率制度，借此卢布对美元汇率稳步贬值。爬行盯住汇率制度提供了一个名义锚，这一次，财政政策和汇率制度保持了一致。

尽管从历史上看，俄罗斯目前的通胀率较低且相当稳定，但俄罗斯作为转型国家，成功的稳定方案没有把通胀率控制到发达国家水平。虽然高油价导致了大量的经常账户盈余，俄罗斯中央银行并不愿意让卢布升值，因为这将损害俄罗斯制造商的竞争力。同时，中央银行没有足够的货币政策工具来对冲资本流入，因而持续通胀是经济的自然反应。俄罗斯中央银行可能只会尝试逐渐压低通胀，只要俄罗斯政府能够维持其目前的财政状况，央行不会面临改变政策的巨大压力。

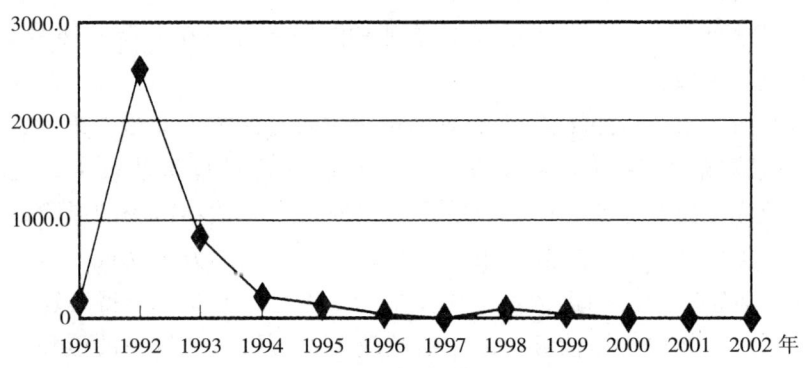

图 6　1991—2002 年俄罗斯通胀率

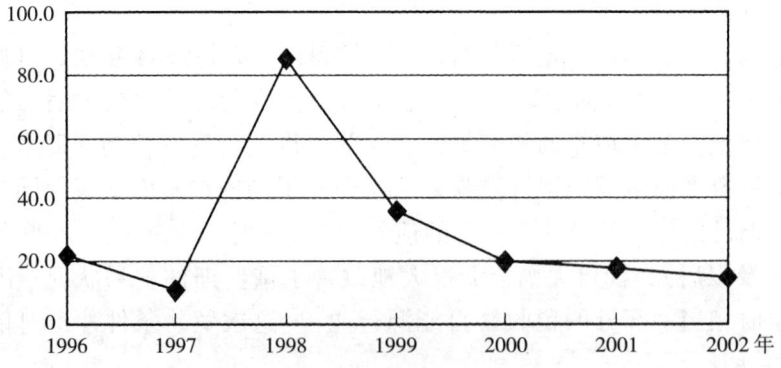

图 7　1996—2002 年俄罗斯通胀率

5. 转型中的通胀能够避免吗？

　　转型国家的通胀故事不仅仅是体制改变后野蛮的恶性通胀的故事，还包括其惊人的反通胀能力。转型过程的某些方面将不可避免地导致通胀。既然整体上反通胀已经如此成功，这些问题也变得越来越重要。正如我们所看到的那样，很多转型国家通胀率已经达到了西方国家的水平。现在，决策者所面临的一个重要的问题是，欧元区通胀率是否是一个合适的目标或者说是否略高于欧洲区通胀率的通胀水平才是合适而现实的水平。在这种情况下，努力保持过低的通胀率会导致经济衰退。本节中，我们将研究一些转型中不可避免且适当的通胀因素。

　　因为体制调整、收入趋同、巴拉萨—萨缪尔森效应等原因，转型中的通胀可能是不可避免的。对于希望在不久的将来加入欧元区的国家，通胀差异的大小非常重要。原则上，收入趋同造成的更高通胀可能使其难以达到马斯特里赫特准则对通胀的要求。反过来，这可能推迟这些国家加入欧元区。

　　在 40 年前巴拉萨和萨缪尔森开创性的贡献之后，巴拉萨—萨缪尔森效应被用于解释经常观察到的非贸易品的价格上涨快于贸易品的趋势。巴拉萨—萨缪尔森效应提供了一个贸易品和非贸易品部门间生产率增速差异的解释。分析的起点是贸易品部门的生产率增速通常比非贸易品部门快。对转型国家而言，原因是显而易见的。伴随着市场管制的取消和经济开放，贸易品部门最快面临竞争压力。也就是说，我们假定贸易品符合一价定律（但不包括非贸易品）。随着贸易品部门的生产率提高，部门的工资同时上升。假设劳动力能够在一定程度上跨部门转移，因此非贸易品部门工资也上涨（如服务行业和政府部门）。只有在非贸易品的相对价格上升的条件下，非贸易品部门工资才可能上升。因为整个经济工资涨幅超过了平均劳动生产率，总体价格水平上升。[①] 由此产生的通胀会导致实际汇率升值。

　　事实上，对巴拉萨—萨缪尔森效应的兴趣源于转型国家观察到的实际

---

　　① 附录包括萨缪尔森效应对贸易品和非贸易品部门通胀和国家间通胀差异（即实际汇率变化）影响的正式阐述。

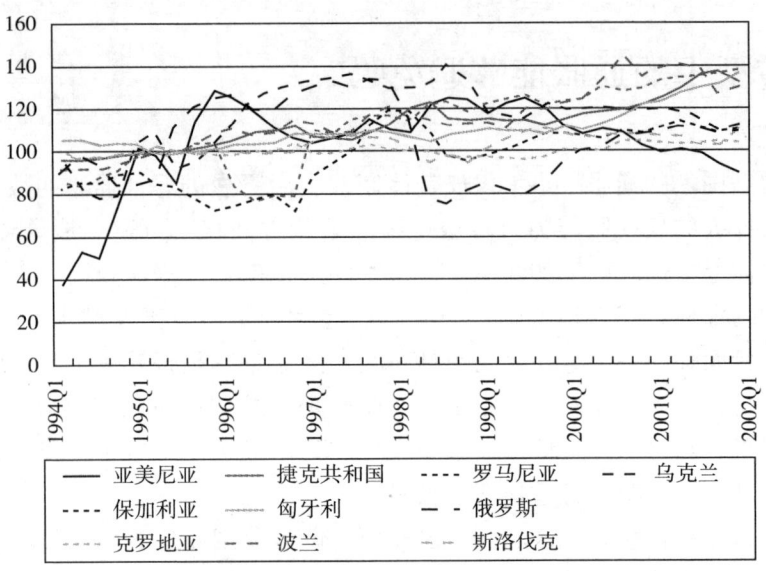

图 8 部分转型国家 1994 年 1 月到 2002 年 4 月实际有效汇率（1995 = 100）

汇率升值。图 8 描述了 1994—2002 年部分转型国家实际有效汇率的演变。我们可以发现：普遍存在实际有效汇率升值的倾向，尽管这种趋势在一些国家相反（例如 1998 年 8 月危机后的俄罗斯）。

转型国家参加并融入欧盟的巨大兴趣引发了大量的研究，这些研究测试并度量了这对转型国家影响的程度，最近的评论由 Mihaljek（2002）和 Egert（2003）提供。这一系列文献的诞生，部分得益于这些国家加入欧元区的强烈愿望。欧元区的加入标准包括汇率稳定[1]和通胀趋同，[2] 高通胀率的强烈趋势以及贸易品和不可贸易品部门结构调整步伐的分化可能同时危及两个标准的实现。尽管新加入国和目前的成员国间人均 GDP 水平仍有巨大的差距。[3] 但随着新加入国家增速高于目前的欧盟成员国，收入水平趋同正在发生。因此，如果名义汇率保持固定，巴拉萨—萨缪尔森效应导致更高的通胀至少是一种可能。同时，正如前文所述，加入国家的价格水平

---

① 汇率稳定是指参与汇率机制至少两年，同时没有发生中心平价贬值以及没有出现明显的外汇市场紧张。此外，汇率必须在两年内接近中心平价。

② 通胀不能超过三个通胀率最低的欧盟国家平均水平 1.5% 以上。

③ 在 2002 年，计划于 2004 年 5 月加入欧盟的 10 个国家的人均 GDP 是欧盟平均水平的 46%。

明显低于欧盟国家，从这个角度上存在迎头赶上的空间，即更高的通胀。

通常情况下，测量萨缪尔森效应的实证研究是对非贸易品与贸易品的相对价格以及两个部门的劳动生产率指标进行回归分析。最近的一些研究成果包括 Arratibel，Rodriguez – Palenzuela 和 Thimann（2002），Coricelli 和 Jazbec（2001）Mihaljek（2002）以及 Egert（2003）。

Arratibel、Rodriguez – Palenzuela 和 Thimann（2002）使用了 10 个新加入欧盟国家 1990 年到 2001 年的月度数据（如果可用）和大量的控制变量来进行评估。他们发现巴拉萨—萨缪尔森效应在解释新加入国家通胀水平提高方面是"相对无关紧要"的。Coricelli 和 Jazbec（2001）还把前苏联国家 1990—1998 年的数据加入到他们的评估之中。他们发现，在早期的转型中，制度更能解释相对价格的变动。巴拉萨—萨缪尔森效应的贡献估计每年接近 1 个百分点。Mihaljek（2002）用部门间生产率增长的差异来解释欧洲地区和 6 个转型国家在通胀方面的差异。为避免使用转型早期的观察数据，季度数据从 90 年代中期开始。除了斯洛文尼亚，萨缪尔森效应对年度通胀率差异的贡献小于 1%。

估计相对价格时反复出现的问题是贸易品和非贸易品部门的定义。许多研究以生产者价格指数表示贸易品价格指数，以消费者价格指数表示非贸易品价格。其他一些研究区分两个部门，例如，把 GDP 平减指数分为贸易品和非贸易品两个部分。有时，制造业以外的部门都被视为非贸易品部门；有时农业是贸易品部门，有时不是。Egert（2003）使用了非常详细的数据库[①]，更好地区分了贸易品和非贸易品部门。虽然这项研究仅仅关注了爱沙尼亚，它也可以揭示了巴拉萨—萨缪尔森效应对其他转型国家的影响。虽然在整个样本期间（1993—2002 年），巴拉萨—萨缪尔森效应的平均估计值位于 2% ~ 3%，但是在样本期间内巴拉萨—萨缪尔森效应明显下降。在样本末期，该效应对通胀的贡献小于 1%。[②] 这容易理解，爱沙尼亚迅速向欧盟水平靠拢，包括人均收入和生产率。

此外，有关巴拉萨—萨缪尔森效应的实证研究聚焦实际汇率的行为。De Broeck 和 Slok（2001）使用 26 个转型期国家和 17 个经合组织国家的数据，研究部门生产率增长对实际汇率变动的影响。相比其他转型国家，他

---

① CPI 被分为 260 项，GDP 分成 15 个部门。

② 爱沙尼亚实行严格的固定汇率，萨缪尔森效应表现为更高的通胀。

们发现生产率增速的差异对新加入欧盟国家的实际汇率有着不同的影响。对加入欧盟国家,巴拉萨—萨缪尔森效应似乎对实际汇率产生了预期的影响,但在其他转型国家,几乎没有影响。中欧和东欧新加入欧盟国家中,Slok 和 De Broeck 估计萨缪尔森效应在样本末期提高了 1% 的年度通胀率。

有关巴拉萨—萨缪尔森效应的实证研究证实:其对转型国家的通胀和实际汇率变化有影响。然而,萨缪尔森效应的估计值相对较小,通常每年 1% 左右。此外,巴拉萨—萨缪尔森效应的大小随着收入趋同递减,这也符合实证研究的结论,加入国家的政策制定者可以高枕无忧。有关萨缪尔森效应的研究表明,通胀差异不超过 1% ~ 2%,而且还会随着时间的推移而下降。

6. 结论

如本文开头所述,转型经济体的反通胀引人注目。我们很容易发现货币改革同样引人注目,反通胀的成功归因于货币改革的成功。事实上,通胀是一种货币现象,15 年前这些国家不存在负责货币政策的机构,中央银行作为负责任而独立的货币纪律管理员是一个新现象。此外,整个金融体系的软预算约束加剧了通胀压力。所以,观察结果之一是:在许多转型国家,反通胀是快速制度建设和重要政府部门体制改革的结果。通胀在制度建设滞后的国家仍然是一个问题。

特定货币政策途径的支持者将转型国家作为特定政策立场的证据。然而,在每种可能的汇率制度①和货币政策途径下都存在大量的反通胀现象。我们不认为转型国家的经历支持特定的政策路径。相反,转型经验表明良好的宏观基本面非常重要。特别地,因为财政约束是适当的货币政策的前提,它可能更重要。

最后,尽管反通胀引人注目,但好事过头可能反而成了坏事。整个地区 2001 年和 2002 年实现的非常低的通胀率可能不可持续。第一,仍然需要大量的相对价格调整,这些调整类似于影响通胀率的外部冲击。同样

---

① 想概览近期新加入欧盟国家汇率制度的文献,请参阅 Begg 等人（2003）, Kellerand 和 Richardson（2003）关于独联体的货币政策框架和汇率制度的讨论。

地，近期反通胀很大程度上可能是暂时性的全球冲击的结果，这些冲击掩盖了转型国家现存的问题。第二，任何可能加速通胀的因素都容易削弱决策者信心并影响通胀预期。同样，欧盟扩张步伐的放缓可能会改变通胀预期。第三，非常低的通胀率分散了有关宏观基本面问题的注意力，特别是近期政府赤字大幅上升。此外，剩余的体制改革需要触及一些硬骨头，例如医疗和养老体系。

与我们最初的想法相反，也许过山车式的转型尚未结束。很多转型经济体通胀率可能会偏离发达国家的水平，政策如何回应这一变化有待观察。

附录：巴拉萨—萨缪尔森效应

下面，我们更加正式地概括出巴拉萨—萨缪尔森效应的一种形式。Obstfeld 和 Rogoff（1996）曾经有过类似的阐述。假设一个小型的开放经济体生产两种产品：贸易品和非贸易品。我们用下标 T 表示贸易品部门，NT 表示非贸易品部门，总产出由齐次技术生产函数给出：

$$（A.1）\quad \begin{aligned} Y_T &= A_T F(K_T, L_T) \\ Y_{NT} &= A_{NT} G(K_{NT}, L_{NT}) \end{aligned}$$

K_i 和 L_i 分别表示 i 部门资本和劳动力的占用。劳动力的供给固定为：$L = L_T + L_{NT}$。劳动力不能在国际间转移，但可以国内部门间转移，这保证了两个部门的工人拥有相同的工资。资本在国际间自由流动，因此，国内资本的回报率等于国际利率 r。我们把两个部门的资本—劳动力比率定义为：$k_T \equiv K_T/L_T$ 和 $k_{NT} \equiv K_{NT}/L_{NT}$，并将人均产出表达为 $y_T \equiv A_T f(k_T) \equiv A_T f(k_T, 1)$ 和 $y_{NT} \equiv A_{NT} G(k_{NT}) \equiv A_{NT} G(k_{NT}, 1)$。不可贸易品与贸易品的相对价格是 p。利用这种记号法，我们可以得到使代表公司利润最大化的四个一阶条件（贸易品部门和非贸易品部门分别给出两个条件）：

$$（A.2）\quad \begin{aligned} A_T f'(k_T) &= r \\ A_T[f(k_T) - f'(k_T)k_T] &= w \\ p A_{NT} g'(k_{NT}) &= r \\ p A_{NT}[g(k_{NT}) - g'(k_{NT})k_{NT}] &= w \end{aligned}$$

因为 r 由国际资本市场给定，我们可以从四个一阶条件中求解四个未知量：w, p, k_N 和 k_T。

为了评估上述分析的动态含义，我们可以对 p 取对数导数：

$$(A.3) \quad \hat{p} = \frac{\mu_{LNT}}{\mu_{LT}} \hat{A}_T - \hat{A}_{NT}$$

这里，带有 ^ 标记的变量表示对数导数（或很小的百分比变化），μ_{LNT} 和 μ_{LT} 分别表示贸易品和非贸易品部门劳动收入份额。因为部门间工资相等，μ_{LNT} 和 μ_{LT} 的比率可以写成以下形式：

$$(A.4) \quad \frac{\mu_{LNT}}{\mu_{LT}} = \frac{L_{NT} Y_Y}{p L_T Y_{NT}}$$

巴拉萨—萨缪尔森效应假设贸易品符合购买力平价，也就是说，各国贸易品价格相同（以相同的货币计价）。下面，我们将贸易品价格作为计价单位，设为 1。如果我们把本国的物价水平（P）和世界其他地区物价水平（或相关的贸易伙伴，P^*）表达为贸易品和非贸易品价格权重 γ 的几何平均值，则本国相对国外的物价水平是：

$$(A.5) \quad \frac{P^*}{P} = \left(\frac{p^*}{p}\right)^{1-\gamma}$$

这里，p 是本国非贸易品价格，p^* 是国外非贸易品价格。通过对（A.5）式取对数微分，并代入非贸易品价格变化的表达式（A.3）。我们可以评估相对生产率变化对实际汇率（或两国价格水平）的影响：

$$(A.6) \quad \hat{P}^* - \hat{P} = (1 - \gamma)(\hat{p}^* - \hat{p}) = (1 - \gamma)\left[(\hat{A}_{NT} - \hat{A}_{NT}^*) - \frac{\mu_{LNT}}{\mu_{LT}}(\hat{A}_T - \hat{A}_T^*)\right]$$

当 μ_{LNT} 比 μ_{LT} 大于 1 时，如果一个国家相对于国外，贸易品部门的生产率增速快于非贸易品部门，那么其实际汇率升值。普遍认为这是贫穷国家追赶富裕的经济体过程中发生的情况。

致谢

作者感谢 Lisa Lixin Xu，Elif Sisli 和 Diana Kniazeva 在研究过程中的帮助。讨论会上，J. David Lopez – Salido 和 Werner Hermann 的建议帮助我们

改进了研究并避免错误。最后，与 Oleh Havrylyshyn，Gerorges de Menil 和 Jukka Pirttild 的讨论提供了许多深刻的见解，我们非常感激能够使用这些见解。如果还存在一些错误的话，这都是作者自己的责任，和他人无关。

参考文献

Arratibel，O.，D. Rodriguez – Palenzuela，and C. Thimann. 2002. Inflation Dynamics and Dual Inflation in Accession Countries：A "New Keynesian" Perspective. Working Paper No. 132，European Central Bank.

Begg，D. 1997. Monetary Policy during Transition：Progress and Pitfalls in Central and Eastern Europe，1990 – 6. *Oxford Review of Economic Policy* 13（2）：33 – 46.

Begg，D. 1998. Disinflation in Central Europe：The Experience to Date. In Moderate Inflation：*The Experience of the Transition Economies*，ed. C. Cottarelli and G. Szapary. Washington，D. C. ：International Monetary Fund and National Bank of Hungary.

Begg，D.，B. Eichengreen，L. Halpern，J. von Hagen，and C. Wplosz. 2003. Sustainable Regimes of Capital Movements in Accession Countries. Policy Paper No. 10，Centre for Economic Policy Research.

Bonin，J.，and P Wachtel. 2003. Financial Sector Development in Transition Economies：Lessons from the First Decade. *Financial Markets*，*Institutions*，*and Instruments* 12（1）：1 – 66.

Brada，J. C.，and A. M. Kutan. 2002. The End of Moderate Inflation in Three Transition Countries? Working Paper No. 433，William Davidson Institute.

Budina，N.，and S. van Wijnbergen. 2001. Fiscal Deficits，Monetary Reform and Inflation Stabilization in Romania. *Journal of Comparative Economics* 29（2）：293 – 309.

Coorey，S.，M. Mecagni，and E. Offerdal. 1998a. Achieving Low Inflation in Transition Economies：The Role of Relative Price Adjustment. *Finance and Development* 35（1）：30 – 33.

Coorey, S. , M. Mecagni, and E. Offerdal. 1998b. Disinflation in Transition Economies: The Role of Relative Price Adjustment. In *Moderate Inflation*: *The Experience of the Transition Economies*, ed. C. Cottarelli and G. Szapary. Washington, D. C. : International Monetary Fund/National Bank of Hungary.

Coricelli, E, and B. Jazbec. 2001. Real Exchange Rate Dynamics in Transition Economies. Discussion Paper No. 2869, Centre for Economic Policy Research.

Cottarelli, C. , and P Doyle. 1999. *Disinflation in Transition.* Washington, DC: International Monetary Fund.

Cottarelli, C. , and G. Szapary, eds. 1998. *Moderate Inflation*: *The Experience of the Transition Economies.* Washington, D. C. : International Monetary Fund/National Bank of Hungary.

Cukierman, A. , G. P Miller, and B. Neyapti. 2002. Central Bank Reform, Liberalization and Inflation in . Transition Economies—An International Perspective. *Journal of Monetary Economics* 49 (2): 237 – 64.

Dabrowski, M, ed. 1999. Disinflation, Monetary Policy and Fiscal Constraints: Experience of the Economies in Transition. CASE Report No. 16, Center for Social and Economic Research.

Dabrowski, M. , ed. 2003. *Disinflation in Transition Economies*, Budapest, Hungary: Central European Press.

De Broeck, M. , and T. Slok. 2001. Interpreting Real Exchange Rate Movements in Transition Countries. Discussion paper, Bank of Finland Institute for Economies in Transition.

De Menil, G. 2003. History, Policy and Performance in Two Transition Economies: Poland and Romania. In *In Search of Prosperity*, ed. D. Rodrik. Princeton,NJ: Princeton University Press.

Domac, I. , and C. Elbirt. 1998. The Main Determinants of Inflation in Albania. Policy Research Working Paper No. 1930, World Bank.

Egert, B. 2003. Nominal and Real Convergence in Estonia: The Balassa – Samuelson (Dis) connection. Working Paper, Bank of Estonia.

Filer, R. K. , and J Hanousek. 2003. Inflationary Bias in Mid to Late Transition Czech Republic. http: //econwpa. wustl. edu: 8089/eps/dev/papers/0306/0306001. pdf.

Fischer, S. , R. Sahay, and C. A. Vegh. 1998. From Transition to Market: Evidence and Growth Prospects. Working Paper No. WP/98/52, International Monetary Fund.

Groshen, E. L. , and M. E. Schweitzer. 1997. Inflation Goals: Guidance from the Labor Market?. *Current Issues in*, *Economics and Finance* 3 (15): 1 – 6.

Havrylyshyn, O. 1997. Economic Reform in Ukraine: Late Is Better than Never—But More Difficult. In *Macroeconomic Stabilization in Transition Economies*, ed. M. Blejer and M. Skreb. New York: Cambridge University Press.

International Monetary Fund (IMF) .2003. *Romania*: 2002 *Staff Report* (Country Report No. 03/11) . Washington, D. C. : IMR.

Jones, J. , and I Mishkin. 2003. Inflation Targeting in Transition Countries: Experience and Prospects. Working Paper No. 9667, National Bureau of Economic Research.

Keller, P M. , and T. Richardson. 2003. Nominal Anchors in the CIS. Working Paper No. 03/179, International Monetary Fund.

Koen, V, and P De Masi. 1997. Prices in Transition: Ten Stylized Facts. Working Paper No. 97/158, International Monetary Fund.

Mihaljek, D. 2002. The Balassa – Samuelson Effect in Central Europe: A Disaggregated Analysis. Paper presented at the 8th Dubrovnik Economic Conference, National Bank of Croatia, June.

Obstfeld, M. , and K. Rogoff. 1996. *Foundations of International Macroeconomics*. Cambridge, MA: MIT Press.

Odling – Smee, J. , and G. Pastor. 2001. The IMF and the Ruble Area, 1991 – 93. Working Paper No. 0l/101, International Monetary Fund.

Organisation for Economic Co – operation and Development (OECD). 2002a. *Economic Surveys*: Poland. Paris: OECD.

Organisation for Economic Co – operation and Development. 2002b. *Romania*: *Economic Assessment*. Paris: OECD.

Randveer, M. 2000. The Income Convergence between EU and Accession

Countries. Working Paper No. 6, Bank of Estonia.

Rother, P C. 2000. Inflation in Albania. Working Paper No. 00/207, International Monetary Fund.

Roubini, N. , and P Wachtel. 1999. Current Account Sustainability in Transition Economies. In (*Balance of Payments*, *Exchange Rates*, *and Competitiveness in Transition Economies*); ed. M. Blejer and M. Skreb. Dordrecht, Netherlands: Kluwer Academic.

Wozniak, P 1998. Relative Prices and Inflation in Poland 1989 – 97: The Special Role of Administered Prices. Working Paper, World Bank.

评 论

Werner Hermann

Wachtel 和 Korhonen 的文章概述了中东欧国家反通胀的过程和相关国家的案例研究，它的主要发现是：反通胀是制度建设和体制改革的结果，但它独立于汇率制度和货币政策途径。作者没有排除全球冲击是转型国家反通胀的一个重要因素的这种可能，我非常同意这些结论。Wachtel 和 Korhonen 也警告道：在收入趋同的过程中，加入欧盟（EU）的国家不能同时实现物价和汇率的稳定。我希望欧洲能够听取这些警告。

在我进入前面章节讨论的一些问题之前，请允许我介绍性地指出：转型国家是一个非常复杂的群体。转型国在很大方面差异巨大，它们过去几十年相似地历史可能是把它们放在一起的唯一原因，转型国家几乎不存在有别于其他国家的共性，它们的文化传统差异巨大。在转型国家版图的一端，我们刻意发现许多著名的汉萨同盟时代的港口城镇，而另一端则是丝绸之路上的最大绿洲。按购买力计算，最富有转型国家最初的人均 GDP 超过最穷转型国家的 20 倍，转型过程中差距还在加大。一些转型国家甚至在柏林墙倒塌之前就允许私营企业存在，此后取得了巨大的进步，其他国家则是完全排斥市场经济的计划经济体。少数几个国家，目前的决策可能比前苏联时代更加集权。并非不言自明的是，我们在中亚观察到的现象应该和斯洛文尼亚有关，反之亦然。我们可以把转型国家分成更具有代表性的两组：中东欧（包括波罗的海国家）国家和其他前苏联成员国。Wachtel 完成的这一章主要针对第一组。

在我看来，Wachtel 和 Korhonen 主要提出了四个问题：（1）为什么转型经济体成功地快速降低了通胀？（2）转型国家如何实现反通胀？（3）通胀在转型的过程中是不可避免的吗？（4）通胀有用吗？我希望我的评论能聚焦这四个问题。

1. 为什么转型经济体成功地快速降低了通胀？

Wachtel 和 Korhonen 讨论反通胀的根本原因。我会评论其中四点原因，并提出他们没有提到的第五点。

1.1 制度建设

通胀是对现金余额的隐性征税，它将财富从债权人向债务人转移。通胀是分配冲突没能在政治辩论中解决的指示器，强大的制度使得政治辩论更有效率并减少通胀税的吸引力，这部分因为强有力的制度能够降低征税成本。坚实有力的制度和稳健的政府财政，独立、负责、权利明确的中央银行以及低通胀相互联系。因为转型早期相关制度存在缺陷或者根本不存在，认为制度建设在很大程度上解释了反通胀的观点是非常合理的。

1.2 欧洲一体化

加入欧盟的前景可能是参与制度建设和反通胀的强大动机。然而，制度建设产生的反通胀不应归因于欧洲一体化，而应明确归因于制度建设。这里的问题是，排除制度建设的影响，实际或预期的欧盟一体化对反通胀有影响吗？例如，这种效应可能是由于更好的增长前景、信心的增加和较低的风险。这种效应的存在不难想象。为了确定这种影响是否发挥作用，我们需要把加入欧盟的影响隔离开，比较制度改善类似但是对加入欧盟持不同态度的转型国家。加入欧盟国家的反通胀优势体现了欧盟一体化积极效应。下文中，我将涉及欧盟一体化的副作用：加入国家的通胀上升。

1.3 全球反通胀

反通胀是一个全球现象，我们可以推测：全球反通胀推动转型国家反通胀。Wachtel 和 Korhonen 没有排除重要的全球因素。仅仅关注转型国家的状况，他们所能做的就只能是推测反通胀不仅仅局限于转型国家，而更主要是全球因素的结果。为了阐明这个问题，我们需要更大的样本的转型国家和其他国家来进行比较。然而，Wachtel 和 Korhonen 选择仅深入地比较转型国家之间的状况。

1.4 数据错误

数据的错误无法解释反通胀的发生，但它可能可以解释为什么反通胀被报道。Wachtel 和 Korhonen 问道：我们是否可以信任数据或者给出通胀被夸大，尤其是在转型早期被夸大的令人信服的论据？误差下降的趋势可能产生反通胀的假象，即使通胀没有变化。另一方面，在某些情况下，官方数据的可靠性是被国际金融机构质疑的，因为他们看起来低得可疑。总体而言，从反通胀真实发生的假设出发似乎是合理的，但数据在某种程度上夸大了反通胀。

1.5 货币替代

Wachtel 和 Korhonen 没有提及的是一个转型国家通胀政策变得不那么有吸引力的额外原因可能与货币替代威胁增加有关。在独联体国家，在转型的第一阶段，通过扩大货币供应为政府支出融资具有吸引力，因为这时没有通胀预期，没有征税机制，也没有显性纳税的传统，因此征税成本很高。当然，超额货币供应导致了通胀。人们很快适应了通胀，开始仔细监控本国货币汇率。不久美元不仅成为稳定价值贮藏手段和隐性记账单位，还事实上成为大额交易唯一普遍接受的支付手段，如二手汽车甚至是住宅的销售。随着越来越多的人试图用美元代替国内货币，通胀政策变得不那么有吸引力。

2. 转型国家如何实现反通胀？

我们可以料到：可信的名义锚对反通胀将非常重要。然而，根据

Wachtel 和 Korhonen 的研究，反通胀中采用的货币政策体系似乎无关紧要。他们认为，反通胀的方式不确定，主要的货币政策体系是相机抉择问题，而不是严格的规则。这一发现可能与全球性的反通胀现象有关。坊间证据表明，汇率是货币政策的重要指标，至少，如果详细的实证分析发现一些规律的话，我不会感到惊讶。

3. 通胀在转型的过程中是不可避免的吗？

在转型中通胀是否不可避免听起来有些挑衅，但我认为通胀的确几乎不可避免——不是因为理论上脱离通胀转型不能进行，而是由于不可避免的政治紧张和动荡，因此，在实践中通胀不可避免。然而，这不是 Wachtel 和 Korhonen 着重考虑的。他们的意思是：转型中的经济因素，而不是政治因素导致通胀。

他们认为由于收入趋同和萨缪尔森效应，实际汇率升值使得转型经济体通胀。这可能发生在固定汇率体系下，转型经济体通过价格水平上升（或世界其他国家价格水平下降）发生实际升值。然而，这一般来说是不正确的，因为汇率机制会导致价格调整。如果转型经济体愿意，它们可以保持价格水平不变，通过名义汇率升值达到实际升值。从某种程度上来说，加入欧盟国家试图稳定本国相对于欧元的汇率，然而，收入趋同效应可能导致通胀。

即使在固定汇率下，劳动力转移在转型国家贸易品和非贸易品部门间的存在依然令人怀疑，这是巴拉萨—萨缪尔森效应的关键假设。然而，转型经济体的特点是劳动力市场严重分割、高失业率和工资差距大，所以便利的劳动力转移似乎不太可能。

转型中通胀不可避免的另一个原因将在下一节中讨论。

4. 通胀有用吗？

Wachtel 和 Korhonen 认为：通胀可能在转型中发挥了积极的作用。证明这个观点需要两个假设前提：首先，最初的相对价格是扭曲的，需要后续调整；其次，卖家拒绝降价。在这种情况下，相对价格调整只能通过名义价格上涨，这导致价格水平的上涨。这些假设在多大程度上符合转型国家的实际情况？我不想怀疑转型过程中相对价格变化的必要性，但我想提及的是，质量改善的低估和通胀相应的高估。Wachtel 和 Korhonen 的讨论可能高估了必要的相对价格调整。

名义价格刚性的假设呢？当劳动力市场出清需要工资相对小幅调整时，这个假设习惯上被用来证明温和通胀的合理性，这一论据取决于允许相对价格无意间调整的优势，这不是转型最初的情况。很明显，转型是一次剧烈的冲击，冲击中许多市场严重不平衡，需要巨大的价格变化使市场出清。因此，即使我们可以在美国和西欧劳动力市场的情况下，接受这一论据，我们仍然不清楚，它能否适用于一般性的市场，尤其是转型期国家的情况。

现在，让我们原则上接受名义价格下行刚性的命题，并大胆猜测实践中价格变化的数量级：多大程度的价格变化是必需的？让我们看看波兰这个并不极端的例子。根据 Wachtel 和 Korhonen 的表 1，波兰 1990—1997 年的价格水平上升了约 7.5 倍。用篮子里的权重衡量，如果一半的商品需要下降相同的相对价格，他们本可以削减 90%～95% 的相对价格。这么大价格水平的变化是否是相对价格调整的需要或者低通胀能否产生同样的效果，请读者自行判断。

第8章 通货膨胀和金融市场表现：我们在过去的十年中学到了什么？

John Boyd 和 Bruce Champ

1. 简介

这章研究了通货膨胀和金融市场表现的关系，我们的目标主要是回顾截至 2003 年年底的过去十年左右的时间里在这个课题上发展起来的大量文献。我们也提供了一些新的实证发现，这些实证发现主要是关于通货膨胀和利率的关系，以及通货膨胀和银行利润的关系。与（这一理论发展的）实际情况相比，我们对理论的回顾相对比较简短。这不是因为理论研究文献比较少或者不重要，而是因为我们的同事 Bruce D. Smith 在 2002 年写了一篇非常精彩的文章对这一理论作了回顾，令人遗憾的是，也就在那年他英年早逝了。

为什么人们现在对通货膨胀和金融市场感兴趣？Barro（1995）等关于通货膨胀和实体经济增长之间存在负相关关系的实证发现引起很多学者的兴趣，并带来了大量的后续研究。一件显然很重要的事情是验证这种关系是否真的存在以及（在验证完成后）尝试解释为什么会存在这种关系。几乎同时产生的另一个重要实证发现是金融中介似乎在经济发展中扮演重要作用（King 和 Levine，1993a，1993b；Levine 和 Zervos，1998），这个发现也引起了人们浓厚的兴趣和大量的后续研究。这两个发现之间的明显联系是通货膨胀可能通过金融市场来影响实体经济增长——特别地，通过破坏金融市场或妨碍金融市场的运营。我们接下来将讨论的理论模型中的某几个考虑到了这种可能性，随后回顾或展示的实证研究中的很大一部分是为了寻找这种效应的证据。

相对于考察股票和债券市场，我们花更多的时间研究银行和银行市场，这主要是由于两个原因。第一个原因仅仅是因为前者的现有研究相对于后者更多。第二个原因是，从很多方面来看，银行是金融部门的一个更"本质"的组成部分。相对贫穷的国家的权益市场往往很不完善，交易不在有组织的交易所里进行，债券市场也不常见。在我们研究的样本国家中大概只有25%的国家发行国债，拥有有效的私人债券发行市场的国家占比更低。但无论富有还是贫穷，所有的国家都有银行。

如果此研究在某种程度上达到了这两个目的，我们将认为它是彻底的成功。第一个目的是使经验主义者更好地了解金融中介、货币、通货膨胀理论研究的新发展。第二个目的是使货币理论研究者和宏观研究者更好地了解新的实证发现。与通货膨胀和金融有关的实证文献的数量增长异常迅速，金融学者和经济学者也都在做此类研究，文献的大量涌现导致了一个令人遗憾的结果是，这里肯定有部分优秀的研究被我们忽略了而没有在这里提到，对于因此感到委屈的（学者），我们表示歉意。

此研究的结果将如下展示。第二部分包括对通货膨胀和金融市场的理论文献的简单回顾。第三部分和第四部分回顾关于通货膨胀和可交易金融证券市场的实证研究，例如股票和债券。第五部分关注与通货膨胀和商业银行有关的实证研究。第六部分研究通货膨胀和资产收益波动。第七部分总结我们的发现。

2. 新的理论研究

2.1 缺失银行业的宏观模型

Smith 认为忽略了银行业的宏观经济模型导致了"一些令人相当尴尬的结果"（2002b，2），该模型要么形成了"蒙代尔—托宾效应"（更高的永久性通货膨胀导致更活跃的实体经济活动），要么形成了"货币超中性"，超中性认为通货膨胀对实际利率和实体经济活动没有影响。这些结果与实证结果相悖，后者认为，在一定的（通货膨胀）水平之上，通货膨胀和实体经济活动负相关。

宏观经济模型导致的另一个结果是忽略了金融中介遵从"弗里德曼法则"最优。这个发现从经验上看显得不那么有趣，因为低名义利率的时期经常和次优的经济表现联系在一起，美国和日本的大萧条的例子马上浮现在脑海中。更进一步地，就好像我们接下来将要讨论的，包含（金融）中介的模型常常表现出"弗里德曼法则"次优。

2.2　金融中介和经济增长模型

Gurley 和 Shaw（1955，1960，1967）注意到在经济发展处于较低水平时，大部分资本投资是自筹资金。只有当人均收入比较高的时候，银行才出现，并在投资性融资中扮演重要角色。人均资本比进一步提高后，复杂的金融市场，比如股票市场，开始促进资本创造。Gurley – Shaw 观察提出的一个结论是，如果没有金融机构和金融市场的发展，对生产性投资的资金分配会受到限制，这必然会导致更低的资本投资水平，进而抑制经济增长。更进一步地，他们的观察表明金融发展和经济增长是互相作用的。

过去十年左右的时间里的理论文献试图以模型的形式吸收"Gurley – Shaw 观察"，这些模型强调银行提供流动性的重要性，认为它是促进经济增长的一个因素。这样的一个早期模型来自 Bencivenga 和 Smith（1991），这个模型证明银行提供的流动性能通过促进私人资本积累的形式影响储蓄的结构。

这也可能是因为货币政策在（发展中国家的）低层次的金融发展中扮演着重要角色，发展中国家更可能拥有相对高的名义利率。乍看之下，高名义利率似乎会刺激银行发展。但是，这种观点忽视了银行必须保证存款者对流动性的需求这一事实。Bencivenga 和 Smith（2003）展示了一个模型，在模型里高货币增长导致的高名义利率意味着银行无法完全保证经济参与者所需的流动性，因此它们并不是最优的，经济增长受到了影响。他们还引用了货币改革引起货币增长率和名义利率大幅下降进而促进银行发展的历史事件。

2.3　名义利率和通货膨胀对金融发展的影响

实证文献中出现了两种重要的观察结果。第一，低名义利率通常与低实体经济投资水平和低经济增长率相关，这也许会引发对弗里德曼法则的最优性的质疑。第二，通货膨胀水平如果较高且长期高于某一水平，将对经济增长产生不利影响，这与在很多标准宏观经济模型中出现的蒙代尔—托宾效应相互矛盾。我们应该怎么理解这些观察结果？我们这里讨论的模型中有很多在一定程度上试图解释这些实证观察结果。

名义利率的水平影响银行的投资组合决策。较低的名义利率会降低银行持有现金储备的机会成本，导致其减少对生产性资本的投资。从本质上讲，当利率低的时候，货币变成"很便宜"的资产，因而银行很少有动机去开展生产资本投资，从而阻碍经济增长。这样的话，遵循弗里德曼法则的货币政策可能是次优的。

较高的通货膨胀也会对经济增长产生不利影响。如一些实证研究指出的，如果较高的通货膨胀不会导致与之成比例的较高的名义利率的话，那么较高的通货膨胀会导致较低的实际回报（Barnes，Boyd 和 Smith，1999），这会增加对可贷资金的需求，但同时也会减少它们的供应。更重要的是，足够高的通货膨胀率会加剧信贷市场摩擦。实证研究的证据显示，发展中国家信贷市场的摩擦比发达国家强（Mckinnon，1973；Shaw，1973）。存在信贷市场摩擦的时候，较高的通货膨胀会导致信贷定量配给的提高，并降低整体投资。Smith（2002b）展示了一个存在高价状态查证（costly state verification）的模型，在该模型中较高的通货膨胀率导致了信贷定量配给和较低的投资。Azariadis 和 Smith 也说明信贷市场摩擦可能和足够高的通货膨胀率紧密联系。这与通货膨胀超过某一水平就会对经济增长产生不利影响的实证观察结果相一致。

Smith 和 Van Egteren（2003）提出了另一个通货膨胀能影响实际产出的机制。在他们的模型中，通货膨胀既降低了厂商用于投资的自有资金的实际价值，也扭曲了厂商积累自有资金的动力。这使得厂商更加依赖外部资金，加剧了金融市场的信息摩擦。这对投资效率水平产生了不利影响，降低了实际产出。这些效应不仅会出现在通货膨胀较高的时候，也会出现通货膨胀波动性增大的时候。

通货膨胀对实体经济活动的影响似乎是非单调的。例如，Bullard 和 Keating（1995）说明对于初始通货膨胀率较低的经济体，通货膨胀率的永久性增长将促进长期的经济活动。但是，和上述研究一致，在初始通货膨胀率相对较高的经济体，通货膨胀的进一步增强将削弱经济活动。

高通货膨胀率和更低水平的经济发展的另一个潜在联系是通过准备金要求形成的。高通货膨胀率对银行来说是一种显著的税收，尤其是在那些准备金要求高的发展中国家。

2.4　通货膨胀对金融危机和经济波动的影响

实验文献中也提到了持续的高通货膨胀率和金融危机之间的一种重要关系（Demirguc – Kunt 和 Detragiache，1998）。Friedman 和 Schwartz（1963）当然注意到了金融危机和美国经济的衰退之间强烈的关系。在某些情况下（而不是全部），金融危机导致实际产出发生了长期而显著的减少（Boyd 等，2001）。最近的理论文献提出金融市场摩擦可能在银行危机中扮演重要角色。

早期的有关银行恐慌理论的文献没有纳入货币经济（Bryant，1980；Diamond 和 Dybvig，1983）。但是，很多和银行业危机相关的经验事实涉及货币变量行为的观察结果，例如货币存款和存款准备金率。这要求把货币纳入银行业模型中，以便充分地解释实证观察结果。Demirguc – Kunt 和 Detragiache（1998）关于通货膨胀和金融危机可能存在联系的观察结果进一步主张把货币因素纳入银行业模型中。

以货币因素为特征的模型常常纳入金融市场摩擦，这种模型的一个普遍特征是模型中的经济体倾向于表现出显著的波动。例如，Williamson（1987），Bernanke 和 Gertler（1989），Carlstrom 和 Fuerst（1997，1998）等说明金融市场摩擦能够放大外生实际冲击的量级。进一步地，金融市场摩擦也能增强外生波动（Azariadis 和 Smith，1996，1998；Boyd 和 Smith，1998）。纳入信贷市场摩擦的模型常常隐含着通货膨胀率的临界值，一旦超过这个临界值，模型经济会表现出稳定状态以外的震荡变化（Boyd 和 Smith，1998；Schreft 和 Smith，1998）。

　　Smith（2002b）展示了一个面临随机提款要求的银行如何保护经济参与者免遭存款迁移冲击的模型。当存款迁移的经济参与者的比例 π 达到一个临界值，银行业危机会在耗尽了准备金的地方发生。当 π 达到更高水平时，银行会变现储备投资，从那些变现了的投资中得到较低的收益率，结果导致更低的产出。在这个模型中，更高的通货膨胀率和更高的银行业危机可能性相联系。这个模型也表明，遵守弗里德曼法则将导致银行保持100％的准备金率。这意味着银行业危机的可能性为零。但是，使名义利率为零在这个模型中并不是最优的。提升名义利率至零以上将刺激银行持有更多的生产性储备资产，提高经济参与者稳定状态下的财富。

　　Smith（2002b）也展示了一个存在信贷市场摩擦的高价状态查证模型。在这个模型中，出现了两种稳定状态，一种是低资本存量状态下的，另一种是高资本存量状态下的，经济体趋向哪种稳定状态取决于该经济体的初始资本存量。趋向高资本均衡状态的均衡路径会表现出不确定性，即存在许多种均衡。进一步地，在高资本存量稳定状态附近会产生内生波动的可能性，但只有在稳态通货膨胀足够高的时候才会出现这种可能，这意味着高通货膨胀可能与通货膨胀的波动加剧有关，实证文献对此做了观察。

　　在 Choi、Boyd、Smith（1996）看来，存在潜在的信贷配给时，金融经济参与者面临着一个逆向选择问题。在低通货膨胀率时，信贷市场配给可能不会发生。在这种情况下，该模型产生了蒙代尔—托宾效应。但是，在更高的通货膨胀率下，模型产生了内生性信贷配给。更高的通货膨胀率降低了储户的实际收益率，当发生信贷配给时，信息摩擦加剧。在这种情况下，经济活动遭遇阻碍。高通货膨胀也会导致发展陷阱，当通货膨胀足够高的时候，会导致经济波动，同时通货膨胀变得更加多变，存款的收益率也同样变得多变，Boyd 和 Smith 通过一个高价状态查证模型得到了相似的结论。

　　总结：这个理论文献做了一系列的经验预测。一是"过低的"通货膨胀会伤害金融中介部门，进而降低实际产出。但是，我们没有回顾研究通货紧缩环境的实证研究，持续的通货紧缩在现代相对罕见，因此没有很多相关研究。在这项研究使用的跨部门数据中，只有很少国家的通货紧缩持续时间超过一年。在过去通货紧缩的时期里，比如美国 19 世纪末的大萧条，没有提供足够的数据来彻底地研究通货紧缩对金融部门的影响。

该理论模型的第二个经验预测是"过高的"通货膨胀会伤害金融中介，进而降低实际产出，这其中有几个原因。一是可能存在通货膨胀阈值。根据该模型，经济行为在阈值以上时有所不同，例如可能会发生信贷配给。就如我们将看到的一样，已经有很多关于此类阈值的存在以及关于内生性信贷配给可能性的研究。

最后，某几个研究给出的第三个重要经验预测是资产收益率的波动和通货膨胀率正相关，在阈值处可能存在离散跳跃。已经有很多这方面的研究，我们只是展示了部分新的研究成果。

3. 股票市场

我们已经回顾的大部分理论研究是针对通货膨胀、银行和经济。但是，通货膨胀对证券市场的影响可能也很重要（Levine 和 Zervos，1998）。因此，我们接下来会回顾一些关于通货膨胀和股票市场的研究。

3.1 通货膨胀、股票市场规模和股票市场表现

Boyd、Levine 和 Smith（2001）使用跨国数据来检验通货膨胀与股票市场规模和股市表现的四个指标之间的关系，这四个指标包括：股票市场总市值和 GDP 的比率；股票总成交额和 GDP 的比率；股票总成交额和股票市场总市值的比率；收益率波动的一个指标[1]。他们使用 48 个国家1970—1995 年共计 36 年平均得到的数据作为横截面数据，使用长期平均值的目的是考察稳态关系。他们考虑了包括初始（1970 年）实际人均GDP、初始（1970 年）中等教育、政变和改革的次数、黑市货币升水、政府财政赤字指标在内的控制变量。

他们发现通货膨胀为负，并且在控制了其他提到的变量后，通货膨胀和前面三个股票市场指标显著相关，他们还报告了这三个关系的"阈值效

---

① 前三个股票市场变量和实际经济发展显著相关（King 和 Levine，1993a，1993b），股票市场波动率通过计算 12 个月滚动标准差得到，根据 Schwert（1989）定义的过程清除了 12 个月的自相关性。

应"的有力证据。特别地，在高通货膨胀下（超过 15%），通货膨胀和股票市场表现之间的关系显著地变平，因此通货膨胀的进一步提高和股票市场市值、总成交额、周转率的进一步显著恶化没有关系。

Boyd、Levine 和 Smith（2001）发现，另一方面，股票市场波动可以由其与通货膨胀的一个简单的正线性关系表示，这种关系在统计上高度显著①。这些关系在统计上都高度显著且稳健。但是，作者们没有考虑因果关系的方向。

在图 1 和图 2 中，我们使用自己的数据再现了一些和 Boyd、Levine 以及 Smith（的结果）类似的结果。在将数据排列成通货膨胀的四分位数后，图 1 将股票市场总市值表示为 GDP（mcap）的分数。这些数据由 1980—1995 年的数据取平均得到，总共有 68 个国家。正如 Boyd、Levine 以及 Smith 报告的那样，这些数据清晰地展现了 mcap 和通货膨胀之间的关系。图 2 展示了相同国家相同时期内以 GDP 的比值表示的股票总成交额（tvt），并展示了与通货膨胀之间的负相关关系。从这个例子中，我们在通货膨胀的两个高四分位数中清楚地看到了平坦的证据。对于第三个四分位数，tvt 的中值是 0.013，对于第四个四分位数，它差不多是 0.010②。

3.2　通货膨胀和股票收益率

在同样的研究中，Boyd、Levine 以及 Smith（2001）使用相同的一组控制变量验证了 38 个国家通货膨胀和股票名义收益率之间的关系。在简单的线性回归中，通货膨胀的系数为正且高度显著，同时弹性略大于 1。但是，也有证据显示通货膨胀—股票收益关系中存在阈值效应。对于平均年通货膨胀率低于 15% 的国家，长期通货膨胀率和股票的名义收益率之间不存在显著关系。但是，对于通货膨胀率超过 15% 的经济体，通货膨胀的微小提高将带来股票名义收益率超过 1:1 的提高③。

为了验证他们的结论，我们使用一组包含 31 个国家 1989—1998 年 10

---

① 我们会在本文第 6 部分展示的新研究中再次讨论通货膨胀—波动问题。

② 对于通货膨胀阈值的一种不同的解读视角，参见 Rousseau 和 Wachtel（2002）的研究。

③ 该研究并不试图在检验中找出"最佳"的阈值。但是，Barnes 和 Hughes（2002）完成了这项工作。

年间的平均股票收益率的样本来估计方程（1）和方程（2）。被解释变量
eqrate 表示每个国家主要股票市场的名义总收益率，该收益率是过去 10 年
的几何平均收益率，用来度量通货膨胀的 cpirate 是相同时期内消费物价指
数（CPI）变化的几何平均[①]。为了控制可能与通货膨胀率相关的经济发展
水平，我们使用 1980 年（起始点）人均实际 GDP 作为初始财富的度量。
在很多国家，汇率风险（或汇率扭曲）可能会和资产收益水平有关。因
此，我们把黑市汇率升水（bmp）当作一个附加的控制变量。显然，资产
收益可能和政治风险有关，政变和改革次数（revc）也作为控制板变量[②]。
我们把样本分成低通货膨胀和高通货膨胀两部分，方程（1）由低通货膨
胀国家进行估计，标准误差是稳健的，t 值在括号中给出。

对于低通货膨胀国家，股票收益率和通货膨胀之间显然不存在显著的
相关关系。方程（2）使用高通货膨胀国家样本进行估计，在这里通货膨
胀的系数差不多等于 1 而且在统计上非常显著[③]。方程（1）和方程（2）
中黑市汇率升水（bmp）都有负且显著的系数，这意味着在其他（变量）
相同的情况下，货币问题不利于股票投资。毫无疑问，bmp 和平均通货膨
胀率有关；但如果把它排除在外，方程（1）和方程（2）的其他系数和 t
值受到的影响都较小。

$$(1) \quad eqrate = 1.932 - 0.855 cpirate + 3.332 initial - 0.504 bmp + 0.038 revc$$
$$(0.36) \qquad (0.75) \qquad (4.78) \qquad (0.46)$$

$$n = 16, \quad R^2 adj = 0.52$$

$$(2) \quad eqrate = 0.005 + 1.026 cpirate + 7.637 initial - 0.003 bmp - 0.144 revc$$
$$(150.43) \qquad (0.82) \qquad (3.07) \qquad (0.43)$$

$$n = 15, \quad R^2 adj = 0.99$$

---

① 本文后面的数据附录描述了本研究中使用的变量并提供了其来源。

② 我们尝试了一系列不同的控制变量。除了谈及的，其他的结果只是受到轻微的影响。

③ 在这种情况下，样本中的通货膨胀率中位数仅低于 5%。我们不会像 Boyd、Levine 和
Smith（2001）那样以 15% 的通货膨胀来分割样本，因为只有很少国家的通货膨胀超过了阈值。我
们的数据来自稍微往后的低通货膨胀的国家。如果这些回归纳入通货膨胀很高（每年净通货膨胀
率超过 100%）的国家，除了那些通货膨胀的系数非常高的高通货膨胀组的国家，（其他国家的）
结果只改变了一点点。

3.2.1　通货膨胀和股票收益率：时间序列研究

过往的一些使用了时间序列的有关股票收益率的研究得到的结果和 Boyd、Levine 以及 Smith（2001）对低通货膨胀国家的研究结果类似，即在某种意义上，当通货膨胀相对低的时候，名义股票收益率在本质上与通货膨胀无关（Amihud，1996；Boudoukh and Richardson，1993；Choudry，2001）。Kuntan 和 Aksoy（2003）使用月度数据和非对称 GARCH 模型（非对称广义自回归条件异方差模型）研究了土耳其在 1986 年 12 月至 2001 年 3 月间通货膨胀率和股票收益率之间的关系。两位作者发现综合股票指数和工业股票指数的平均收益率基本上与通货膨胀率无关，这里的通货膨胀率由滞后 1 个月、2 个月、3 个月的 CPI 变化表示。

Kuntan 和 Aksoy（2003）还发现，在各种设定下，金融部门的股票收益率和通货膨胀有正且显著的相关关系。正如他们所描述的，"在这些结果中，对于金融部门，预期通货膨胀一直具有最显著的影响。所有的通货膨胀估计值都是正的，单独显著且联合显著。这些系数之和为 2.08，这意味着在其他（变量）保持不变的情况下，预期通货膨胀率 1% 的增长会带来金融（股票）收益率 2.08% 的增长"。这是一个出乎意料的结果，因为这篇文章第五部分的结果表明银行没有很好地对冲通货膨胀（风险）。

Barnes、Boyd 和 Smith 利用 1957 年 2 月到 1996 年 3 月的季度时间序列回归依次研究了 25 个国家。它们的被解释变量是股票的名义收益率，由该国主要股票交易指数的变化表示。通货膨胀由 CPI 的变化百分比表示，包括同时期的和滞后一个季度的。样本国家经历的通货膨胀从瑞士 0.86% 的年平均通货膨胀率到秘鲁 54.0% 的年平均通货膨胀率不等。平均通货膨胀率和平均股票收益率之间的简单跨国相关系数是 0.84。但是，对于 25 个国家中的 15 个国家，其时间序列回归中同时期的通货膨胀的系数是负的，只有 4 个国家的该系数为正且显著不为零。样本中四个国家的通货膨胀率最高：智利、以色列、墨西哥和秘鲁。另一方面，美国、澳大利亚和日本是通货膨胀率最低的三个国家，它们的通货膨胀的系数为负且在通常的置信水平下显著不为零[①]。

---

① 滞后一个季度的通货膨胀率只在 25 个国家中的 8 个国家显著。在 4 个国家中，系数为负，同时这四个国家中有三个是低通货膨胀国家（Netherlands、Philippines 和 Spain）。

显然，这些时间序列的发现和跨国的证据普遍非常一致。但是，在时间序列检验中存在很多表明通货膨胀和名义股票收益率间存在负相关关系的例子，而且这些例子总是发生在低通货膨胀率国家。这是时间序列方法的一个优势，因为在国家横截面（数据）中，这些例子可能会被时间平均过程（time – averaging procedure）掩盖。但是，时间序列检验本身存在问题，使用相对高频率的数据来估计被认为是不变的（稳定状态的）相关关系。另外，在时间序列检验中还存在其他问题，通货膨胀是否能够以及在何种程度上能够被市场参与者预期到。在这里，这些问题是不重要的，因为时间序列和横截面研究都得到了大体相同的结论，我们接下来将对此进行总结。

总结：股票名义收益对通货膨胀的响应似乎取决于通货膨胀水平。在低通货膨胀环境中，跨国检验发现通货膨胀和股票名义收益基本无关。时间序列检验发现在某些国家中这两者显著相关，但在其他国家中则无关。然而，当这种相关关系在统计上显著时，（相关关系）为正的频率和为负的频率大致相同。总的来看，在通货膨胀相对较低的环境中，通货膨胀和股票实际收益负相关。而在高通货膨胀环境中，结果则很不一样。在高通货膨胀环境中，股票名义收益似乎将提高，并且提高的幅度至少足以使得实际收益不受影响。在高通货膨胀环境中，股票收益对通货膨胀变化的响应似乎更为积极，在这个意义下，时间序列检验支持这一结论。

4. 债券市场：通货膨胀和利率

在 Kutan 和 Aksoy（2003）对 1987 年 2 月至 2000 年 11 月土耳其金融市场的研究中，没有证据表明（分别滞后 1 个月、2 个月、3 个月的）通货膨胀和利率变化之间存在任何关系。正如他们说的，"在土耳其，债券市场没有很好地实现其对冲预期通货膨胀的角色"（232）。

Barnes、Boyd 和 Smith（1999）利用 1957 年 2 月至 1996 年 3 月的季度时间序列研究了 25 个国家通货膨胀和名义利率之间的关系。他们研究了货币市场利率和银行贷款利率这两个时间序列，并同时估计了差分方程和 ARMA（2，1）过程。在货币市场利率作为被解释变量的时候，在两种指标下，不到一半的国家的通货膨胀变量的系数为正且在统计上显著。当银行贷款利率作为被解释变量时也会得到相似的结果。在所有情况下包括前面讨论的两种利率，通货膨胀的系数都很小，它显著不为零时依旧显著小于 1。

对跨国通货膨胀和利率的新检验

我们在文献回顾中发现，过往的研究都没有使用长期平均的国家横截面数据来研究通货膨胀和利率的关系。因此，在本研究中，我们进行了一些这方面的工作。我们估计了两个回归：以名义利率为被解释变量的（表1）和以实际利率为被解释变量的（表 2）。我们纳入了和之前的讨论中相同的控制变量：人均实际 GDP（initial）、政变和改革次数（revc）、黑市汇率升水（bmp）。

表 1　　　　　　　　　　名义利率回归（1989—1998 年）

	被解释变量				
	1. mmrate	2. tbillrate	3. tdeprate	4. loanrate	5. govrate
cpirate8998	0.8721	0.4825	0.5895	0.8548	0.9376
	(30.75)***	(6.32)***	(4.30)***	(2.70)***	(6.10)***
revc	0.0257	0.0148	0.0200	−0.0072	−0.0372
	(0.36)	(1.07)	(1513)	(0.35)	(2.67)***
bmp	−0.0005	0.0001	−0.0002	−0.0007	−0.0025
	(1.14)	(2.48)**	(0.80)	(0.97)	(2.41)**
initial	−0.3772	−2.3370	−1.9550	−4.1382	−2.1118
	(0.45)	(1.88)*	(1.62)	(2.34)**	(3.12)***
constant	0.1972	0.6016	0.4737	0.2717	0.1390
	(6.13)***	(6.83)***	(3.07)***	(0.80)	(0.85)
N	34	34	69	69	26
Adjusted R^2	0.94	0.90	0.79	0.64	0.96
cpirate8998 的弹性	0.8326	0.4666	0.5808	0.7973	0.8925

续表

	被解释变量				
	1. mmrate	2. tbillrate	3. tdeprate	4. loanrate	5. govrate
中位数：					
Dep. Var	1.0939	1.0977	1.0977	1.1595	1.0839
cpirate8998	1.0444	1.0581	1.0815	1.0816	1.0317
revc	0.0000	0.0000	0.0000	0.0000	0.0000
bmp	0.1839	7.4965	7.5075	7.8157	0.0000
initial	0.0071	0.0041	0.0019	0.0019	0.0093

注：括号里表示 t 统计量的显著性，所有的回归中有意排除了年平均通货膨胀率超过 200% 的国家。

*表示在 10% 的显著性水平下显著；** 表示在 5% 的显著性水平下显著；*** 表示在 1% 的显著性水平下显著。

表2　　　　　　　　　　　　实际利率回归（1989—1998 年）

	被解释变量						
	1. rmmrate	2. rtbillrate	3. rtdeprate	4. rloanrate	5. rgovrate	6. rtbillrate	7. rloanrate
cpirate8998	-0.0920 $(4.11)^{***}$	-0.2979 $(9.21)^{***}$	-0.2534 $(3.54)^{***}$	-0.1214 (0.62)	0.0128 (0.09)	0.4105 (1.38)	1.1203 (1.61)
revc	-0.0005 (1.44)	0.00004 (1.25)	-0.0001 (0.94)	-0.0004 (0.94)	-0.0023 $(2.52)^{**}$	-0.00001 (0.21)	-0.0005 (1.02)
bmp	0.0244 (0.40)	0.0160 $(1.71)^{*}$	0.0138 (1.01)	-00067 (0.40)	-0.0275 $(1.95)^{*}$	0.0172 $(2.12)^{**}$	-0.0095 (0.55)
initial	-0.0123 (0.15)	-0.6342 (0.74)	-0.8344 (1.05)	-2.8014 $(2.30)^{**}$	-1.2440 $(2.01)^{*}$	0.6118 (0.65)	-1.1138 (0.70)
cpirate8998^2						-0.2467 $(2.48)^{**}$	-0.4580 $(2.20)^{**}$
constant	1.1375 $(47.67)^{***}$	1.3522 $(34.50)^{***}$	1.2960 $(5.86)^{***}$	1.2273 $(5.86)^{***}$	1.0491 $(7.37)^{***}$	0.8682 $(4.26)^{***}$	0.4127 (0.80)
N	34	34	69	69	26	34	69
Adjusted R^2	0.26	0.83	0.63	0.16	0.88	0.86	0.22
cpirate8998 的弹性	-0.0925	-0.3059	-0.2698	-0.1230	0.0127	-0.0851	0.2070

续表

	被解释变量						
	1.	2.	3.	4.	5.	6.	7.
	rmmrate	*rtbillrate*	*rtdeprate*	*rloanrate*	*rgovrate*	*rtbillrate*	*rloanrate*
中位数：							
Dep. Var	1. 0390	1. 0304	1. 0159	1. 0668	1. 0456	1. 0304	1. 0668
*cpirate*8998	1. 0444	0. 0581	1. 0815	1. 0815	1. 0317	1. 0581	1. 0815
bmp	0. 1839	7. 4965	7. 5075	7. 8157	0. 0000	7. 4965	7. 8157
revc	0. 0000	0. 0000	0. 0000	0. 0000	0. 0000	0. 0000	0. 0000
initial	0. 0071	0. 0041	0. 0019	0. 0019	0. 0093	0. 0041	0. 0019

注：括号里表示 t 统计量的显著性，所有的回归中有意排除了年平均（总）通货膨胀率超过200%的国家。不过即使这些数据点被包括进来，方程（2）也不会受影响。通货膨胀系数除了在方程（1）中为正且略微显著，在其他回归中均不显著不为零。

* 表示在10%的显著性水平下显著；** 表示在5%的显著性水平下显著；*** 表示在1%的显著性水平下显著。

在表 1 中，被解释变量依次是货币市场证券、短期国库券、定期存款、银行商业贷款、中长期政府债券的名义利率。每种利率均由 1989—1998 年间以年度数据计算的全几何平均利率表示。通货膨胀由同一时期 CPI 的总变化的几何平均表示。在表 2 中展示的实际利率检验中，被解释变量是这五个几何平均名义利率除以同时期 CPI 通货膨胀率的几何平均。

在表 1 中，通货膨胀的系数为正，而且对所有的利率度量方法都非常显著。在所有情况下，利率对通货膨胀的弹性（在样本的平均值下）都小于 1；事实上，除了贷款利率和政府债券利率，其他情况下都显著小于 1。

表 2 中的实际利率回归展现了同样的情况。从第一个回归到第五个回归，通货膨胀系数为负，且在货币市场实际利率方程、实际短期国库券利率方程、实际定期存款利率方程中高度显著。但是，在实际贷款利率方程和实际政府（债券）利率方程中则不显著不为零。

根据标准拟合优度指标，实际短期国库券利率和实际贷款利率这两种关系，显示出非线性。我们在表 2 的第六个和第七个回归中考虑了这两种情况下的二次项设定。在这两种情况下，线性项的系数为正，平方项的系数为负，意味着实际利率随着通货膨胀的提高"恶化"了。通货膨胀率对实际短期国库券利率的弹性为正时，通货膨胀率均为正。也就是说，对于所有正的通货膨胀，d（rtbillrate）/d（cpirate）＜0。通货膨胀率对实际贷款利率的弹性在通货膨胀率达到大约 22% 时为正，在此之后为负。因此，根据这个估计结果，在发生中低程度通货膨胀时，银行可以通过提高贷款利率来抵消（或不止抵消）通货膨胀（的影响），但这个做法对异常高的通货膨胀率无效。

图 3～图 7 展示了 5 个实际利率对应的均值和中位数，按照通货膨胀率的四分位数排序。除了最高的四分位数相对较低，货币市场实际利率（平均值和中位数）没有显示出明显的样式。短期国库券实际利率（平均值和中位数）随着通货膨胀率四分位数提高而下降，定期存款实际利率也是。实际贷款利率的均值在第一和第二四分位数间逐渐提高，在第三和第四四分位数间逐渐下降。实际贷款利率的中位数在前两个四分位数间基本保持不变，在第三和第四四分位数中显著下降。最后，政府债券实际利率（平均值和中位数）在前三个四分位数中基本保持平坦，在第四四分位数中陡峭下降。表 3 展示了实际利率及其与通货膨胀的相关系数的描述性统计。

表3　　　　　　　　　　　实际利率（1989—1998 年）

均值、中位数与平均通货膨胀率的相关系数

	均值	中位数	与平均通货膨胀率的相关系数
rmmrate	2.49%	3.79%	−0.7077
rtbillrate	1.46%	2.98%	−0.8809
rtdeprate	−0.11%	1.28%	−0.7969
rloanrate	6.26%	6.64%	−0.4182
rgovrate	3.27%	4.21%	−0.8465

总结。图 1～图 5 的图形很明晰，且基本和之前展示的回归结果一致。通货膨胀上升的时候，时间加权的实际利率倾向于下降——除非它低到能缓和通货膨胀率——当通货膨胀率达到第四分位数的时候。一个"典型"高通货膨胀国家（通货膨胀达到第四分位数样本的中位数）的货币市场实际利率和短期国库券实际利率实质上为 0，它的定期存款实际利率为 −3%，政府债券实际利率大约为 −1%，只有贷款实际利率为正，大约为 4.4%。

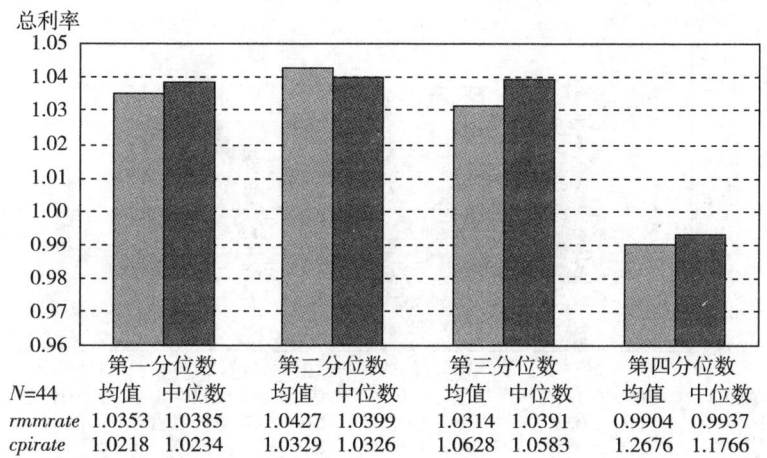

	第一分位数		第二分位数		第三分位数		第四分位数	
N=44	均值	中位数	均值	中位数	均值	中位数	均值	中位数
rmmrate	1.0353	1.0385	1.0427	1.0399	1.0314	1.0391	0.9904	0.9937
cpirate	1.0218	1.0234	1.0329	1.0326	1.0628	1.0583	1.2676	1.1766

注：左边的柱状图表示均值；右边的柱状图表示中位数。

图1　由通货膨胀率四分位数分类的货币市场实际利率（1989—1998 年）

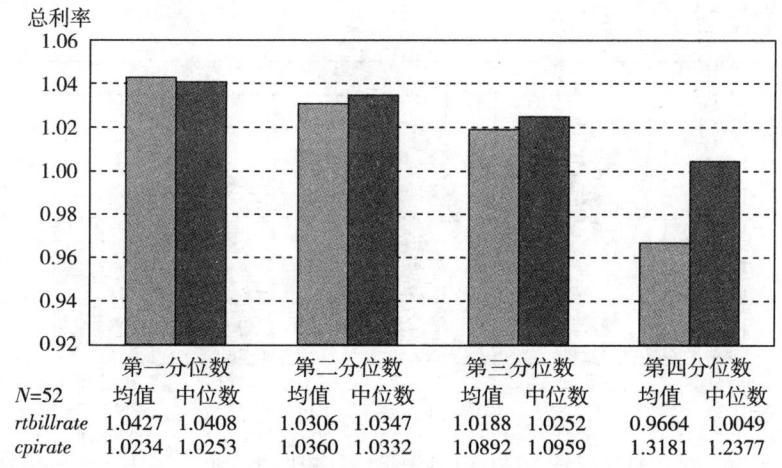

	第一分位数		第二分位数		第三分位数		第四分位数	
N=52	均值	中位数	均值	中位数	均值	中位数	均值	中位数
rtbillrate	1.0427	1.0408	1.0306	1.0347	1.0188	1.0252	0.9664	1.0049
cpirate	1.0234	1.0253	1.0360	1.0332	1.0892	1.0959	1.3181	1.2377

注：左边的柱状图表示均值；右边的柱状图表示中位数。

图2　由通货膨胀率四分位数分类的短期国库券实际利率（1989—1998 年）

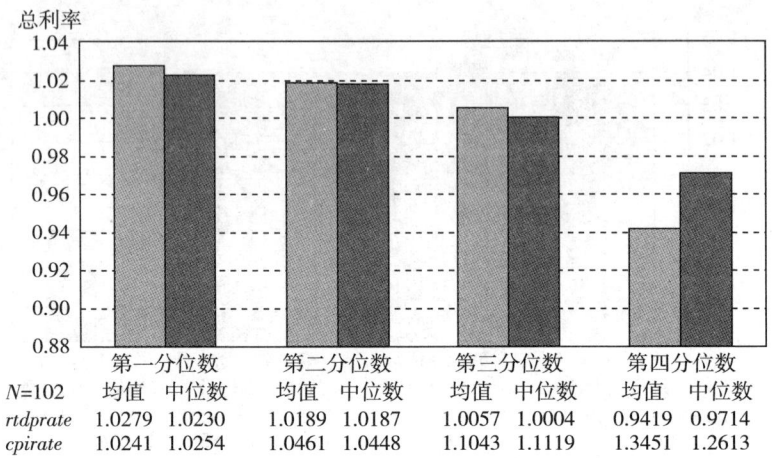

注：左边的柱状图表示均值；右边的柱状图表示中位数。

图3　由通货膨胀率四分位数分类的定期存款实际利率（1989—1998 年）

	第一分位数		第二分位数		第三分位数		第四分位数	
N=102	均值	中位数	均值	中位数	均值	中位数	均值	中位数
rtdprate	1.0279	1.0230	1.0189	1.0187	1.0057	1.0004	0.9419	0.9714
cpirate	1.0241	1.0254	1.0461	1.0448	1.1043	1.1119	1.3451	1.2613

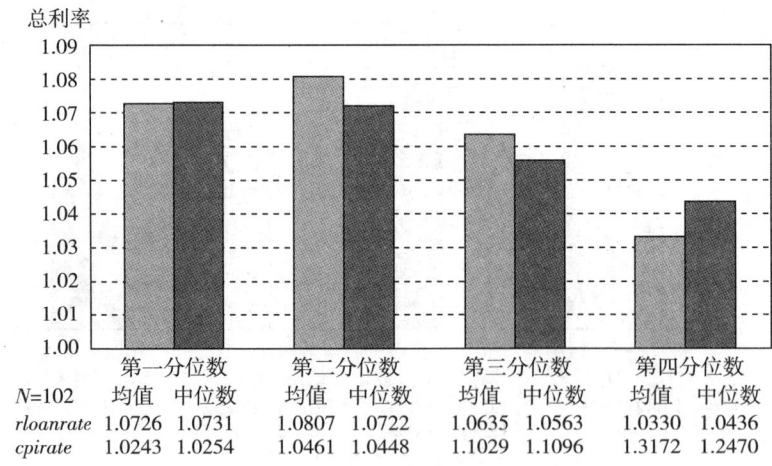

注：左边的柱状图表示均值；右边的柱状图表示中位数。

图4　由通货膨胀率四分位数分类的贷款实际利率（1989—1998 年）

	第一分位数		第二分位数		第三分位数		第四分位数	
N=102	均值	中位数	均值	中位数	均值	中位数	均值	中位数
rloanrate	1.0726	1.0731	1.0807	1.0722	1.0635	1.0563	1.0330	1.0436
cpirate	1.0243	1.0254	1.0461	1.0448	1.1029	1.1096	1.3172	1.2470

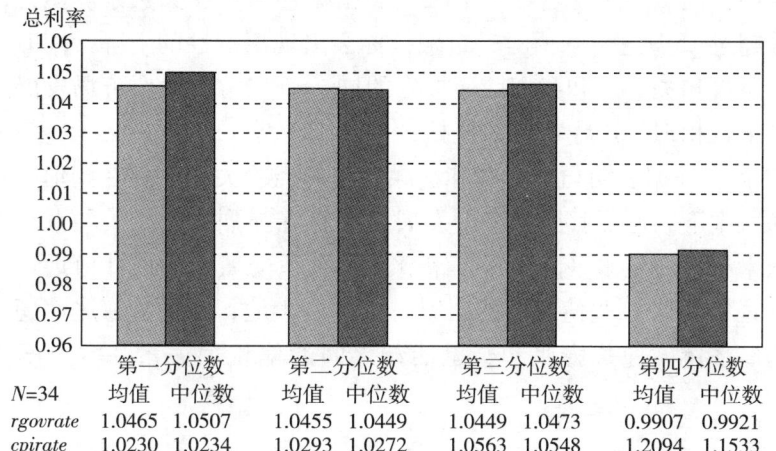

注：左边的柱状图表示均值；右边的柱状图表示中位数。

图5　由通货膨胀率四分位数分类的政府债券实际利率（1989—1998 年）

5. 通货膨胀和银行业

5.1　通货膨胀和银行发展指标

Boyd、Levine 和 Smith（2001）研究了通货膨胀和三个银行发展指标之间的关系，这三个指标在研究中被广泛使用：（1）金融部门流动性负债/GDP 比率；（2）存款型银行总资产/GDP 比率；（3）私人部门贷款/GDP 比率。这三个变量已被证实和人均实际 GDP 的变化水平（变化率）高度相关（King、Levine，1993a、1993b）。所有变量都是 1960—1995 年的平均值，跨国的回归（模型）估计包括 94 个国家。发展指标对通货膨胀和一系列控制变量进行回归，这些控制变量包括初始（1960 年）人均实际 GDP、初始（1960 年）中等学校入学人数、政变和改革次数、黑市汇率升水、政府赤字。在线性回归中，通货膨胀的系数为负，且在所有情况下均在 1% 的显著性水平下显著。

但是，也有证据表明存在阈值效应。基本上，在通货膨胀率低于 15%

的国家中，通货膨胀和这三个金融发展指标存在负相关关系。但是，当通货膨胀超过 15% 这个阈值时，金融指标会出现离散性的下降，同时它与通货膨胀不再相关。这和我们前面报告的同一研究中的股票市场发展度量的阈值结果很相似。用作者的话概括：

[T] 有证据表明通货膨胀和金融活动的经验关系中存在阈值。在温和通货膨胀率下，通货膨胀和金融发展之间存在强烈的负相关关系。对于通货膨胀率超过特定水平的国家，银行发展关系的截距的估计值远远低于那些在（通货膨胀）阈值以下的国家。更进一步地，在通货膨胀率超过这一阈值的经济体，通货膨胀和金融活动之间的偏相关关系基本上不复存在（237）。

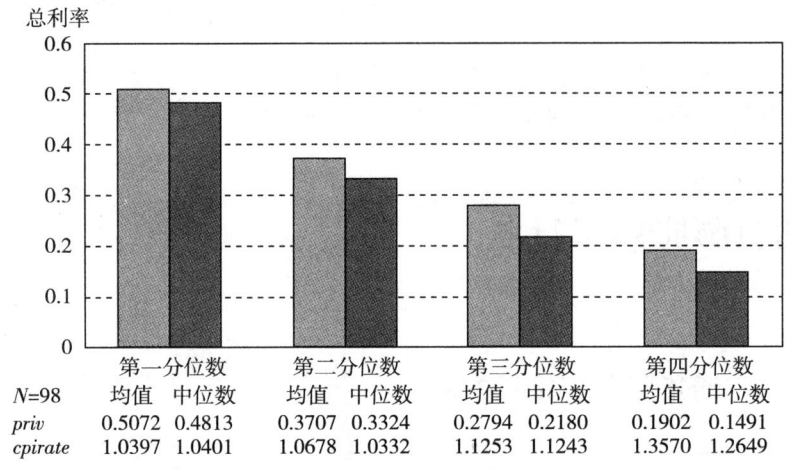

注：左边的柱状图表示均值；右边的柱状图表示中位数。

图 6　由通货膨胀四分位数分类的
商业银行贷款与私人部门/GDP 比率（1989—1998 年）

图 6 是我们自己的研究结果，在将数据按照通货膨胀率四分位数排序后，它表明了银行对私人部门贷款（priv）和通货膨胀之间的关系，银行对私人部门贷款由 GDP 的百分比表示。出于这个目的，我们使用了 98 个国家的数据，并将 1980—1995 年这 15 年间的数据进行平均①。显然，与

———————

① 这是一个非常短的区间，在某种程度上比 Boyd、Levine 和 Smith（2001）使用的样本国家要多。但是，两者的结果很相似。

经济规模相比，在低通货膨胀国家中银行对私人部门的贷款规模大很多。在第一分位数，这一比率平均超过 50%，而在第四分位数，它平均大约为 19%。Boyd、Levine 和 Smith（2001）也报告了通货膨胀会对银行业发展产生影响的统计证据，正如 priv 所展示的那样。

总结。这些结果，包括股票市场的结果，表明在跨国情况下，较高的通货膨胀往往和更小的金融中介部门同时存在。对于银行部门（而不是股票市场），有证据表明存在由通货膨胀指向金融市场的因果关系。

5.2 通货膨胀和银行信贷可获得性：态度和观点的数据

最近的两项研究使用了世界商业环境调查（World Business Environment Survey）1999 年的调查数据来研究不同国家的外部融资障碍。在该调查中，49 个国家的约 5000 家公司就它们在获取外部融资时遇到的障碍作出了回答。这里存在三个问题：（1）为公司的运营和成长融资有多困难？（2）对和银行的特殊关系的需求会阻碍的公司运营和成长吗？（3）银行官员的腐败会阻碍的公司运营和成长吗？受访者使用一个 4 分量表来作答（1 表示不是阻碍，4 表示主要阻碍）。结果表明该调查结果和实际测量结果（Hellman 等，2000）高度一致，在控制许多其他变量后和公司成长尤其相关（Beck、Demirguc - Kunt 和 Maksimovic，2002）。

Beck、Demirguc - Kunt 和 Levine（2003b）使用这一数据集来研究银行监管对外部融资的影响。Beck、Demirguc - Kunt 和 Maksimovic（2003）使用这一数据集来研究银行结构（竞争）和外部融资可获得性之间的关系。对我们的研究目的来说，这两个研究给出了几乎一致的结果，因此我们把评论局限在第一个研究，它提供了更多的详细信息。在 Beck、Demirguc - Kunt 和 Levine（2003b）的研究中，调查的回答是被解释变量，通货膨胀和人均实际 GDP 增长率、私人部门银行贷款/GDP 比率、若干法律和制度变量等作为控制变量。当"一般的金融障碍"（第一个问题）作为被解释变量时，通货膨胀的系数为正，且在通常的显著性水平下都显著。这里的含义很明显，即当其他变量保持不变时，更高的通货膨胀和更大的获取外部融资的困难相联系①。基本上，当被解释变量是"银行腐败"（第三个问题）时将得到相同结果②。

总结。这篇文章的发现表明更高的通货膨胀和更大的信贷获得障碍相联系。使用这些独一无二的数据来全面研究通货膨胀对信贷可获得性的影响必然是有用的。这些"温和的"态度和观点数据也许可以捕捉由 Boyd 和 Smith（1993），以及 Choi、Boyd 和 Smith（1996）模拟得到的某种非价格信贷配给。

5.3   银行业危机

有几个研究考察了和银行业危机有关的或引发银行业危机的经济力量。尽管不是主要变量，但至少在三种情况下通货膨胀被当做控制变量。例如，Demirguc – Kunt 和 Detragiache（1998）考察了由存款保险引发的道德风险在银行业系统性动荡中的角色。在他们的研究中，被解释变量是（0，1）的哑变量，1 表示该国正处于银行业危机中，0 则相反，银行业危机数据来自世界银行建立并更新的一个数据集（Caprio 和 Klingebiel，1999）。该研究使用了多元 Logit 模型和面板数据，61 个国家在 1980—1997年经历了 40 次银行业危机。通货膨胀和实际 GDP 增长率、贸易条件、M_2/外汇储备比率、样本区间内的初始人均实际 GDP 等被当做控制变量。

在一系列不同的设定下，作为银行业危机概率的一个解释变量，通货膨胀变量的系数为正，且在统计上显著（在较高的置信水平下）。但是，在该研究后来的改进中，实际利率作为控制变量被加进模型中，样本也扩大了。由于这些改变，通货膨胀系数变得不显著，我们认为加入实际利率这一解释变量很容易掩盖通货膨胀对银行业危机发生概率的影响。尽管通货膨胀可以被证明是外生的，实际利率显然是内生的，而且（通过构建）

---

①   唯一的例外是当表示存款保险覆盖率广度的变量也包括在内时，在这种情况下，通货膨胀的系数变得不显著。但是，引入这个变量会导致有效样本数量的大幅度减少，而有效样本本身也能解释这种变化。

②   令人惊讶的是，当被解释变量是"对特殊关系的需求"（问题 2）时通货膨胀的系数变为负且（在大部分设定下）在 95% 的置信水平下显著。该研究没有讨论符号的变化，这与它的研究目标无关。值得注意的是，对三个问题的回答似乎捕捉对不同现象的观点，因为这三个问题的简单相关系数从未大于 0.42。

是通货膨胀的一个方程。在这个研究中，通货膨胀率和实际利率的简单相关系数高达 -0.98[①]。但是，作者告诉我们，（实际利率）和通货膨胀的偏相关关系的变化的大部分是由样本结构的变化引起的。有趣的是，即便是在大样本下，通货膨胀和银行业危机发生概率之间的简单相关系数也为正且在 1% 的显著性水平下显著（Beck、Demirguc‐Kunt 和 Levine，2003a）[②]。

　　De Nicolo、Bartholomew、Zaman 和 Zephirin（2004）的一项研究采用了不同的方法来展示银行业危机发生的情况。他们对一国内五个最大的银行构建了一个连续的危机发生概率度量方法，而不是将危机按照从开始到结束那样排序。这种"z 分数"度量表示五个最大银行将遭受大到足以消耗掉其总权益资本的损失的概率。z 分数取决于利润均值、利润波动率以及五个最大银行的权益资本。所有的这些变量都将表示成总资本的百分比，并由 1993—2000 年的会计数来度量。总共有符合要求的 97 个国家被纳入研究中。

　　在报告的结果中，通货膨胀作为控制变量被纳入模型中，其他控制变量还包括地区哑变量、实际 GDP 增长率和政府干预变量（用来捕捉政府救助对银行利润分配的影响）。在所有的设定下，通货膨胀系数均不显著不为零。但是，6 个地区哑变量，连同实际增长变量，可以作为通货膨胀的合理且良好的代理变量。因此，我们对作者们提出了疑问：可否通过一个只有通货膨胀和政府干预变量两个解释变量的回归来得到 z 分数。他们很友好地按照我们的要求做了，结果展示在方程（3）中。z 分数是被解释变量，cpirate 是样本的通货膨胀均值，crisis 是刚刚讨论到的政府干预变量。通过普通最小二乘估计和异方差稳健标准差进行估计，t 值在括号中给出：

（3）z 分数 $= 3.262 - 2.048 \text{crisis} - 3.028 \text{cpirate}$　　$R^2 \text{adj} = 。.152$

　　　　　　　　（5.87）　　（3.029）　　　　　$n = 112$

　　通货膨胀系数为负，且在 5% 的显著性水平下显著。因为较低的 z 分

　　① Demirguc‐Kunt、Laeven 和 Levine（2003）的一项新研究检验了银行集中度和银行危机发生概率之间的关系。研究使用了与 Demirguc‐Kunt 和 Detragiache（1998）基本一致的数据集，得到和我们相似的结果。也就是说，通货膨胀从未作为银行危机发生概率的显著变量进入模型，但通货膨胀总是和实际利率一起引入模型。我们对以前研究的评论同样适用。

　　② 值得注意的是，对于 Demirguc‐Kunt 和 Detragiache（1998）的研究来说，此类多重共线性的存在不是问题，他们并不想将通货膨胀和实际利率的影响分离开来，只是想控制他们。

数和银行业的不稳定性有关，在其他保持不变的情况下，通货膨胀降低了银行业的不稳定性。政府干预变量（crisis）的系数也为正，且在较高的显著性水平下显著不为零，这反映了银行危机的影响①。

Boyd 等（2001）研究了经历过数次银行业危机的国家的特征。一个普遍的特征是，尤其是在拉丁美洲，这些国家在银行业危机中经常存在较高的通货膨胀，这些银行业危机过后又伴随着新的银行业危机。虽然没有足够多的样本（经历过多次银行业危机的国家组成的样本）来做一般意义上的统计分析，但是这些数据的特征已非常显著。

总结。在现有研究的基础上，断言通货膨胀是和银行业危机有关的主要因素还为时尚早。这个问题很难从实证上确定，尤其是考虑到确定银行业危机发生的时间和定义银行业危机本身就是个难题。在本文接下来的两部分中，我们会展示这个问题研究的（建议性的）新发现。特别地，在其他保持不变的情况下，更高的通货膨胀和下降的银行业实际利润率、增加的收益率波动性有关②。

5.4 银行利润、借贷利差、净息差和增加值：它们怎样和通货膨胀产生关系？

有一系列研究考察了通货膨胀和银行利润或银行净息差之间的关系，由"（利息收入－利息费用）/总资产"表示。在若干个这样的研究中，通货膨胀被当做控制变量，但它并不是主要的研究变量。一个例子是 Demir-guc–Kunt、Laeven 和 Levine（2003）的研究，他们研究了银行集中度和净息差之的关系。作者使用了包括约 1400 家银行、72 个国家在 1995—1999 年的跨国面板数据，国内通货膨胀和其他一些变量作为控制变量纳入模型。作者展示了通货膨胀和银行净息差之间的正且显著的相关关系，在一系列设定下均成立。在他们的回归中，通货膨胀的系数始终维持在 0.04 左

---

① 我们使用自己的数据集重现了和方程（3）非常相似的结果。特别地，我们发现，在控制了 bmp、revc 和 initial 后，z 分数法和 cpirate 显著负相关。我们没有在这里重现这些结果，因为它们取决于银行借贷利差的标准差，而不是银行利润，因此和方程（3）不能进行严格的比较。我们无法获得银行利润的时间序列数据。

② 将银行业危机和货币危机的影响分离开来也是件困难的事情（Kaminsky 和 Reinhart，1999）。

右，样本的平均通货膨胀率大约是 4.37，平均净息差大约是 3.61，这意味着通货膨胀率对净息差的弹性只有大约 0.05，显著低于 1。

Levine（2004）的一项研究使用另一组跨国面板数据来研究准入限制对银行净息差的影响。这项研究包括 47 个国家 1165 家银行在相同时期（1995—1999 年）的样本，此外，很多相同的控制变量也被纳入模型。通货膨胀系数再次为负且非常显著，在该设定下系数大约为 0.11，平均净息差是 3.46，但样本的平均通货膨胀率没有展示出来。但是，平均的通货膨胀应该接近 Demirguc - Kunt、Laeven 和 Levine（2003）报告的 4.37%[1]。在该研究中，假设平均的通货膨胀率是 4.37%，银行利润率对通货膨胀率的弹性大约是 0.14，再次显著低于 1。

Honohan（2003）最近开展了一项关于通货膨胀和银行盈利能力的有趣的研究，他检验了大约 72 个国家的横截面数据，他使用的数据介于 1988—1999 年，分成两个子区间：1988—1995 年和 1995—1999 年。对于子区间 1988—1995 年，Honohan 只研究了通货膨胀和银行利润之间的关系。对于 1995—1999 年这个子区间，他研究了通货膨胀和银行利润、通货膨胀和银行增加值（表示成银行资产的百分比）[2]、通货膨胀和银行净息差之间的关系。

在很多设定下，Honohan 纳入了银行资产负债表比率和（或）实际利率作为新增变量。从我们的研究目的来看，他们的研究变量是存在问题的，因为位于右侧的变量（即解释变量）可证明是内生的，它们本身就是通货膨胀的方程[3]。因此，我们更倾向于 Honohan 的最简单的表述，即通货膨胀是唯一的位于右侧的变量。在这一表述中，他发现在两个子区间中银行利润均和通货膨胀率正相关，并且在很高的显著性水平下显著，当净息差和银行增加值作为被解释变量时也能得到同样的结果。作者表明银行利润的通货膨胀弹性（1988—1995 年）大约是 0.51，由所有变量的样本均值估计得到。此外，他还指出净息差的通货膨胀弹性大约是 0.29。再一次地，这些结果表明银行的实际盈利能力和通货膨胀水平负相关。

---

① 这两个研究覆盖了相同的时期，使用了大致相同的数据集。
② 银行业增加值大致等于银行税前利润加上工资、薪金和其他一些运营费用。
③ 例如，通货膨胀和实际利率之间的简单相关系数是 −0.98，几乎不可能分离两种影响。

5.4.1　法定准备金和银行的通货膨胀税

也许 Honohan 所报告的最有趣的结果是关于通货膨胀、银行准备金以及他们对银行利润的共同影响。货币经济学中有个"古老的"观点，即政府能通过强制银行持有免息的准备金和通货膨胀来有效地对银行进行征税。像对非银行持有的货币征收的通货膨胀税一样，对那些在征收其他税种（非银行税负）方面存在困难的发展中经济体和转轨经济体来说，这样的税种可能是一种重要的收入来源。但是，Honohan 没有发现这种银行准备金税的证据。实际上，他表示，"通货膨胀和准备金存在强烈的相互影响——不是降低利润，相反地，提高利润！并非说准备金是非自愿持有的，在高准备金率和高通货膨膨胀国家，银行有可能找到足够高的回报，至少对它们的边际准备金而言是这样。"对表中高利润国家的观察可以发现俄罗斯和罗马尼亚（这种现象）比较突出（392－93）[1]。

5.4.2　银行准备金的通货膨胀税：一些新的研究成果

Honohan 的结果非常有趣，所以我们决定使用 84 家银行在 1991—1995 年的数据重新检验通货膨胀、准备金和银行利润之间的关系。采用了两种银行准备金度量方法——rrat（法定准备金/总存款）和 rrat1（法定准备金/M2）——这两种方法都得到了相似的结果[2]。方程（1）的被解释变量是 rrat，解释变量是净通货膨胀率（infl1）和我们之前使用过的控制变量。Infl1 的系数为正且显著，表明当通货膨胀提高的时候，官方持有的准备金也增加。在方程（2）中，使用了准备金率的另一个定义，得到了非常相似的结果。这些发现表明政府可能正在对银行征收准备金税。但这些结果只是建议性的，因为我们无法确定准备金是非自愿的还是（政府）支付了低于市场利率水平的利率。

方程（3）和方程（4）检验了两种准备金率度量方法（即 rrar 和

---

① 这些结果是通过第一个子区间（1988—1995 年）得到的。在第二个子区间中，除了这里谈到的，即当被解释变量是净息差的时候，通货膨胀和持有的准备金之间存在正的相互作用。

② 我们只有银行持有的准备金数据，而没有准备金要求，因此无法将自愿持有的准备金从非自愿持有的准备金中区分出来。Honohan 的实证研究也面临几乎相同的问题。如果我们有数据来控制其他银行监管政策，例如准入限制，那么这些检验会有很大的改善。

rrat1）和利润率之间的关系。在两种情况下，准备金率的系数都为正，rrat
的系数显著不为零，这和 Honohan（2003）报告的一样。但是，在方程
（5）中，我们用 rrat 和我们常用的控制变量对净息差进行回归，在这个改
变后，rrat 的系数变得不显著。接下来，在表 6 的方程（6）中，我们使用
变量 inter（= rrat * cpirate）来表示准备金持有量和通货膨胀之间的相互关
系。在这种情况下，rrat 的系数为正且很显著，同时交互项的系数为负而
且也很显著。这意味着，准备金持有量和银行利润之间可能存在正相关关
系，正如 Honohan 报告的那样，但这种正的相关关系只在通货膨胀低于某
个阈值的时候才成立。一旦通货膨胀超过那个阈值，更高的准备金持有量
可能会和更低的银行利润有关。这些估计，这个阈值发生在通货膨胀率为
13% 左右的时候，接近于样本的平均通货膨胀率，或者第 60 个样本通货膨
胀百分位数。因此，在这个设定下，有足够多的样本数据高于和低于这个
阈值。

在方程（7）、方程（8）和方程（9）中，我们使用通货膨胀率调减
了银行净息差，产生了一个实际净息差度量方法，rnet = net/cpirate。在方
程（7）中，没有控制变量，rrat 的系数为负且很显著。但是，当加进控制
变量即方程（8）时，rrat 的系数仅仅变得显著。最后，在方程（9）中，
没有证据表明准备金率和通货膨胀之间存在显著的相互关系。

总结。Honohan 和我们的研究，如果存在通过银行准备金进行操作的
通货膨胀税，这种税在样本区间内要么不会很大，要么不会被普遍使用。
经验证据显得比较含糊，并取决于检验设定。更进一步地，正如 Honohan
（2003）提到的，结果会显著地受到少数几个国家的特殊准备金补贴的
影响。

但是，没有研究表明银行实际利润不受通货膨胀影响，我们马上会看
到这显然是不正确的。

表4　　持有的准备金、通货膨胀率和银行净息差（1991—1995 年）

	被解释变量				
	1. rrat	2. rrat1	3. net	4. net	5. net
infl1	0. 1892 (3. 53) **	0. 6236 (2. 33) *			
initial	− 8. 9773 (4. 76) **	− 7. 2112 (0. 98)			− 0. 9221 (0. 02) *
bmp	− 0. 00006 (0. 60)	− 0. 0009 (2. 89) **			0. 00002 (0. 97)
revc	0. 0611 (1. 39)	0. 1289 (1. 17)			− 0. 0059 (0. 88)
rrat			0. 0810 (3. 08) **		− 0. 0106 (0. 52)
cpirate9195					0. 0786 (7. 01) **
rrat1				0. 0123 (1. 77)	
constant	0. 1552 (6. 47) **	0. 3090 (4. 85) **	1. 0303 (283. 27) **	1. 0397 (264. 22) **	0. 9579 (68. 12) **
N	84	74	77	67	73
Adjusted R^2	0. 35	0. 15	0. 16	0. 30	0. 55
弹性：					
infl1	0. 1363	0. 2463			
cpirate9195					0. 0835
中位数：					
Dep. Var.	0. 1437	0. 2842	1. 0374	1. 0409	1. 0388
infl1	0. 1035	0. 1123			
initial	0. 0014	0. 0012			0. 0017
bmp	9. 0407	12. 3059			9. 5628
revc	0. 0500	0. 1000			0. 0000
rrat			0. 1237		0. 1332
cpirate9195					1. 1046
rrat1				0. 2823	

注：括号里表示 t 统计量的显著性。所有的回归中有意排除了年平均（总）通货膨胀率超过 200% 的国家，如果纳入高通货膨胀时的数据，方程（1）和方程（2）中通货膨胀的系数就会为负，且在方程（1）中显著。

* 表示在 10% 的显著性水平下显著；** 表示在 5% 的显著性水平下显著；*** 表示在 1% 的显著性水平下显著。

表 5　　持有的准备金、通货膨胀率和银行净息差（1991—1995 年）

	被解释变量			
	6. *net*	7. *rnet*	8. *rnet*	9. *rnet*
rrat	0.5040	− 0.4846	− 0.0555	− 0.1308
	(3.06)**	(4.21)**	(1.99)	(0.47)
initial	− 0.2750		0.8927	0.7981
	(0.55)		(1.99)	(1.37)
revc	− 0.0047		− 0.0094	− 0.0096
	(0.84)		(1.17)	(1.18)
bmp	0.00000005		− 0.00003	− 0.00003
	(0.00)		(1.77)	(1.51)
*cpirate*9195	0.1911		− 0.4990	− 0.5154
	(5.49)**		(16.75)**	(6.18)**
inter	− 0.4536			0.0663
	(3.18)**			(0.26)
constant	0.8314	0.9871	1.5013	1.5198
	(20.89)**	(84.37)**	(46.91)**	(16.59)**
N	73	77	73	73
Adjusted R^2	0.61	0.30	0.97	0.97
*cpirate*9195 的弹性	0.2033		− 0.5839	− 0.6032
中位数：				
Dep. Var.	1.0388	0.9530	0.9439	0.9439
rrat	0.1332	0.1237	0.1332	0.1332
initial	0.0017		0.0017	0.0017
revc	0.0000		0.0000	0.0000
bmp	9.5628		9.5628	9.5628
*cpirate*9195	1.1046		1.1046	1.1046
inter	0.1490			0.1490

　　注：括号里表示 t 统计量的显著性。所有的回归中有意排除了年平均（总）通货膨胀率超过 200% 的国家，如果纳入高通货膨胀时的数据，方程（6）中通货膨胀的系数变得不显著。在方程（9）中，通货膨胀的系数改变符号，在较高的显著性水平下保持显著。

　　* 表示在 10% 的显著性水平下显著；** 表示在 5% 的显著性水平下显著；*** 表示在 1% 的显著性水平下显著。

5.5 关于通货膨胀和银行盈利能力的一些新研究成果

考虑到银行业在大多数经济体中的重要性和过往实证研究中关于通货膨胀可能会缩小银行业部门的相对规模的发现，我们决定进行一些新的检验。特别地，我们研究了通货膨胀对银行盈利能力的影响。表5展示了以（银行贷款利率减去借款利率得到的）利差、净息差、税前利润、GDP增加值作为被解释变量的回归结果。所有这些被解释变量都对通货膨胀及一系列常见的控制变量进行回归。第一个回归中的被解释变量是利差，即商业贷款利率和定期储蓄利率的差（spread = 1 + loanrate − tdeprate）[①]。在这种情况下，通货膨胀系数为正，但是在一般的显著性水平下不显著，样本中利差的通货膨胀弹性的中位数只有大约0.34[②]。

在方程（2）中，rspread是spread变量由通货膨胀率的均值"调减"（rspread = spread/cpirate）后得到的。在这种情况下，通货膨胀系数为负且在1%的显著性水平下显著。这个结果在本质上意味着，尽管银行利差（贷款利率 − 借款利率）随着通货膨胀率上升而上升，它们的上升速度还不足以使实际值不受影响。

在方程（3）和方程（4）中，被解释变量是税前银行利润和净息差，都对通货膨胀率的均值进行调减，它们是相关且存在相互关系的度量方法，产生了非常相似的结果。通货膨胀的系数为负且在两种情况下都非常显著，这意味着在两种度量方法下通货膨胀都会有损银行的利润。

方程（5）中的被解释变量是银行业增加值，同样，对通货膨胀率调减[③]。注意这与回报和盈利能力的度量方法非常不同，因为它是运营利润和运营成本的加总。相反地，它粗略地表示银行业产出除以银行资产。这个变量，也是负的且在样本时期内和平均通货膨胀率显著相关。方程（6）和方程（7）与方程（4）和方程（5）相似，除了方程（6）和方程（7）其使用的数据期间为1991—1995年，而不是1995—1999年。它们产生了

---

① IFS数据集里报告了一系列的年度商业贷款和定期存款利率，不同国家的定义方式和平均方法可能会有所不同。

② 由于标准误差很大，0.33这一系数在一般显著性水平下没有显著低于1.0。

③ 我们对银行业增加值的度量等于银行业税前利润加上间接成本，主要包括工资和薪金。

非常相似的结果，表现了模型的显著性。

总结。表 6 的主要结论是，通货膨胀似乎对银行不利。它们的净息差、净利润、净资产收益率、增加值等变量的实际值似乎都会随着通货膨胀的上升而下降。所有的这些结果似乎和前面报告的发现高度一致，即相对于总体经济，银行业的规模也会缩减。

表 6   **通货膨胀与银行利差、净息差、利润和增加值**

	被解释变量						
	1. spread	2. rspread	3. rroa	4. rnim	5. rvalad	6. rnet	7. rval
cpirate8998	0.3309 (1.45)	−0.4163 (2.84)**					
initial	−1.2479 (1.04)	0.3694 (0.37)	0.2424 (0.90)	0.1214 (0.28)	0.4472 (1.15)	1.2224 (2.89)**	1.2083 (2.15)*
bmp	−0.0003 (0.59)	−0.0002 (0.47)	0.0001 (7.23)*	0.00004 (1.14)	0.0001 (3.39)	−0.00003 (1.47)	−0.000008 (0.32)
revc	−0.0186 (1.18)	−0.0207 (1.50)	−0.0044 (0.19)	−0.0012 (0.19)	0.0023 (0.41)	−0.0134 (1.41)	−0.0052 (0.41)
cpirate9599			−0.7880 (31.14)**	−0.6190 (10.14)**	−0.6609 (13.59)**		
cpirate9195						−0.5119 (17.86)**	−0.4728 (17.23)**
constant	0.7185 (2.98)**	1.4372 (9.24)**	1.7882 (63.17)**	1.6416 (25.10)**	1.6816 (32.05)**	1.5073 (45.32)**	1.4959 (46.06)**
N	64	64	51	51	51	76	76
Adjusted R^2	0.31	0.64	0.98	0.90	0.92	0.97	0.93
弹性： cpirate8998 cpirate9599 cpirate9195	0.3359	−0.4557	−0.8588	−0.6490	−0.6925	−0.5920	0.0000 −0.5291

续表

	被解释变量						
	1. *spread*	2. *rspread*	3. *rroa*	4. *rnim*	5. *rvalad*	6. *rnet*	7. *rval*
中位数：							
Dep. Var.	1.0571	0.9805	0.9581	0.9960	0.9966	0.9540	0.9860
cpirate8998	1.0731	1.0731					
initial	0.0019	0.0019	0.0026	0.0026	0.0026	0.0018	0.0018
bmp	7.4965	7.4965	4.4806	4.4806	4.4806	9.0407	9.0407
revc	0.0000	0.0000	0.0000	0.0000	0.0000	0.0000	0.0000
cpirate9599			1.0442	1.0442	1.0442		
cpirate9195						1.1033	1.1033

注：括号里表示 t 统计量的显著性，所有的回归有意排除了年总通货膨胀率超过 200% 的国家。

*表示在 10% 的显著性水平下显著；** 表示在 5% 的显著性水平下显著；*** 表示在 1% 的显著性水平下显著。

6. 通货膨胀和资产收益率波动

之前讨论的几个理论模型（如 Boyd、Smith，1998；Choi、Boyd 和 Smith，1996）预测，至少在通货膨胀率高于某个阈值的时候，均衡通货膨胀和资产收益率波动之间存在正相关关系。显然，通货膨胀波动率本身和平均通货膨胀率非常密切相关。例如，在 Boyd、Levine 和 Smith（2001）对 48 个国家长达 36 年的样本截面数据的检验中，平均通货膨胀率和通货膨胀波动率之间的简单相关系数为 0.98。Barnes、Boyd 和 Smith（1999）的研究基于 25 个国家约 25 年的数据，发现平均通货膨胀率和通货膨胀率标准差之间的相关系数为 0.99。正如两个研究都强调的，这些相关系数非常高，以至于几乎不可能从实证上将平均通货膨胀和通货膨胀波动的影响分离开。

这两个研究还指出，平均通货膨胀率和净资产收益率的波动率之间存在较大的相关关系。在 Barnes、Boyd 和 Smith（1999）的研究中，平均通货膨胀率和净资产收益率标准差之间的简单相关系数是 0.74。Boyd、Levine 和 Smith（2001）使用了更复杂的方法来度量净资产收益率的波动率，发现在新的方法下这个简单系数变成 0.84。他们还在控制了一系列其他变量后检验了净资产收益率波动率和通货膨胀率之间的偏相关关系，这个偏相关关系为正且在 1% 的显著性水平下显著。

表 7　　　　　通货膨胀和资产收益率波动（1989—1998 年）

	被解释变量					
	1. stbill	2. stbill	3. smm	4. smm	5. stdep	6. stdep
cpirate8998	0.3171	0.4401	0.2584	0.3316	0.3801	0.2269
	(3.99)**	(21.27)**	(3.48)**	(12.40)**	(2.46)*	(4.05)**
initial		1.5227		0.1625		0.8853
		(2.51)*		(0.12)		(1.90)
bmp		−0.0001		0.0003		−0000009
		(1.45)		(1.47)		(0.02)
revc		−0.0089		−0.0537		−0.0036
		(0.70)		(0.98)		(0.37)
constant	−0.3093	−0.4468	−0.2354	−0.3104	−0.3709	−0.2229
	(3.63)**	(19.11)**	(3.02)**	(9.16)**	(2.41)*	(3.64)**
N	52	34	44	34	103	69
Adjusted R^2	0.72	0.92	0.56	0.76	0.07	0.63
cpirate8998 的弹性	13.0616	16.1249	9.4986	11.6766	19.5107	10.2050
中位数：						
Dep. Var.	0.0254	0.0289	0.0284	0.0297	0.0208	0.0240
cpirate8998	1.0461	1.0581	1.0443	1.0444	1.0694	1.0694
initial		0.0041		0.0071		0.0019
bmp		7.4965		0.1839		7.5075
revc		0.0000		0.0000		0.0000

注：括号里表示 t 统计量的显著性，所有的回归有意除了年平均（总）通货膨胀率超过 200% 的国家。如果把这些数据包括在内，方程（3）、方程（4）中通货膨胀率的系数会大一个数量级，但仍然显著。在方程（5）、方程（6）中，通货膨胀系数变大一个数量级，但仍为正数且在较高置信水平下显著。

＊表示在 10% 的显著性水平下显著；＊＊表示在 5% 的显著性水平下显著；＊＊＊表示在 1% 的显著性水平下显著。

表8　　　　　　　通货膨胀和资产收益率波动（1989—1998 年）

	被解释变量					
	7. sloan	8. sloan	9. sgov	10. sgov	11. sspread	12. sspread
cpirate8998	0.8408	0.3858	0.2667	0.2368	0.5121	0.1174
	(2.34)*	(4.28)***	(5.14)***	(6.30)***	(1.51)	(3.01)**
initial		1.4808		−0.9289		−0.4406
		(3.22)**		(1.23)		(1.17)
bmp		−0.0003				−0.00007
		(1.19)				(0.74)
revc		−0.0046		−0.0566		−0.0047
		(0.69)		(1.76)		(0.77)
constant	−0.8662	−0.3906	−0.2595	−0.2130	−0.5342	−0.1040
	(2.82)*	(4.10)**	(4.88)**	(6.05)**	(1.45)	(2.43)*
N	103	69	34	28	98	64
Adjusted R^2	0.16	0.75	0.63	0.71	0.25	0.50
cpirate8998 的弹性	35.8435	15.4524	16.9427	13.8939	37.4289	8.3843
中位数：						
Dep. Var.	0.0251	0.0270	0.0164	0.0176	0.0145	0.0150
cpirate8998	1.0694	1.0815	1.0408	1.0317	1.0631	1.0731
initial		0.0019		0.0101		0.0019
bmp		7.8157				7.4965
revc		0.0000		0.0000		0.0000

注：括号里表示 t 统计量的显著性，所有的回归有意排除了年平均（总）通货膨胀率超过200% 的国家。如果把这些数据包括在内，除了方程（9）、方程（10），在其他方程中通货膨胀率的系数会大很多，所有的系数仍为正数。方程（8）、方程（11）和方程（12）中通货膨胀率的系数变得更显著，但在方程（7）、方程（9）和方程（10）中其显著性保持不变或下降。

* 表示在 10% 的显著性水平下显著；** 表示在 5% 的显著性水平下显著；*** 表示在 1% 的显著性水平下显著。

　　在这个研究中，有证据表明在各国中通货膨胀波动率和净资产收益率均与平均通货膨胀率存在强烈的正相关关系。根据我们的理解，过去的研究所有没有涉及的是利用国家面板数据来检验平均通货膨胀率和利率波动率的关系。因此，表7 和表8 展示了一些这样的检验。

　　我们发现通货膨胀和利率波动率是正相关的。从回归 1 到 10，被解释变量是 1989—1998 年计算得到的名义利率标准差，解释变量是平均通货膨胀率或者平均通货膨胀和一组常用的控制变量（参见前面的论述）。被检验的利率包括短期国库券利率、货币市场利率、定期存款利率、银行贷款利率和政府债券利率。在所有的 10 个回归中，通货膨胀系数为正。其中，8 个回归的通货膨胀系数在 1% 的显著性水平下显著，另外 2 个的通货膨胀系数在 5% 的显著性水平下显著。受通货膨胀率影响最大的变量是银行贷款利率，受影响最小的是政府债券利率。

在方程（11）和方程（12）中，被解释变量是银行贷款利率和银行存款利率的利差的标准差。我们使用这一利差作为银行盈利能力的代理变量，因为现有的数据不足以计算出银行利润的波动率。在很多情况下，这种收益波动率的度量方法和平均通货膨胀正相关。在简单回归中，通货膨胀率的系数在一般的显著性水平下不很显著，但加进控制变量后，它在 1% 的显著性水平下显著。这个发现也许表明随着通货膨胀的提高，银行的贷款利率和借款利率变得更加不稳定。

7. 总结和结论

1. 在其他变量不变的情况下，更高的通货膨胀率与规模更小的股票市场和规模更小的银行业相联系。在通货膨胀更高的经济体中，股票市场总市值和成交量相对于整体经济变小。现有的研究没有关注因果关系的方向。类似地，在高通货膨胀背景下，银行业规模相对于整体经济规模会变小。在这个问题上，以前的检验认为通货膨胀是原因，银行业规模是结果。最近的研究显示，在各个国家中，银行业实际增加值和平均通货膨胀显著负相关。

2. 对于股票市场和银行业规模，有证据表明在它们和通货膨胀的关系中存在阈值效应。对于足够高的通货膨胀，通货膨胀和金融中介部门规模之间的负相关关系会随着通货膨胀的突然下降而消失。名义权益收益率（ROE）也存在一个阈值，这个阈值几乎是金融中介部门规模的准确反映。这意味着，净资产收益率和超过阈值的通货膨胀基本无关（或负相关），在这之后，随着通货膨胀的突然下降，净资产收益率大约以 1:1 的比例随着通货膨胀的变化而变化。

3. 资产收益率总体上似乎没有遵循"货币中性"的预测。在横截面和时间序列数据研究中，资产收益率似乎没有根据通货膨胀进行充分调整。对于横截面数据研究，即便是在更长的时期内，结果也是如此。这项研究结果唯一的例外是相对较高的通货膨胀背景下的净资产收益率。在时间序列检验中，净资产收益率经常和通货膨胀的变动无关，在通货膨胀背景下它们很少和通货膨胀的变动负相关。这个研究中新的跨国检验发现，在所研究的五种利率中，大部分不完全和通货膨胀挂钩，即使研究数据是由十年平均得到。

4. 这些关于通货膨胀和资产收益率的结果与高通货膨胀率导致"相当低"的实际利率的理论概率一致。正如一系列理论研究表明，这会抑制实际投资、加剧信贷市场摩擦、导致信贷配给等。实际上，关于态度和观点数据的横截面检验表明，在其他保持不变的情况下，高通货膨胀和信贷可获得性问题有关。

5. 基于我们所做的研究，从平均上讲，似乎银行难以有效地对冲通货膨胀对其利润的影响，尤其是当通货膨胀很高的时候。对于不同国家，银行的名义利润随着通货膨胀的提高而增长，但增长的速度不足以使实际利润不受影响。各国的银行利润、净资产收益率和借贷利差这三者的实际值随着通货膨胀的提高而下降。但是，数据中却很少有证据支持那个最明显和最经常讨论的机制，即通货膨胀有损银行利益——也就是说，具有约束力的存款准备金要求和无息准备金的组合。事实上，甚至有证据表明在某些国家存在"银行准备金补贴"，至少在所研究的有限样本区间内是这样。

还不甚明晰的是，为什么通货膨胀似乎对银行很不利，尤其是在高通货膨胀时期。银行是金融机构，原则上它们能设立与给定的市场组合相适应的贷款和存款利率。有人认为，银行相对复杂且不受货币幻觉影响。一个可能的解释是，在横截面检验中，我们的时间平均区间还不够长，结果产生了通货膨胀过度效应（资产损失），这种效应在长期会消失。坦率地说，我们对这种解释持怀疑态度。一般来说，银行借入短期资金贷出长期资金，因此会暂时性地受到不断提高的利率的影响。我们怀疑这是一个可以简单地造成我们的结果的普遍现象，因为从平均上看，利率在研究区间内不断下降，但这只是一种可能性。

　　另一个可能是，利率管制妨碍了银行根据通货膨胀上调利率的能力。贷款利率上限或存款利率上限引发银行脱媒，银行脱媒最终导致这样的结果。我们的研究结果清楚表明，贷款利率比存款利率更好地对通货膨胀作出响应。在表 1 中，定期存款的通货膨胀弹性为 0.58，商业贷款的通货膨胀弹性为 0.80。在表 2 中，实际定期存款利率的通货膨胀弹性为 -0.27，实际商业贷款利率的通货膨胀弹性为 -0.12。这表明，相对来讲，如果通货膨胀影响着利率设定，它对存款市场的影响大于对贷款市场的影响。如果存款利率监管导致了金融脱媒，对银行来说未必是好的。

　　6. 在各国中，对于一系列的银行资产，收益率波动和通货膨胀存在正相关关系。基于我们和其他人的研究，有证据表明更高的通货膨胀和波动性更强的净资产收益率、名义利率和银行利率相关。所有的这些意味着通货膨胀和更高的银行危机发生概率相关，在其他保持不变的情况下，至少有部分实证研究表明这种判断成立，这种发现和前面讨论的一系列理论研究的预测一致。

　　他们也可能与通货膨胀和银行盈利能力之间所观察到的负相关关系有关。也就是说，银行通过权衡风险和预期收益来解决资产组合问题。我们发现银行在高通货膨胀环境中确实是这么做的，在这种环境中银行面临的风险—收益曲线内移了（即恶化了）。在相当一般的情况下，银行预计将通过同时降低风险敞口和期望收益来应对高通货膨胀。

数据附录

　　这个附录包含对文中各变量的描述。数据来源和变量名称都列在表格中，标注着"IMF"的变量来自国际货币基金组织发布的国际金融统计（International Financial Statistics）光盘，IFS 变量包括对应的 IFS 项目。

表 1   均衡与福利

变量	描述	来源
bmp	黑市汇率升水，由 1980—1992 年平均得到	世界货币年鉴（World's Currency Yearbook）；Wood（1988）
cpirate	年度 CPI 通货膨胀率的几何总平均，1989—1998 年（有些派生系列使用较短时期的平均）	IFS：64
eqrate	各国主要证券交易所的年化总收益率（不包括股利收益），1989—1998 年	IFS：62
govrate	中长期政府债券的年化总收益率，1989—1998 年	IFS：61
initial	1980 年人均实际 GDP（百万）	Loayza、López、Schmidt – Hebbel 和 Sérven（1998）
inter	由 inter = rrat * cpirate 得到，1989—1998 年	IFS：60P
loanrate	银行商业贷款的年化总利率，1989—1998 年	IFS：60P
mcap	以 GDP 的百分比表示的股票市场总市值，1980—1995 年	Beck、Demirguc – Kunt 和 Levine（1999）
mmrate	货币市场证券年化利率，1989—1998 年	IFS：60B
net	由 net = 1 + （利息收入 – 利息支出）/总资产 得到，1991—1995 年	Beck、Demirguc – Kunt 和 Levine（1999）
reve	20 世纪 80 年代的改革和政变	Banks（1994）
rgovrate	由 rgovrate = govrate/cpirate 得到，1989—1998 年	
rloanrate	由 rloanrate = loanrate/cpirate 得到，1989—1998 年	
rmmrate	由 rmmrate = mmrate/cpirate 得到，1989—1998 年	
rnet	由 rnet = net/cpirate 得到，1989—1998 年	
rnim	由 rnim = （1 + 净息差）/cpirate 得到，1995—1999 年	净息差来自 Demirguc – Kunt、Laeven 和 Levine（2003）
rrat	由 rrat = official reserve/（定期存款 + 活期存款）得到，1991—1995 年	IFS：Official reserve 20，Time deposit 25，Demand deposits 24
rrat1	由 rrat1 = 外汇储备/M_2 得到，1991—1995 年	IFS：Official reserve 20，M2 33
rroa	由 rroa = ［1 + （税前利润/总资产）］/cpirate 得到，1995—1999 年	税前利润/总资产来自 Demirguc – Kunt、Laeven 和 Levine（2003）
rroe	由 rroe = ［1 + （税前利润/所有者权益）］/cpirate 得到，1995—1999 年	税前利润和所有者权益来自 Demirguc – Kunt、Laeven 和 Levine（2003）

续表

变量	描述	来源
rspread	由 rspread = 利差/cpirate 得到，1989—1998 年	
rtdeprate	由 rtdeprate = tdeprate/cpirate 得到，1989—1998 年	
rval	由 rval = （净利 + 间接成本）/cpirate 得到，1991—1995 年	间接成本来自 Beck、Demirguc – Kunt 和 Levine（1999）
rvalad	由 rvalad = ［1 + 税前利润 + 营业费用）/总资产］/cpirate 得到，1995—1999 年	税前利润、营业费用和总资产来自 Demirguc – Kunt、Laeven 和 Levine（2003）
sgov	由 sgov = govrate 的标准差得到，1989—1998 年	
spread	由 spread = 1 + loanrate – tdeprate 得到，1989—1998 年	
sloan	由 sloan = loanrate 的标准差得到，1989—1998 年	
smm	由 smm = mmrate 的标准差得到，1989—1998 年	
stbill	由 stbill = tbillrate 的标准差得到，1989—1998 年	
stdep	由 stdep = tdeprate 的标准差得到，1989—1998 年	
sspread	由 sspread = spread 的标准差得到，1989—1998 年	
tdeprate	银行定期存款年化总利率，1989—1998 年	IFS：60L
tbillrate	短期国库券年化总利率，1989—1998 年	IFS：60C
tvt	以 GDP 的百分比表示的股票市场总交易额，1980—1995 年	Beck、Demirguc – Kunt 和 Levine（1999）

参考文献

Amihud, Y. 1996. Unexpected Inflation and Stock Returns Revisited: Evidence from Israel. *Journal of Money, Credit, and Banking* 28: 22 – 33.

Azariadis, C., and B. D. Smith. 1996. Private Information, Money, and Growth: Indeterminacy, Fluctuations, and the Mundell – Tobin Effect. *Journal of Economic Growth* 1: 309 – 32.

Azariadis, C., and B. D. Smith. 1998. Financial Intermediation and Regime Switching in Business Cycles. *American Economic Review* 88: 516 – 36.

Banks, A. S. 1994. Cross – National Time Series Data Archive. Center for Social Analysis, State University of New York – Binghamton.

Barnes, M. , and A. W. Hughes. 2002. A Quantile Regression Analysis of the Cross Section of Stock Market Returns. Working Paper No. 02 – 2, Federal Reserve Bank of Boston.

Barnes, M. , J. H. Boyd, B. D. Smith. 1999. Inflation and Asset Returns. *European Economic Review* 43: 737 – 54.

Barro, R. J, 1995. Inflation and Economic Growth. *Bank of England Quarterly Bulletin*, May, 166 – 176.

Beck, T. , A. Demirguc – Kunt, and R. Levine. 1999. A New Database on Financial Development and Structure. Policy Research Working Paper No. 2146, World Bank.

Beck, T. , Demirguc – Kunt, A. , and R. Levine. 2003a. Bank Concentration and Crises. Working Paper No. 9921, National Bureau for Economic Research.

Beck, T. , Demirguc – Kunt, A. , and R. Levine. 2003b. Bank Supervision and Corporate Finance. Unpublished manuscript, World Bank.

Beck, T. , Demirguc – Kunt, A. , and V. Maksimovic. 2002. Financial and Legal Constraints to Firm Growth: Does Size Matter? Unpublished manuscript, World Bank.

Beck, T. , Demirguc – Kunt, A. , and V. Maksimovic. 2003. Bank Competition and Access to Finance. Unpublished manuscript, World Bank.

Beck, T. , R. Levine, and N. Loyaza. 2000. Financial Intermediation and Growth: Causes and Causality. *Journal of Monetary Economics* 46: 31 – 77.

Bencivenga, V. R. , and B. D. Smith. 1991. Financial Intermediation and Economic Growth. *Review of Economic Studies* 58: 195 – 209.

Bencivenga, V. R. , and B. D. Smith. 2003. Monetary Policy and Financial Market Evolution. *Federal Reserve Bank of St. Louis Review* 85: 7 – 25.

Bernanke, B. S. , and M. Gertler. 1989. Agency Costs, Net Worth, and Business Fluctuations. *American Economic Review* 79: 14 – 31.

Boudoukh, J. , and M. Richardson. 1993. Stock Returns and Inflation: A

Long Term Perspective. American Economic Review 83: 1346 – 55.

Boyd, J. H. , and B. D. Smith. 1997. Capital Market Imperfections, International Credit Markets, and Nonconvergence. *Journal of Economic Theory* 73: 335 – 64.

Boyd, J. H. , and B. D. Smith. 1998. Capital Market Imperfections in a Monetary Growth Model. *Economic Theory* 11: 241 – 73.

Boyd, J. H. , R. Levine, and B. D. Smith. 2001. The Impact of Inflation on Financial Market Performance. *Journal of Monetary Economics* 47: 221 – 48.

Boyd, J. H. , P. Gomis – Porqueras, S. Kwak, and B. D. Smith. 2001. A User's Guide to Banking Crises. Unpublished manuscript, University of Minnesota.

Bryant, J. 1980. A Model of Reserves, Bank Runs, and Deposit Insurance. *Journal of Banking and Finance* 4: 335 – 44.

Bullard, J. , and J. Keating. 1995. The Long – Run Relationship between Inflation and Output in Postwar Economies. *Journal of Monetary Economics* 36: 477 – 96.

Caprio, G. , and D. Klingebiel. 1999. Episodes of Systematic and Borderline Financial Distress. Unpublished manuscript, World Bank.

Carlstrom, C. , and T. Fuerst. 1997. Agency Costs, Net Worth, and Business Cycle Fluctuations: A Computable General Equilibrium Approach. *American Economic Review* 87: 893 – 910.

Carlstrom, C. , and T. Fuerst. 1998. Agency Costs and Business Cycles. *Economic Theory* 12: 583 – 99.

Champ, B. , B. D. Smith, and S. D. Williamson. 1996. Currency Elasticity and Banking Panics: Theory and Evidence. *Canadian Journal of Economics* 29: 828 – 64.

Chari, V V. , L. J. Christiano, and P. J. Kehoe. 1996. Optimality of the Friedman Rule in Economies with Distorting Taxes. *Journal of Monetary Economics* 37: 203 – 23.

Choi, S. , J. H. Boyd, and B. D. Smith. 1996. Inflation, Financial Markets and Capital Formation. *Federal Reserve Bank of St. Louis Review* 78: 9 – 35.

Choudry, T. 2001. Inflation and Rates of Return on Stocks: Evidence from

High Inflation Countries. *Journal of International Financial Markets, Institutions and Money* 11: 75 – 96.

Demirguc – Kunt, A., and E. Detragiache. 1998. The Determinants of Banking Crises in Developed and Developing Economies. *IMF Staff Papers* 45: 81 – 109.

Demirguc – Kunt, A., and E. Detragiache. 1999. Does Deposit Insurance Increase Banking System Stability? An Empirical Investigation. Policy Research Working Paper No. 2247, World Bank.

Demirguc – Kunt, A., and R. Levine. 2001. *Financial Structure and Economic Growth: A Cross – Country Comparison of Banks, Markets, and Development*, Cambridge, MA: MIT Press.

Demirguc – Kunt, A., L. Laeven, and R. Levine. 2003. Regulations, Market Structure, Institutions, and the Cost of Financial Intermediation. *Journal of Money, Credit, and Banking* 36: S593 – 623.

De Nicolo, G., P. Bartholomew, J. Zaman, and M. Zephirin. 2004. Bank Consolidation, Internationalization, and Conglomeration: Trends and Implications for Financial Risk. *Financial Markets, Institutions and Instruments* 13 (4): 173 – 217.

Diamond, D. W., and P. H. Dybvig. 1983. Bank Runs, Deposit Insurance, and Liquidity. *Journal of Political Economy* 91: 401 – 19.

Friedman, M., and A. J. Schwartz. 1963. *A Monetary History of the United States*, 1867 – 1960. Princeton, NJ: Princeton University Press.

Goldsmith, R. W. 1969. *Financial Structure and Development.* New Haven, CT: Yale University Press.

Gurley, J. G., and E. S. Shaw. 1955. Financial Aspects of Economic Development. *American Economic Review* 45: 515 – 38.

Gurley, J. G., and E. S. Shaw. 1960. *Money in a Theory of Finance.* Washington, DC: Brookings Institution Press.

Gurley, J. G., and E. S. Shaw. 1967. Financial Structure and Economic Development. *Economic Development and Cultural Change* 15 (3): 257 – 68.

Hellman, J. S., G. Jones, D. Kaufmann, and M. Schankerman. 2000. Measuring Governance and State Capture: The Role of Bureaucrats and Firms in

Shaping the Business Environment. Working Paper No. 51, European Bank for Reconstruction and Development.

Honohan, P. 2003a. The Accidental Tax: Inflation and the Financial Sector. Unpublished manuscript, World Bank.

Honohan, P. 2003b. Avoiding the Pitfalls in Taxing Financial Intermediation. Policy Research Working Paper No. 3056, World Bank.

Huybens, E., and B. D. Smith. 1999. Inflation, Financial Markets, and Long – Run Real Activity. *Journal of Monetary Economics* 43: 283 – 315.

Kaminsky, G., and C. M. Reinhart. 1999. The Twin Crises: The Causes of Banking and Balance of Payments Problems. *American Economic Review* 89: 437 – 500.

King, R. G., and R. Levine. 1993a. Finance and Growth: Schumpeter Might Be Right. *Quarterly Journal of Economics* 108: 717 – 37.

King, R. G., and R. Levine. 1993b. Finance, Entrepreneurship and Growth: Theory and Evidence. *Journal of Monetary Economics* 32: 513 – 42.

Kutan, A. M., and T. Aksoy. 2003. Public Information Arrival and the Fisher Effect in Emerging Markets: Evidence in Stock and Bond Markets in Turkey. *Journal of Financial Services Research* 23: 225 – 39.

Levine, R. 2004. Denying Foreign Bank Entry: Implications for Bank Interest Margins. In *Bank Market Structure and Monetary Policy*, edited by Luis Antonio Ahumada and J. Rodrigo Fuentes, 271 – 292. Santiago, Chile: Banco Central De Chile.

Levine, R., and D. Renelt. 1992. A Sensitivity Analysis of Cross – Country Growth Regressions. *American Economic Review* 82: 942 – 63.

Levine, R., and S. J. Zervos. 1998. Stock Markets, Banks, and Economic Growth. *American Economic Review* 88: 537 – 58.

Levine, R., N. Loayza, and T. Beck. 2000. Financial Intermediation and Growth: Causality and Causes. *Journal of Monetary Economics* 46: 31 – 77.

Loayza, N., H. López, K. Schmidt – Hebbel, and L. Servén. 1998. The World Saving Database. Mimeo, World Bank.

McKinnon, R. 1973. *Money and Capital in Economic Development*. Washington, DC: Brookings Institution Press.

Rousseau, P., and P. Wachtel. 2002. Inflation Thresholds and the Finance – Growth Nexus. *Journal of International Money and Finance* 21: 777 – 93.

Schreft, S. L., and B. D. Smith. 1997. Money, Banking and Capital Formation. *Journal of Economic Theory* 73: 157 – 82.

Schreft, S. L., and B. D. Smith. 1998. The Effects of Open Market Operations in a Model of Intermediation and Growth. *Review of Economic Studies* 65: 519 – 50.

Schwert, W. 1989. Why Does Stock Market Volatility Change over Time? *Journal of Finance* 44: 1115 – 53.

Shaw, E. 1973. *Financial Deepening in Economic Development.* New York: Oxford University Press.

Smith, B. D, 2002a. Monetary Policy, Banking Crises, and the Friedman Rule. *American Economic Association Papers and Proceedings* 92: 128 – 34.

Smith, B. D. 2002b. Taking Intermediation Seriously. Unpublished manuscript.

Smith, R. T., and H. van Egteren. 2003. Inflation, Investment, and Economic Performance: The Role of Internal Financing. Unpublished manuscript.

Williamson, S. D. 1986. Costly Monitoring, Financial Intermediation, and Equilibrium Credit Rationing. *Journal of Monetary Economics* 18: 159 – 79.

Smith, B. D. 1987. Financial Intermediation, Business Failures, and Real Business Cycles. *Journal of Money, Credit, and Banking* 31: 469 – 91.

Smith, B. D. 1993. Finance, Entrepreneurship, and Growth: Theory and Evidence. *Journal of Monetary Economics* 32: 513 – 42.

Wood, A. 1988. Global Trends in Real Exchange Rates: 1960 – 84, Discussion Paper No. 35, World Bank.

评 论

Nicola Cetorelli

John Boyd 和 Bruce Champ 共同对通货膨胀和实体经济关系做了一个深入调查，并得出了一些全新实证经验及一些细微改良。最基本的经验是通货膨胀不好，这一看法是明智的。他们提供了很好的直观解释为什么应该是这样，主要是通货膨胀可以直接影响经济参与者的策略选择以使自身利益最优。例如，当资金的机会成本随着通货膨胀的变化而改变时，银行会改变放贷的动机。同样地，企业会改变他们的选择：即用内部生成的资金还是外部融资来源为新的资本项目筹资。这反过来会对银行决策有额外的影响，因为银行意识到潜在的企业家的质量分布发生了改变。

我将提供一个讨论的要点，这不是对 John Boyd 和 Bruce Champ 的批评，而是对可能改善现有文献的研究方向的一种观察。Boyd 和 Champ 指出他们的主要目标是促进理论家和应用经济学家的相互了解。他们的评论的潜在含义也许是通货膨胀理论分析和实证分析都是以一种单一的方式进行的，这可能限制了目前所取得的（研究）成果范围。我完全赞同这个说法，我敢说也许是理论家在这个特定的研究中一直处于领先地位。

通过阅读 Boyd 和 Champ 的调查，我们发现所有关于通货膨胀及其与其他经济变量之间关系的证据都来自于总的横截面数据的研究。这种方法特有的问题在于很容易遭到反对，比如它遗漏变量偏差、共同因素的确定、内生性和反向因果关系有关，这确实是关于金融发展与经济发展的联系的传统研究的重叠。例如，在 King 和 Levine（1993a，1993b）开创性的实证研究中，在确认最初的熊彼特猜想（即金融市场发展和经济增长之间存在因果关系）是很有用的。这种直观的解释有很好的基础并且很难有争议，现在普遍的共识是二者之间的联系确实是存在的。然而，这种共识是最近时期才达成的，因为随着学者们摒弃传统研究方法和更丰富的数据集变得可利用，他们开始直接根据特定的理论预测金融增长关系，并利用越来越多分解的行业和企业信息（例如，Rajan 和 Zingales，1998；Demirguc - Kunt 和 Maksimovic，1998）。

通货膨胀对实体经济的影响的实证分析遭受了同样的批评。然而，更严重的问题是在建立金融和经济增长之间的因果关系时，学者们满足于运用比较两个相似经济体的不同之处的思想，如运营银行数量的多少或股票市场的规模。哪一个经济体可能更多地增长？更为普遍的是，我们相当随意地应用"自然实验"的方法，测试金融部门运作和深度的结构变量的影响。

不过，我不确信将这种方法是否可以扩展到通货膨胀分析，或更准确地说用于比较持续高通货膨胀和低通货膨胀状态的经济的实证研究。从表面上看，Boyd 和 Champ 横截面数据调查研究的结果认为从一个高通货膨胀环境到低通货膨胀环境，经济增长将提高，银行和资本市场将会蓬勃发展。我确信经济最好处在一个低通货膨胀环境中，但我不知道如何解释这些发现。事实上，持续的高通货膨胀或低通货膨胀状态是由于完全不同的条件造成的。在制度和法规较差的环境中，不受约束的、过多的资金增长通常用来满足不可持续的财政开支，这导致了高通货膨胀。随着经济经历深度的、普遍的变革，通货膨胀从而也会发生变动，事实上通货膨胀会随着一系列结果的转变而改变。

以过去 25 年间大多数拉丁美洲国家为例，这一地区在 19 世纪 80 年代的平均年通货膨胀率为 180%，并在 19 世纪 90 年代前五年达到 235% 的顶峰。但是现在智利、巴西、哥伦比亚、秘鲁、墨西哥的通货膨胀率都在个位数的水平（Bernanke，2005）。正如伯南克所说的，这些国家走向低通货膨胀环境取得了巨大成就，主要归功于积极的财政政策、制度的发展、银行系统的现代化，并承诺提高中央银行的独立性。因此，这些国家都与 20 年前具有本质的不同。因此，我的主要观点是一个国家处于或高或低的通货膨胀率是重大结构性差异的最终结果，使得在其他条件不变的情况下，自然实验方法很难运用于这种情况。

这一个评论并不只限于拉丁美洲的国家。表 1 报告了相关的均值以及一系列变量的平均差异的统计显著性，这些变量描述了 109 个国家的制度特点和监管特点。我特别关注度量银行业特征的变量，因为 Boyd 和 Champ

特别关注通货膨胀对银行的定价策略和整体盈利能力的影响。数据来源于 Demirguc – Kunt 和 Levine（2001）以及 Barth，Caprio 和 Levine（2004）。高通货膨胀的国家是指那些在最高四分位数的国家，低通货膨胀国家是那些在最低四分位数。

表1　　　制度和监管环境：低通货膨胀国家 VS 高通货膨胀国家

变量	均值，低通货膨胀国家	均值，高通货膨胀国家	平均差异的统计显著性
法律规则	5.25	2.66	***
合同执行力	3.05	1.95	***
腐败	4.32	2.87	***
官僚主义	4.52	2.67	***
产权	4.37	3.07	***
准入规则	3.48	2.67	***
银行准入否决率	0.09	0.20	***
国内银行准入否决率	0.12	0.10	
国外银行准入否决率	0.03	0.19	***
银行业务限制	8.37	11.00	**
银行间接成本	0.02	0.07	***
不良贷款	0.06	0.07	***
净息差	0.02	0.07	***
政府拥有的银行	0.11	0.26	***
私人监测	6.68	5.79	**

注：法律规则是度量一个国家法律和秩序传统的指标，其评分从 10（强的法律和秩序传统）到 1（弱的法律和秩序传统）。合同执行力衡量合同被执行的程度以及语言和心理差异造成的困难，评分在 0 ~ 4 之间，分数越高质量越好。腐败是衡量一个国家腐败的程度，评分从 0（腐败程度高）– 10（腐败程度低）。官僚主义评分在 0 ~ 6 之间，分数越高表示免于政治压力及专家的影响，自主性越强，企业管理及现有招聘和培训机制没有政策的急剧变革以及政府的干预。产权指标评分在 0 ~ 5 之间，对产权保护越好，得分越高。准入规则与开办和运行企业监管政策有关，其评分在 0 ~ 5 之间，分数越高，表示规则阐述得越清晰并且越被统一运用于所有企业，规则对企业的负担越小。银行准入否决率是开办银行申请被否决的比率。国内银行准入否决率是国内申请开办银行申请而被否决的比率。国外银行准入否决率是国外申请开办银行被否决的比率。银行间接成本和不良贷款指标表示分别占银行资产的相应比率。净息差是利息净收益除以总资产。政府拥有的银行是国有银行资产的份额占银行总资产的比率。私人监测指标指各银行的私人监管程度，更高的分数意味着更高程度的私人监督。

资料来源：Demirguc – Kunt 和 Levine（2001）；Barth，Caprio 和 Levine（2004）。

*** 表示在 1% 显著性水平，** 表示 5 % 显著性水平。

正如数字所表明的，高通货膨胀的国家在各个维度得分都较差。制度环境总体较弱的标志有：法律设施欠缺，腐败比较普遍，官僚负担较重，合同的执行力很弱，产权保护较少。

高通货膨胀国家的特征还包括进行经营活动具有更大的障碍。较高的总体准入监管成本反映出银行业很难进入，如准入申请的拒绝率高。但银行业的约束不仅广泛存在于准入门槛上，已经存在的银行也处于一个严格监管的环境和总体效率较低的境况。此外，银行的很大一部分股权是属于政府的。最后，在高通货膨胀的环境下，银行运行受市场纪律约束较大。

因此，表中的数据表示高通货膨胀国家和低通货膨胀的国家具有根本差异。然而，这一论断并没有解决忽略变量的问题。仅仅控制机构或者监管差异，或者企业或行业具体差异并无助于解决根本性问题：通货膨胀并不仅仅是一个简化模型的结构变量，其本身就是许多经济因素作用的结果。例如，Boyd 和 Champ 关注银行业，回顾了实证检验的相关文献并且他们自己也做了大量工作，研究表明银行的定价和整体表现随着由低通货膨胀向高通货膨胀环境的转变受到显著影响。但是，表 1 的证据表明，该行业的进入条件是不同的，这是一家银行的成本函数的重要决定因素，国有银行比例明显不同表明当前的所有权或管理的特点可能也有差异。它们都是行业内动态均衡的一阶因素，因此是衡量定价和业绩表现的重要指标。我相信用理论模型对通货膨胀影响的预测，但我不确定我们利用当前实证模型检验所得出的结论。

以我所见，更可信的方法是，把重点放在低通货膨胀经济，关注可识别的影响以及外源性通货膨胀的冲击，例如总供给的移动。在这样一个更可控制的环境中，可以更可靠地分析，比如单个银行放贷倾向，银行放贷标准，价格提高（或下降）时企业的外部融资需求。总之，在更可控的环境下，对 Boyd 和 Champ 所考虑模型的理论含义做更多的直接测试。

总之，应该赞扬 Boyd 和 Champ 提供如此系统的总结和分析，阐述了通货膨胀和实际经济背后的理论含义。从这方面而言，他们达到了主要目的——加深理论学者和应用的学者之间的相互了解。我认为后者在这种交流中获益更多。

参考文献

Barth, J. R. , G. Caprio, Jr. , and R. Levine. 2004. Bank Regulation and Supervision: What Works Best? *Journal of Financial In. termediation* 13: 205 – 48.

Bernanke, B. 2005. Inflation in Latin America – A New Era? *BIS Review* 8: 1 – 7.

Demiiguc – Kunt, A. , and V. Maksimovic. 1998. Law, Finance, and Firm Growth. *Journal of Finance* 56: 2107 – 37.

Demirguc – Kunt, A. , and R. Levine, eds. 2001. *Financial Structure and Economic Growth*. Cambridge, MA: MIT Press.

King, R. , and R. Levine. 1993a. Finance and Growth: Schumpeter Might Be Right. *Quarterly Journal of Economics* 108: 717 – 37.

King, R. , and R. Levine. 1993b. Finance, Entrepreneurship and Growth. *Journal of Monetary Economics* 32: 513 – 42.

Rajan, R. G. , and L. Zingales. 1998. Financial Dependence and Growth. *American Economic Review* 88: 559 – 86.

评　论

Peter L. Rousseau

1. 引论

　　确定通货膨胀对实际经济活动的影响途径是宏观经济研究的重要内容。事实上，大量的文献一直强调通货膨胀的隐性成本，包括调整价格的行为和减少货币持有量以及抑制长期合同（见 Driffill，Mizon 和 Ulph 1990 及其引用来源）。众所周知，这些影响很难量化。但是，Barro（1990）阐述了一个全新的框架，并率先运用于 King 和 Levine 金融与增长的关系的研究（1993），通货膨胀与实体经济关系研究在过去的几年里已经取得了积极进展。King 和 Levine 的这篇文章及其后来的许多文章一直强调金融因素在经济增长中的作用，即使考虑到通货膨胀，也是仅仅将其作为控制变量纳入实证研究中。

　　然而，最近的一些研究已越来越关注通货膨胀及其潜在后果对金融机构和金融市场的削弱作用，其中 Boyd，Levine 和 Smith（2001）最为著名。而最新的 John Boyd 和 Bruce Champ 这篇文献中所做的调查研究扩展了他们当前的研究。在我的这个评论文章中，我会对目前为止这个前沿领域所取得的成就发表我自己的观点，然后探讨通货膨胀对金融发展的影响，探讨通货膨胀如何通过金融部门对经济增长产生影响。

2. 通货膨胀和金融发展

　　Boyd 和 Champ 通过回顾一系列通货膨胀、经济增长、金融市场摩擦等相关理论，开始他们的调查，但很快注意到实证，这是目前大多数的文献所做的工作。他们首先考虑采用一些指标度量通货膨胀对经济总体的影响程度，也就是一些总体比率，例如货币，股票市值，股票成交总额与GDP之比。虽然有人可能会质疑这些度量指标是否真正反映了金融服务效率或金融中介的强度，但是跨国分析数据有限，我们不得不如此假定，而这些指标也越来越被广泛接受。当被作为被解释变量纳入通货膨胀跨国回归模型中，同时将从增长回归中得到的标准解释变量放在模型右边，Boyd，Levine 和 Smith（2001）发现当通货膨胀率处于大约15%的阈值之下时，通货膨胀与银行和股票市场的发展是负相关的，但在更高的通货膨胀环境之下，这种联系似乎被切断了。

　　尽管这一发现本身没有问题，但是其解释通常受到质疑。例如，Boyd和 Champ 认为在高通货膨胀（通货膨胀率在15%以上）情况下，通货膨胀与股票市场表现的关系变弱了，因此通货膨胀的进一步提高并不会导致股票总交易量和周转率的恶化。在这种情况下，对横截面数据进行时间序列解释的潜在问题在于，这意味着一旦通货膨胀达到了阈值，金融部门能承受住更高的通货膨胀率。这忽略了一些样本值，高通货膨胀国家的金融发展水平较低，在高通货膨胀的环境下，金融与通货膨胀之间的关系不大。换句话说，一旦通货膨胀率高到对金融部门造成严重损害，那么更高的通货膨胀率也不会造成进一步的损害。

　　与此同时，作者根据这一设定，做了迄今为止令人钦佩的工作，推动了调查的进展，另一方面通过考察金融市场表现的另外一种测量方式，扩展了我们的理解。尤其是，低通货膨胀环境下，通货膨胀与名义权益回报率不相关，但在高通货膨胀环境下两者相关，这一发现表明投资者没有预期价格水平所带来的冲击，这让我想到了 Lucas（1976）"迷惑"模型。他们也发现，通货膨胀与银行的利润、存贷利差、净息差以及银行价值增加都是负相关，所有这些都表明通货膨胀不仅与金融抑制有关，而且影响银行业绩。

　　但需要指出的是，作者及其引用的很多学者所使用的跨国设定是相当特殊的。例如，人们可能轻易声称，他更符合一个长期货币需求方程而不是信用创造供给方的模型。毕竟，人们面临高的通货膨胀环境会压缩货币持有量，如果银行系统无法为存款人提供足够和可靠的实际收益，他们会将金融证券转换成消费品或者耐用品，从而降低甚至最广义的货币总量。这里的观点认为金融发展回归不符合任何有关金融如何发展及深化的特定模型，在这一模型回归中，得到的标准条件变量被纳入回归模型的右边（作为解释变量）。另一方面，标准的跨国增长回归模型似乎根植于 Solow 增长模型，因此它可以更好地解释通货膨胀如何影响金融部门的平稳运行，这是以更高的条件经济增长率是最终的测量结果为前提的。

3. 通货膨胀，金融和经济发展

分析通货膨胀如何直接或通过金融部门间接影响经济增长超出了 Boyd 和 Champ 的研究范围，考虑到刚刚所描述的解释方面的问题，这两者关系的分析似乎是重要的。这一部分我引用一些我与 Paul Wachtel 的合作成果，思考这一被忽视的研究主题。

当谈到通货膨胀和增长之间的关系，有两个事实似乎是成立的：第一，通货膨胀对经济增长有不利影响，当通货膨胀变量加入到 Barro – Style 增长回归模型的右边时，变量的系数为负且显著（Barro，1996）。第二，这一结果主要是由于观测总体中包括高通货膨胀率国家样本。例如，Bruno 和 Easterly 将通货膨胀率在 40% 以上的国家排除在样本之外时，在基线增长回归中，通货膨胀和经济增长的负相关关系消失了，但是也许这种通货膨胀对经济增长影响不只是采用回归分析所显示的直接关系。

表 1 给出了四个工具变量回归结果，被解释变量是 84 个国家从 1960—1995 年 5 年期平均人均实际 GDP 增长率。解释变量是人均实际收入水平、初始 5 年期中小学入学率、通货膨胀率以及广义货币（M_3）对 5 年期 GDP 均值。通货膨胀率和 M_3/GDP 比率由其自身的初始值及国际贸易（进口加出口）和政府支出占 GDP 比率来度量。

表 1   跨国 IV 增长回归（1960—1995 年）

	被解释变量：人均实际 GDP 增长率（百分比）			
	(1)	(2)	(3)	$i < 500\%$
Log 初始人均实际 GDP	-0.133 (-1.1)	-0.219 (-1.7)	-0.259 (-2.0)	-0.244 (-1.9)

续表

	被解释变量：人均实际 GDP 增长率（百分比）			
	（1）	（2）	（3）	$i < 500\%$
Log 初始中小学入学率	1.026	0.832	0.907	0.848
	（5.1）	（3.9）	（4.0）	（3.9）
通货膨胀率	−0.004		−0.003	0.004
	（−2.4）		（−2.5）	（0.7）
M3（GDP 的百分比）		0.025	0.023	0.025
		（4.6）	（4.2）	（4.6）
Adjusted R^2	0.169	0.231	0.221	0.219
（样本数）	（517）	（479）	（479）	（479）

注：下面括号中出现的 T 统计是系数估计。工具变量包括初始 M3 比率、国际贸易和政府支出占 GDP 比率，初始值作为每五年的第一次观察值。所有回归均包含了五年期虚拟变量，但未写出。

表2　　　　　　　　跨国 IV 增长回归（1960—1995 年）

	被解释变量：人均实际 GDP 增长率（百分比）	
	$i < 8.3\%$	$i > 8.3\%$
Log 初始人均实际 GDP	−0.389	−0.114
	（−2.3）	（−0.6）
Log 初始中小学入学率	1.203	0.796
	（3.7）	（2.3）
通货膨胀率	0.033	0.005
	（5.3）	（0.5）
M3（GDP 的百分比）	0.305	0.160
	（240）	（239）

注：下面括号中出现的 T 统计是系数估计。工具变量包括初始 M3 比率、国际贸易和政府支出占 GDP 比率，初始值作为每五年的第一次观察值。所有回归均包含了五年期虚拟变量，但未写出。

　　所有的四个回归之间的重要共性是金融深度与有条件的增长率之间的显著正向关系（即 M3/ GDP 增长率），无论是否将通货膨胀率纳入到这个特定领域。通货膨胀系数反映了我们一般的发现：任何与经济增长的负相关关系都是由于高通货膨胀观测值引起的。在这种情况下，当恶性通货膨胀（五年期年平均通货膨胀率高于500%）排除在外时，表的第四栏中的指标消失了。这一切似乎表明，通货膨胀并不妨碍金融增长运行，甚至中度到高度的通货膨胀率也不抑制增长。

但是，Boyd 和 Champ 金融发展的回归分析表明，这个结论不是故事的结尾。表2展示了与表1相同的回归分析，这次没有将通货膨胀率作为一个解释变量，并且以5年期平均通货膨胀率在大约8.3%为界将样本分为两部分。在低通货膨胀率的情况下，金融发展是增长的显著的决定因素，而在高通货膨胀率下，却不是。再一次表明，高通货膨胀将金融与经济的紧密联系切断了。

到底要达到多高的通货膨胀率，这种隔断效应才会发生？图1显示了 M_3/GDP 相关系数的变化，正如在表2中所展示的那样。不过，是以样本中最高的50个观测值开始，然后逐个替换进来。换句话说，实线的最后一个点代表考虑了所有观测值时，增长回归结果的 M3/GDP 系数，虚线是以系数为中点的两个标准误差带。注意实线与水平轴之间相交时，通货膨胀率为13.4%，而两个标准误差带中较低的虚线与水平轴相交时，通货膨胀率为6.5%，这意味着通货膨胀影响金融顺利运行，进而影响经济增长的阈值介于6.5%～13.4%。这一发现与 Boyd，Levine 和 Smith 的发现一致，但阈值比其值还要低一些。

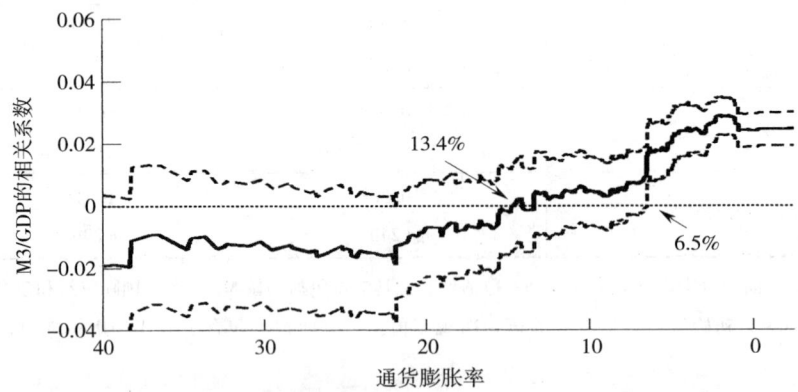

注：在增长回归模型中，随着样本增加，M3/GDP 的相关系数的变动，1960—1995 年。

图1　根据递减通货膨胀率排列的观测值

再做一些总结性的评论是合适的。首先，在跨国样本中，通货膨胀对增长的负面效应是由于一些极端观测值的存在。更重要的是，当通货膨胀率比较低时，特定金融发展水平对增长的影响能力似乎与通货膨胀率有关。这表明，在适度高的通货膨胀环境中，金融促进增长的效益不能顺利运作，在低通货膨胀率中，通货膨胀对金融经济运行机制的负面效应会迅速上升。另一方面，如果仅限于传统角色，通货膨胀对经济增长的影响是相当小的，至少在非恶性通货膨胀的情况下如此。这也说明，在低通货膨胀条件下，对于通货膨胀对经济的影响，Boyd 和 Champ 研究方向是正确的，这似乎是通货膨胀相对小的波动就会对金融发展有比较大的影响。正如在调查中指出的那样，过去十年我们在这一前沿领域取得了很多成就，但是所有的结果都预示着还有很多问题尚待研究。我期待作者在将来对我们共同的事业作出进一步贡献。

参考文献

Barro. R. J. 1991. Economic Growth in a Cross – Section of Countries. *Quarterly Journal of Economics* 106: 407 –43.

Barro, R. J. 1996. Inflation and Growth. *Federal Reserve Bank of St. Louis Review* 78: 153 –69.

Boyd, J. H. . R. Levine, and B. D. Smith. 2001. The Impact of Inflation on Financial Sector Performance. *Journal of Monetary Economics* 47: 221 –48.

Bruno, M. , and W. Easterly. 1998. Inflation Crises and Long – Run Growth. *Journal of Monetary Economics* 41: 3 –26.

Driffill, J. , G. E. Mizon, and A. Ulph. 1990. Costs of Inflation. In *Handbook of Monetary Economics*, Vol. II, ed. B. M. Friedman and F. H. Hahn, 1013 – 66. New York: Elsevier North – Holland.

King, R. G. , and R. Levine. 1993. Finance and Growth: Schumpeter Might Be Right. *Quarterly Journal of Economics* 108: 717 –37.

Lucas, R. E. 1972. Expectations and the Neutrality of Money. *Journal of E- conomics Theory* 4: 103 –24.

Rousseau, P. L. , and P. Wachtel. 2001. Inflation, Financial Development and Growth. In *Economic Theory*, *Dynamics and Markets*: *Essays in Honor of Ryuzo Sato*, ed. T. Negishi, R. Ramachandran. and K. Mino, 309 – 24. Boston: Kluwer Academic.

Rousseau, P. L. , and P. Wachtel. 2002. Inflation Thresholds and the Finance – Growth Nexus. *Journal of International Mony and Finance* 21: 777 – 93.